龙凤铭 ◎ 著

成就营销梦想

中国书籍出版社
China Book Press

图书在版编目（CIP）数据

成就营销梦想 / 龙凤铭著. —北京：中国书籍出版社，2016.2
ISBN 978-7-5068-5379-8

Ⅰ.①成… Ⅱ.①龙… Ⅲ.①营销 Ⅳ.①F713.3

中国版本图书馆CIP数据核字（2016）第011474号

成就营销梦想

龙凤铭 著

策划编辑	安玉霞
责任编辑	毕 磊
责任印制	孙马飞　马 芝
封面设计	中尚图
出版发行	中国书籍出版社
地　　址	北京市丰台区三路居路97号（邮编：100073）
电　　话	（010）52257143（总编室）（010）52257140（发行部）
电子邮箱	chinabp@vip.sina.com
经　　销	全国新华书店
印　　刷	北京墨阁印刷有限公司
开　　本	710毫米×1000毫米　1/16
字　　数	450千字
印　　张	24.5
版　　次	2016年2月第1版　2016年2月第1次印刷
书　　号	ISBN 978-7-5068-5379-8
定　　价	58.00元

版权所有　翻印必究

自　序
Preface

　　或许我们的专业不是营销，但营销已经成为我们生存的必备技能；或许我们对营销不太感冒，但营销已深入到我们生活的各个角落；或许我们对营销有所疑虑，但营销被誉为我们实现自我价值的捷径。所以说营销已经成为很多人梦想的职业。虽说如此，人们对营销工作却往往望而却步，一方面因为社会一些所谓的"营销员"一直打扰着我们的生活，让我们对营销产生了很大的偏见；另一方面因为营销虽然入职门槛低、就职机会多，但是要想成为一个优秀的营销工作者却非常不容易，成为一个卓越的营销工作者更是难上加难。

　　即便如此，营销的魅力却吸引着一拨又一拨的有志者，包括现在正在阅读此书的您，因为你们知道"有志者事竟成"。是的，有志向的人，做事终究会成功。多年前，我也跟大家一样。下面来听听我的故事。

　　我出生于20世纪80年代，来自湖南一个偏远的小山村。虽然没有挨过饿、受过冻，但我清楚地记得：土砖瓦顶的房子、皮肤黝黑的父母、一望无边的农田、缝缝补补的衣服以及父亲长年的胃痛。我的成绩是学校中的佼佼者时，面临的却是辍学外出打工补贴家用的命运。当攥着家里好不容易凑齐的路费，背着彩色条纹的蛇皮袋踏上火车的那一刻起，我就知道后面的路只有靠自己走了，但是路在何方，我却不知道，那一年我还不满十八岁。

　　我踏入社会的第一站是深圳，举目无亲，一切从零开始。我的第一份工作是在一家小型机械厂看机械，每天工作13个小时；后来通过朋友介绍进入一家台资制造型企业，从前台做起，提升到业务助理，再后来毛遂自荐做了业务代表，真正跨出了营销的第一步；一年后通过一个偶然的机会到了一家有政府背景的企业，从国际业务员做起，提升到了客户经理；最后受聘于一家刚起步的民营服务型企业，从业务经理提升到总经理助理，再提升到营销总监、副总经理，见证了一个企业质的飞跃，也真正让自己更系统地了解了营销并爱上了营销。这样风风雨雨十几年，其中有许多辛酸的泪水，但更多的是快乐的笑容，每一个客户在我心目中都非常珍贵，因为从相识到相知，都让人感觉到无比的幸福、快乐。

如今我已是一个企业的领航者，闲暇之余用一年半的时间，将十余年从事营销的实战笔记进行了整理、分析、总结，有了今天跟大家见面的《成就营销梦想》。此书共分启蒙篇、成长篇、成熟篇、升华篇、展望篇五个部分。为了方便大家记忆，我将每个部分用一个字来进行概括，并合理安排内容，以便于大家理解，详细情况如下：

第一部分：启蒙篇。处于启蒙阶段的我们，一切都为零，所以诀窍只有一个，那就是"做"，我把它称之为营销启蒙之法。为了便于大家记忆，我在此将"做"字拆开来理解，即以时刻站在一旁学习的态度，成为"三故"精英：树立正确的态度，找到自己做营销的真正"缘故"，努力提升自己成为大家的"典故"，同时不管何时都要坚持"温故"，详细情况如图1所示：

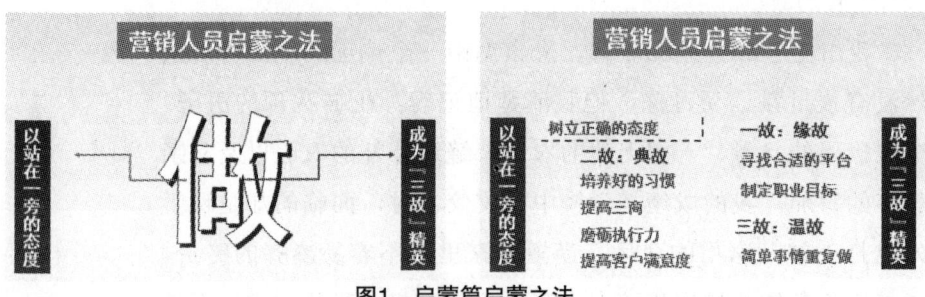

图1　启蒙篇启蒙之法

第二部分：成长篇。营销人员成长之路，无速成之说，但并不代表无道可循，营销之道即是用"心"，用心提升自己、用心经营客户，就能通向成就营

自 序

销梦想的阳光大道。为了便于大家理解和记忆，我从"心"字出发给大家总结了营销人员成长之道——一套总流程和三个关键点，成就营销梦想系列营销人员成长之道图示详见图2。

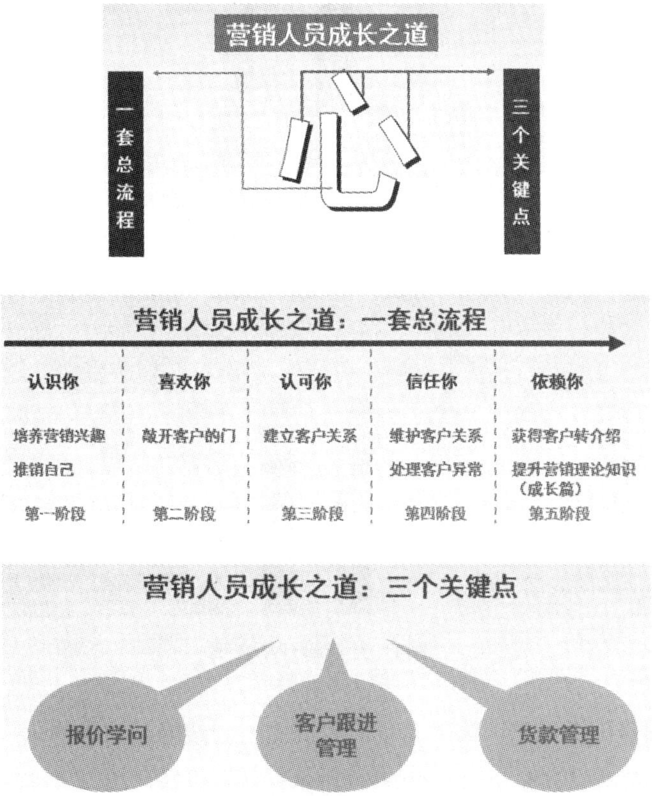

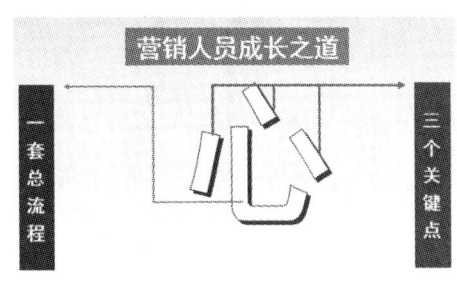

图2　成长篇成长之道

第三部分：成熟篇。营销人员成熟之宝，即是"合"，那就是"合作"：与团队成员合作、与客户单位合作、与大供应链合作。为什么这么说？因为到了成熟阶段，我们就真正踏上了营销管理者的行列，是从"律己"到"律己并且律他"的过渡。在这个过程中，我们会发现，"个人"的作用越来越微小，"小团队（意指本部门）"、"大团队（意指本公司）"、"大组织（意指上下游）"、"大供应链（意指整个生态环境）"的作用则变得越来越清晰，越来越强大。我们从"合"字出发，为便于大家记忆，提炼出"合"的两个要点：一个团队、统一口径，详见图3。

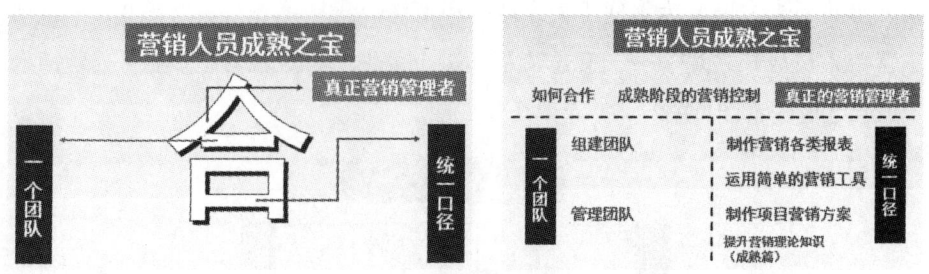

图3 成熟篇成熟之宝

第四部分：升华篇。营销人员升华之魂为"授"，我们从"授"字出发，为了便于大家记忆，提炼出"授"字两个要点：一手、"四授"，详见图4。

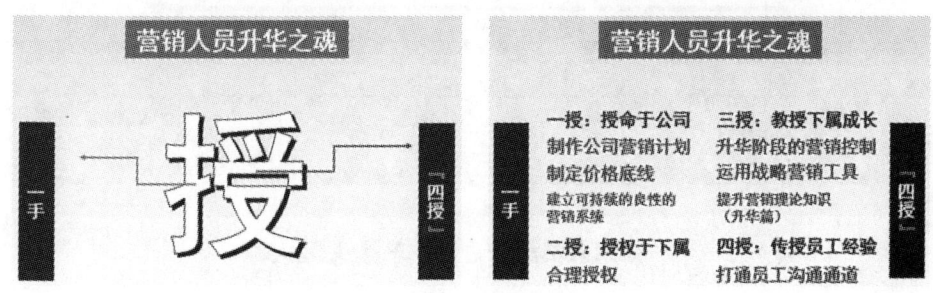

图4 升华篇升华之魂

第五部分：展望篇。展望篇里，我们主要介绍的是营销的未来，营销有了新的趋势，作为营销从业人员的我们则要有新的对策，所以本部分可以用一个字来概括，即"新"。

本书启蒙篇和成长篇，主要受众为初入行的营销工作者（非营销工作者也可学习，因为营销无处不在）；成熟篇、升华篇和展望篇，主要受众为营销管理工作者（非营销管理工作者也可学习，因为管理是相通的）。

我写这本书的目的是想告诉大家，人生无处不营销，我们不要带着有色的眼镜去看营销，而是要享受这个过程，这样才能实现自己的价值；同时还想告诉大家，其实营销并没有我们想象得那么难，只要抓住每个阶段应该做的核心事情，并全力以赴去做好它，你就能成为营销高手。

当然，如何抓住核心事情，需要我们具有顽强的学习力。在我的从业生涯

自 序

中，为了让自己变得更专业、更自信，我一直没有停止过学习的脚步。上班之余通过自考完成了大专、本科、在职研究生（MBA）课程。这期间非常苦，但同时也给我带来了非常大的好处，让我的视野不断开阔，思维不断系统，在营销中更加得心应手。但是，我这里所谓的学习力，并不是要我们大家都去考个什么学历，只要找到你需要学习的知识，不停地去培养兴趣，去认真领悟，那么它将会给我们带来意想不到的收获。

人生无处不营销，从你打开书的这一刻起，你就在向你的心灵营销自己，继而将这种力量，将你学到的知识从内而外展现出去，从而向外界营销了你自己……

加油吧！喜欢营销的亲们。相信大家都能找到自己心中的宝藏，成就自己的营销梦想，真正实现自己的人生价值！

目录 Contents

第一部分 Part 1　启蒙篇（适用于营销助理） /001

第一章　寻找合适的平台　/003

第二章　制定职业目标　/013

第三章　树立正确的态度　/022

第四章　培养好的工作习惯　/027

第五章　提高三商　/037

第六章　磨砺执行力　/047

第七章　提高客户满意度　/055

第八章　提升营销理论知识　/066

第九章　启蒙篇总结　/072

第二部分 Part 2　成长篇（适用于营销代表） /079

第一章　培养营销兴趣　/080

第二章　推销自己　/088

第三章　敲开客户的门　/102

第四章　建立客户关系　/116

第五章　维护客户关系　/131

第六章　处理客户异常情况　/142

第七章 获得客户转介绍	/150
第八章 客户跟进管理	/159
第九章 报价学问	/167
第十章 货款管理	/173
第十一章 提升营销理论知识（针对成长篇）	/181
第十二章 成长篇总结	/190

第三部分 Part 3 成熟篇（适用于营销经理） /195

第一章 如何合作	/196
第二章 组建团队	/204
第三章 管理团队	/212
第四章 制作营销各类报表	/224
第五章 制作项目营销方案	/232
第六章 成熟阶段的营销控制	/242
第七章 运用简单的营销工具	/252
第八章 提升营销理论知识（针对成熟篇）	/271
第九章 成熟篇总结	/276

第四部分 Part 4 升华篇（适用于营销总监） /281

第一章 制作公司营销计划	/282
第二章 制定价格底线	/288
第三章 合理授权	/294
第四章 打通员工沟通通道	/301
第五章 升华阶段的营销控制	/308
第六章 建立可持续的良性的营销系统	/318

第七章 运用战略营销工具	/ 336
第八章 提升营销理论知识（针对升华篇）	/ 354
第九章 升华篇总结	/ 366

第五部分 Part 5 | 展望篇（营销的未来） / 371

营销的未来　　　　　　　　　　　　　　　　　/ 371

致　谢　　　　　　　　　　　　　　　　　　　/ 376

第一部分
启蒙篇 Part

你是不是曾经羡慕做营销的人员？因为他们有着优厚的待遇、自由的时间。

你是不是曾经徘徊在营销的路口，却不敢尝试？因为你心里其实知道从事这个职业会经历很多艰辛。

你是不是曾经尝试过营销，却给了自己的一个"优美"的借口后退出？

你是不是曾经也包括现在还在后悔没有去尝试，后悔没有去坚持？

其实营销并没有那么难，让你犹豫、让你放弃的原因，只是因为你没有一个好的启蒙。你不知道这项工作的内容和目标；你也不知道做这项工作的原因；你更不知道要跟谁去做、用什么方法去做，于是盲目地把自己放在市场中，大浪淘沙，很容易就被淘汰了。

所以说，通过这么多年的感悟，我觉得营销的启蒙是非常重要的。在这个阶段，你可以不主动去做业务，但你一定要找到一个合适自己成长的平台；你可以暂时不知道如何去开始，但你一定要有自己的职业目标；你可以暂时没有过人的能力，但你一定要有正确的态度；你可以暂时没有丰富的经验，但你一定要有好的工作习惯；你可以暂时没有什么人脉，但你一定要有好的三商；你可以暂时做不了什么大事，但你一定要磨砺自己的执行力；你可以不懂什么是市场，但你一定要知道什么是客户；你可以不懂什么是4P什么是4C，但你一定要懂什么是客户真正满意，在启蒙阶段如何去让客户满意。所以说在启蒙阶段，你可以不用专门去学习营销理论知识，因为那样会让你眼花缭乱、压力山大，而只要牢牢地抓住这些事情，把这些事情做好，你就算做营销入门了。那么如何去把这些事情做好呢？诀窍只有一个，那就是"做"，我把它称之为营销启蒙之法。为了便于大家记忆，我在此将做字拆开来理解，以时刻站在一旁学习的态度，成为"三故"精英：树立正确的态度，找到自己做营销的真正"缘故"，努力让自己提升成为大家的"典故"，同时不管何时都要坚持"温故"，这将是我在这个章节中想跟大家分享的。

不要羡慕，不要徘徊，不要放弃，不要后悔，咱们从现在开始！

注：第一部分启蒙篇适用于刚入职场的营销从业人员，一般指营销助理、营销学徒、营销试用期员工等。

第一章　寻找合适的平台

本章要点

◆ 平台的概念
◆ 如何挑选平台
◆ 被动挑选的平台如何应对
◆ 如何利用好平台

导　读

小宣的平台

正月初六，小敏透过的士车窗看到"女儿红茶室"，赶紧招呼司机说："师傅，就这里，就这里了。"然后再一次整理了一下自己的头发说："多少钱啊？""35元。"小敏心里痛了一下从钱包拿出35元。小敏的闺蜜小宣从深圳回来了，约她到市里去喝茶，于是她早早地从家里出发，没有坐公交车，而是从镇上打的到市里，为的是姐妹面前那点小小的面子，就忍痛掏的士费了。她下了的士，通过的士的车窗反光整理了一下自己的衣服，左右张望了一下，心里嘀咕着"还好，这丫头还没到"。

"小敏，小敏"，她没走两步，就听到有人在叫她的名字，她循声望去，只见一辆红色的小轿车停在了自己的面前，一个戴着大框墨镜的美女从车窗跟她打招呼。她心里一惊，愣在那里："你是？"只见车子缓缓停下，美女从车上走了出来，取了墨镜大声笑道："死丫头，是我啊，小宣。"小敏这才缓过神来，一直听周边人说小宣在外面工作很好，但没有想到好到这种程度，她赶忙笑脸迎上去："小宣，咱们有好久不见了。"于是两个人相拥在一起，手挽手走进茶室，只感觉身边萦绕着淡淡的香。

"小敏，咱们坐这儿。"小宣还像以前一样，阳光热情，找了一个靠窗的位置招呼小敏坐下。小敏这才仔细端详小宣，白皙的脸庞、高挺的鼻梁、会笑的眼睛、灿烂的笑容，跟在学校时没有两样。那时的她是学校的佼佼者，长相不错，学习成绩又好，很多男生对她既仰慕又畏惧。她呢，心无旁骛，一心一意地学习。因为当时她们成绩都很优秀，所以她们是最要好的朋友。一起上学、放学、做作业，后来一起去深圳打工……

"小敏，想喝什么？"

"哦，随意吧。"小敏的回忆被小宣打断，"你喝什么，我就喝什么吧。"

"好，拿两杯卡布其诺。"小宣利索地跟服务员说道，然后转过脸来问，"小敏，咱们好久不见了哦，怕有六年了吧，你后来怎么样啊？"

"我……"

思绪又把小敏拉到了六年前，小宣和小敏因为家庭拮据，不得不双双放弃了心爱的学业到了深圳打工。因为没有很高的学历，只能到了一家小小的民营企业在流水线上工作，一天工作12个小时。12个小时一直是站着的，脚站得酸痛不说，手也一直泡在机油里，关键是薪水还非常低。两个花一样的少女下班后窝在被窝里抽泣着，决定重新选择自己的命运。一个月后小敏觉得这种生活太苦了，不能再继续下去了，于是去厂外转了几圈后回来跟小宣说她发现了周边很多小饭店招服务员，那里活轻、工资高，她要辞工去其中一个小饭店工作了。小宣其实也觉得这种日子不能继续下去了，不是因为苦，而是因为根本没有时间学习，而且即便是已经被车间主管调去做品检，但这样的工作让她看不到前途。她转头朝小敏说："当服务员不是长久之计哦，那后面该怎么办？""做个三四年赚点钱就回家做点小生意。""哦，那……那也可以。"小宣是喜欢这个城市的，她觉得这个城市能给她带来机遇，绝不是面朝黄土背朝天的生活。于是从此，两个人就分开了，开始了各自的生活……

"我去那个饭店打了半年工，后来老板生意做不下去，我只好又重新找了一家，总之三年时间换了五六家。"小敏清了清嗓子说，"后来钱也没赚到，年龄也大了，过年回家只好相亲了，还算幸运找了个镇上的男人，现在孩子也有了。你呢？"

"不错啊。怎么没带小朋友过来，老公是干吗的啊？"

"唉……别提了，天天带小孩、洗衣服、做饭，今天好不容易出来，交给婆婆来见你了。老公嘛……家里有个小卖部，但多半也就是婆婆公公看着，他喜欢打麻将，天天都会去赶场子，小卖部只够维持我们的基本开支。唉，真不是我想要的生活。"小敏说完后，脸上浮起淡淡的忧伤但很快又调整情绪说，"小宣，说说你呢，老是听别人提起你，说你在外面工作发展得很好。跟我讲讲呢。"

"我啊，你走后，我也重新找工作，选择了适合自己的平台。因为我喜欢深圳这个城市，想通过努力能在这里生活。"小宣扬着眉毛说，"果然我做到了，也有了老公，有了孩子。"

"平台？"

"嗯，平台，它对我们的职业生涯非常重要。"

"说说听听呢。"

小宣绘声绘色地给小敏介绍着自己的际遇，从如何挑选平台到自己如何努力地去利用好自己的平台，如何不断提升自己的能力，那就像一个传奇的故事，活生生一个现实版的杜拉拉升职记。

小敏望着小宣的脸，阳光、自信、坚毅——那是她从家乡的同龄人身上不曾看到的。她的眼神有些湿润，心里也是万般苦涩，这就是她想要的生活，跟在学校时梦到的是一样的，可是后来却因为平台选择的错误却再也回不去了。

聊过半晌，小宣开车送小敏回家，一路上两个还一直欢快地聊着往事，辛酸的泪水却流在了小敏的心里。小敏告诉自己："要振作一些，再振作一些，小朋友也开始上学可以放手了，从现在开始重新选择一个适合自己的平台，哪怕是一份自己的小生意。"

（故事先到此，那么平台究竟是什么呢？下面的文章将向大家阐述清楚。）

① 平台的概念

平台是一个很常见的概念，它可以指生产和施工过程中为操作方便而设置的工作台；计算机硬件或软件的操作环境平台；以及建筑领域你所看到的比如观赏平台、屋顶平台、晾晒平台等等。但是在物质文明和精神文明高度发达的今天，平台一词有了它更为广泛的内涵。通过上面的故事我们也可以感受到，它是指进行某项工作所需要的环境或条件；它更是一个舞台，是人们进行交流、交易、学习的具有很强互动性的舞台。

我想这个大家应该不难理解的，因为我们常常会听到上司对员工说："我希望提供一个好的平台给你们去发展。"也常常会听到发展得好的朋友说："我幸亏选择了这个平台，不然也不会有今天。"当然也常常会听到不如意的朋友抱怨说："这个平台一点都不适合我，我体会不到半点乐趣，一看到工作就害怕。"……

通过以上分析我们可以看出来：

A. 平台是上司给员工最好的回报；

B. 平台是员工实现梦想的舞台；

C. 合适的平台可以让你一飞冲天；

D. 不合适的平台可以让你一落千丈。

② 如何挑选平台

2.1 平台的种类

从上文中我们可以看出，平台是一个工作的舞台，那么工作或职业的种类也就是我们平台的种类。根据《中华人民共和国职业分类大典》，我们的职业分为8个大类、66个中类、413个小类、1838个细类（职业），从这个数据可以看出，我们的职业种类非常多。古人云："三百六十行，行行出状元。"这告诉我们任何一个职业只要你认真去做都能做好。我们这里讨论的是营销，人生无处不营销。此书重点需要跟大家分享的是在商业环境里，我们作为员工或职业经理该如何去选择平台，通俗地讲是指我们该选择一个什么样的企业来作为职业发展的平台。下面专门从这个角度将平台进行分类。

根据企业规模、职业潜力、价值观三个参数，我们可以将平台分为以下16类，详见表1-1。

表1-1　平台种类表

平台种类	特征		
	企业规模	职业潜力	个人与企业的价值观
1	小	大	同
2	小	大	不同
3	小	小	同
4	小	小	不同
5	中	大	同
6	中	大	不同
7	中	小	同
8	中	小	不同
9	大	大	同
10	大	大	不同
11	大	小	同
12	大	小	不同
13	知名	大	同
14	知名	大	不同
15	知名	小	同
16	知名	小	不同

为什么要用这三个值作为平台分类的参数？企业规模和职业潜力应该很好理解，但是对于价值观，可能对于大部分未接触过职业或刚接触职业的人来说还是比较陌生的。那么为什么要把这个值作为参数之一呢？主要是因为通过这么多年来的工作实践以及与各类人群的接触，我发现价值观会对我们工作的态度起到非常大的作用。而且价值观已经作为很多大型企业招聘人才的一个考核指标。在一个企业里，员工价值观统一与否其所实现的企业目标是截然不同

的，如图1-1所示。

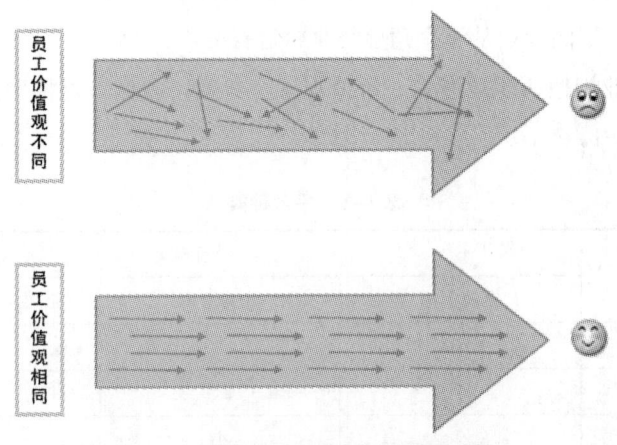

图1-1　价值观是否相同的目标完成图

从图1-1中我们可以看出，假如员工的价值观相同，那么目标就会相对一致，实现目标的可能性也就越大，反之则相反，由此可见价值观统一的重要性。人挑平台（企业）也跟企业挑人一样，价值观是否相同非常关键。

价值观是一种内心尺度，支配着人的行为、态度、观察、信念、理解等，支配着人认识世界、理解世界和自我了解、自我定向、自我设计等行为；也为人自认为正当的行为提供充足的理由。由于个人的身心条件、年龄阅历、教育状况、家庭影响、兴趣爱好等方面的不同，所以对各种职业有着不同的主观评价。

我们这里考察的职业价值观，不是看人们如何看待"职业价值"的本质，而是注重探讨人们在职业选择和职业生活中，在众多的价值取向里，优先考虑哪种价值。假设一个企业的价值观是自身利益最大化至上，而你的价值观是共赢至上，那么在工作中，虽然你做了，但会不快乐，甚至看不惯，你就没有办法在这个平台里有所作为；再假设一个企业的价值观是仁孝至上，而你却很少为家里付出，认为父母养你天经地义，也许你会被企业的价值观所同化，也许你就会因为坚持自己认为的"天经地义"的思想被企业排斥，最终在这个平台也无所作为。所以无论是企业还是个人，价值观都是我们必须重视的，这就是我在此将其列为平台分类参数之一的原因。

2.2 平台挑选的标准

根据平台的种类，我们按照其重要性对其进行了排序（详见表1-2），我们在初入社会或初入某个行业时，可以借助这种工具来进行平台挑选，以确保自己不会走过多的弯路。我们不否认"失败是成功之母"这句话，也不否认挫折受得越多就越能快速地成长，但是我想跟大家分享的是，这些所谓的"失败"，所谓的"挫折"必须要有价值，也就是说一定要尽量避免因为平台挑选错误而不断地换行业，不断地一切从零开始，前面所受的一切"失败"或"挫折"就肯定产生不了太大的价值。凡事预则立，我们尽可能地在起点就选好自己的方向，而不是盲目地向前冲，跑到一半才发现方向不对或反了，浪费了精力和体力，就得不偿失了。

表1-2 平台挑选优先次序表

平台种类	企业规模	职业潜力	个人与企业的价值观	是否选择	优先次序
1	小	大	同	必选	4
2	小	大	不同	次可选	12
3	小	小	同	可选	8
4	小	小	不同	否	16
5	中	大	同	必选	3
6	中	大	不同	次可选	11
7	中	小	同	可选	7
8	中	小	不同	否	15
9	大	大	同	必选	2
10	大	大	不同	次可选	10
11	大	小	同	可选	6
12	大	小	不同	否	14
13	知名	大	同	必选	1
14	知名	大	不同	次可选	9
15	知名	小	同	可选	5
16	知名	小	不同	否	13

表1-2中的排序，大家肯定会说太理论化，一般人怎么知道如何去评测呢？的确如此，但是不是没有可以操作的方法，比如企业规模，我们可以通过网络或其他途径去调查；对于职业潜力与价值观，我们可以靠现场应聘或试用期实践去了解。假设一个企业有合理、完善的晋升机制，那么我可以说他对于我们的职业潜力是大的，反之则相反；假设一个企业追求共赢，那它基本上是符合大众的价值观的，反之则相反。当然这还需要根据你的自身情况去评测。这里只是告诉大家一个思路，就是在进行平台选择之前，一定要自己去进行评测并排序，最终给自己一个明确的方向和目标。

咱们来回顾一下故事导读中的小宣和小敏：小敏因为选择了去小饭店当服务员，小饭店应该是属于表1-2中的第3、4类，如果是第4类，根本不能选，第3类的话，也是排在比较靠后，所以注定了她三年时间换了五六家小饭店，最后一无所成只好回家相亲。再看小宣，她对自己所要从事的平台进行了评测和挑选，所以立了业、成了家，过上了自己想要的生活。所以我们在职业生涯中一定要仔细做好平台评测和挑选，如果属于表1-2中和第1、5、9、13类，一定不要错过，特别是第13类，那是上上之选。

③ 被动挑选的平台如何应对

平台对我们的重要性，通过上面的章节，我想大家应该有了初步的了解，但是肯定同时会有一个疑问：我们能主动去挑选平台吗？对于说高学历、高资质的人员来说应该是能做到的，但是对于出身草根的人来说更多是被挑选，也就是说我们自身没有挑选的权力。那么我们该如何去面对被选择的平台呢？作为草根的我也没能逃脱这个命运，当时也是被挑选的，第一份工作被挑选在一家非常非常小的民营企业，别说职业潜力了，天天听着机器的噪音、闻着刺鼻的机油味、盯着一直转的机器、手泡在漆黑的机油，每天13个小时的工作强度。但是我也只能被挑选，因为必须先解决生存问题，背井离乡，能有一个地方容身已经非常不容易了。我心里知道接受只是暂时的，进入这个小企业后，当别人在唉声叹气中度日时,我却一直在观察和寻找,同时也坚持学习,终于在两个月后等到了我的第一次挑选。这次挑选是在朋友的帮助下完成的,所以在这里要跟大家分享的是:当我们还是草根时,一定要学会去借助别人的力量,当然这个也得实实在在地付出我们的努力。

当我们初次进入职场或进入一个新的行业不得不面对被挑选的平台时,我们首先要做的是脚踏实地地做事,再积蓄力量获得挑选平台的权力,当然这个过程是非常痛苦的,但是又是我们不得不经历的。与此同时,我们还需要做的就是交朋友,建立自己的六度人脉。(20世纪60年代,"六度人脉"概念由美国心理学家Stanley Milgram提出并加以验证。所谓六度人脉是指:地球上所有的人都可以通过六层以内的熟人链和任何其他人联系起来。通俗地说,你和任何一个陌生人之间所间隔的人不会超过六个,也就是说,只要你愿意,最多通过六个人你就能够认识世界上的任何一个陌生人。)人脉的积累是一门很深的学问,后面的章节中我会给大家详细介绍,处于启蒙阶段的我们,只要记住一句话:真诚待人和懂得感恩是交友的法宝。

④ 如何利用好平台

当我们拥有了合适的平台又该如何去利用好呢?在启蒙阶段,我们只需要做三件事情,那就是:拜导师、找标杆、定目标。导师能引导我们找到正确的方向;标杆能让我们去学习和模仿;目标能让我们知道努力的结果。这三件事情中数找标杆最为简单,特别是在营销部门中,我们的标杆不一定职位非常高,但一定是在部门内部出类拔萃、业绩突出的,找到标杆后认真模仿和学习,并结合自己的想法脚踏实地地做好每一件事。

反 思

通过前面的故事及文章中针对平台的阐述,我们认识到平台对于一个人的职业生涯非常重要。小敏和小宣曾经是同学，都非常优秀，后来为了生计不得已放弃学业出去打工，却因为各自选择的平台不同而导致了不同的际遇。其实这样的故事在我们的周边比比皆是，俗话说"男怕入错行"，这个"行"就有平台的意思，一步走错并不是说就会走入绝境，只是肯定浪费的时间比别人多。职业生涯从二十几岁开始工作到六十几岁退休结束，只有短短的四十年左右，而最开始的五到十年决定了后面的三十年，所以说这样的失误是不容忽视的。现在正在看这本书的您，不论您是刚入职场还是已经在职场奋斗了多年，都要好好想想目前所在的这个平台是不是真的适合自己，适合的坚持下去，不适合的赶紧调整，以确保能真正实现自己的价值。

第二章　制定职业目标

本章要点

- 目标的重要性
- 如何制定职业目标
- 如何实现目标

导　读

我们周围很多普通人都不敢相信自己可以拥有幸福、富足的生活。他们每天领着微薄的工资，一边抱怨社会环境如何不公，一边梦想自己不做任何改变就能获得飞来横财。这是极其错误的，实际上，我们的生活完全是可以通过努力去改变的。我们不要低估自己的能力，任何人都可能在任何领域5年会变成专家，10年变成权威，15年变成世界顶尖，关键是我们有没有这个目标，有没有按照这个目标去行动。

曾经的我，也跟很多人一样，不敢去想象自己以后要过什么样的生活。虽然不敢想象，但是我还是会去制定自己的目标。刚入社会时，能在大城市生存下去、赚点钱养活自己并补贴家用就成了我最初的目标。随着自己的努力，目标一个一个实现，一个一个递进，到现在我还清楚地记得每一个目标实现时的兴奋。光从交通工具这个侧面来说，刚开始是走路上班的，后来骑二手的自行车，然后骑二手的电动车，后来骑二手的摩托车，再后来开二手的小车，最后开崭新的私家车，那种兴奋感和成就感非常充实。到现在，我也算是实现了财务的自由，当我驾驶着通过自己努力买的车子，住着通过自己努力买的房子，回忆过去一贫如洗的日子，心中明白这一路有多么不容易。

我的努力得到回报的原因究竟在哪！我想最大的原因是我明确了自身的目标，并一一去实现。

那么目标是什么呢？它究竟重不重要？我们又该如何去制定？如何去实现？这些就是值得我们探讨的问题。

① 目标的重要性

1.1 目标的概念

目标就是计划，给自己的人生确定一个你希望达到的状态，就是人生的目标；给自己的职业确定一个你希望达到的状态，就是职业的目标。我们的价值观决定了我们的人生目标。是满足现状？是勤奋上进？是实现价值？还是其他？每个人的选择都会不同。职业目标当然是我们人生目标的一部分，因为此书主要针对我们的职业而言，所以在此我们只单独研究职业目标部分，我也默认为大家都是勤奋上进、有着宏伟目标的一个群体，因为如果您不是，您大概也不会买此书。

有个人被人（小偷）偷东西，奋力追赶一前一后相持不下，这个人心里很气愤："难道我跑不过你？我不服这套。"后来那人超过小偷，一直往前跑去。

1.2 目标的重要性

目标在我们的职业生涯中起着极其重要的作用，不是没有目标就不可以工作，只是没有目标会工作得很盲目，因为目标就是动力，没有动力的人做任何事情都不会轻松！如果说我们没有目标，甚至忘记目标，那么我们也会如同图2-1这张漫画中的情况一样迷失了方向。

图2-1 漫画

1.3 合理目标的重要性

目标固然重要，但是目标也会误导人，使人认为只要实现目标就万事大吉，却忽略了人生的许许多多。目标有时也是非常可怕的，因为当它定得不合理，而最终又被实现时，可能会给人生带来痛苦和悔恨，或给别人甚至社会带来祸害，所以说制定合理的目标尤为重要。但是，仅制定目标是不够的，还要制定得合理，并在实现目标的过程中不断反省与总结，这样才能实现更长远的目标。

1.4 名人名言

◆ 如果人被迫只顾眼前的目标，他就没有时间去展望整个生命。

——雅斯贝尔斯

◆ 一个人追求的目标越高，他的才力就发展得越快，对社会就越有益，我确信这是一个真理。

——高尔基

◆ 当你有一个伟大的目标时，你就会把工作当休息。

——居里夫人

② 如何制定职业目标

2.1 制定目标前的工作

目标的大小，取决于我们的格局，如果我们的格局只有一个杯子的大小，那么最多就只能装一个杯子的水。换句话说，如果我们能把心中的这个杯子变成一只桶的话，可以装的水就变多了。如果再把桶变成浴缸，变成游泳池……当格局越来越大的时候，我们装进去的东西就越来越多。因此，在列出目标之前，还有一个重要的工作要做，那就是：放大你的格局。

世界畅销书《心灵鸡汤》作者马克·汉森说过，唯有不可思议的目标才能产生不可思议的结果。马克·汉森还说过：小心写下你的目标，因为它一不小心马上就可能实现。目标一定要写下来，因为写下来的目标就会产生神奇的力量。世界潜能激励大师安东尼·罗宾讲过一句话："大部分的人都高估自己一年做到的事情，但是严重低估自己10年能做的事情。"因此，不要低估自己的能力。任何人在任何领域都有可能5年会变成专家，10年变成权威，15年变成世界顶尖。我们看到有些人设定了一个目标，一个月达不成，两个月再达不成就放弃了。比如有人现在一个月才赚一两千块钱，但是设定目标要一个月赚10万，结果到年底没有赚到100万就放弃了。试想想如果我们非常认真学习营销，规划5年到8年的学习期，而且持之以恒地去执行，你觉得8年之后有没有可能一个月赚10万？我们发现，只要把时间拉长就变得容易多了。但是很多人希望一年之内就做出很大的成绩来，那是不可能的，因为凡事都要有个酝酿期。很多人等不及这个酝酿期就已经把自己给结束了，可悲啊！所以安东尼·罗宾还说："没有不合理的目标，只有不合理的期限。"

　　我在同济大学攻读MBA期间，曾经有一位恩师跟我们讲到过一个有关目标的比喻就非常生动。他说我们职业的目标是2000米的长跑，而不是100米的短跑，我们在跑的过程中要掌握好节奏才能在最后取得胜利，如果一味地追求时时领先是不可能最后胜利的，因为当你把所有的动力都放在前面的几百米时，后面的一千多米，尤其是最后的一两百米，你已经没有力量去坚持和冲刺了。人们常说笑到最后的才是最成功的，这个一点都不假，所以我们既要有两千米长跑的格局，也要有每一百米目标不同的应对策略，才能厚积薄发，笑到最后。

2.2 制定目标的原则

　　当我初入社会时，也不知道目标如何去制定，只是给自己明确规定了一些事情，在多长时间去实现它，到后来才渐渐知道有目标管理这个体系，把这些事情就变得更加简单易掌握了，下面就跟大家分享一下它的具体内容。

　　目标管理由管理学大师Peter Drucker提出，首先出现于他的著作《管理实践》一书中，该书于1954年出版。根据Drucker的说法，管理人员一定要避免"活动陷阱"（Activity Trap），不能只顾低头拉车而不抬头看路，最终忘了自己的主要目标。制定目标看似一件简单的事情，每个人都有过制定目标的经历，但是如果上升到技术的层面，我们必须学习并掌握SMART原则（详见图2-2）。

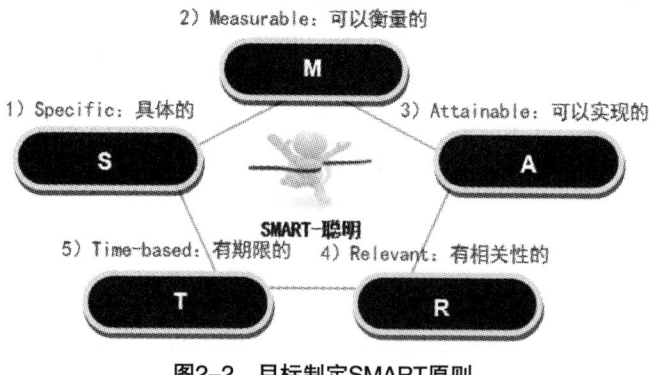

图2-2　目标制定SMART原则

根据图2-2，我们可以看出所谓SMART原则，即是：

目标必须是具体的（Specific）；

目标必须是可以衡量的（Measurable）；

目标必须是可以达到的（Attainable）；

目标必须和其他目标具有相关性（Relevant）；

目标必须具有明确的截止期限（Time-based）。

无论是制定团队的工作目标还是员工的绩效目标都必须符合上述原则，五个原则缺一不可。

有其他资料显示SMART原则有另外一个版本的解释如下：

——S代表具体(Specific)，指绩效考核要切中特定的工作指标，不能笼统；

——M代表可度量(Measurable)，指绩效指标是数量化或者行为化的，验证这些绩效指标的数据或者信息是可以获得的；

——A代表可实现(Attainable)，指绩效指标在付出努力的情况下可以实现，避免设立过高或过低的目标；

——R代表现实性(Realistic)，指绩效指标是实实在在的，可以证明和观察；

——T代表有时限(Time bound)，注重完成绩效指标的特定期限。

两种解释有细微的差异，但都是根据"SMART"展开的，非常值得我们学习和借鉴。

2.3 职业目标的制定

个人制定职业目标跟企业制定企业目标有相似之处。比如企业目标设定的程序是先"由上而下",将总目标分派成担负执行责任的单位目标及个别目标;然后"由下而上",从个别目标的实现开始,逐级累积为单位目标与总目标的预期成果。我们个人职业的目标制定也可参照此方法,先采取"从上而下"从总目标开始然后分步制定小目标,然后根据逻辑"从下而上"推断是否小目标的汇集能达到总目标。参考范本如下图2-3:

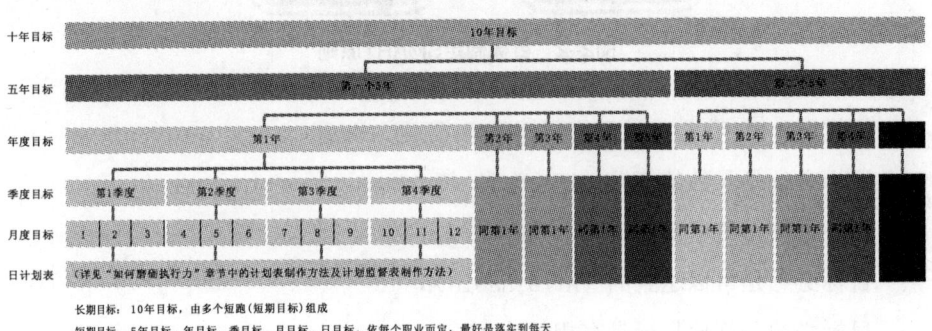

图2-3　目标制定总框架图

处于启蒙阶段的我们,一开始可能没有那样的高度能让我们去想象未来的总目标是什么样子,但是我们至少要知道短期目标。一般来讲,以年为单位的短期目标还是比较好掌控的,而且能达到这样的短期目标就是非常大的成功。下面我就来假设一个年度目标供大家参考:

第一步:我们从大框架图中截取我们所需完善的部分(图2-4):

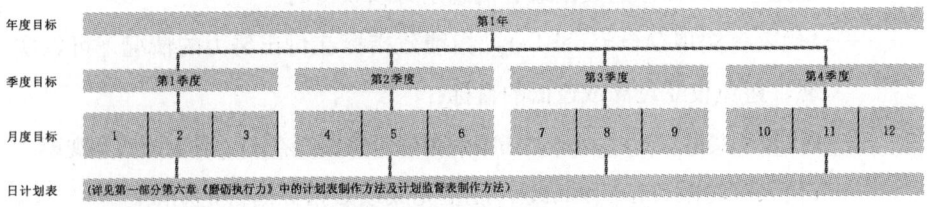

图2-4　年度目标总框架图

第二步：分别将目标内容完善进去（图2-5）：

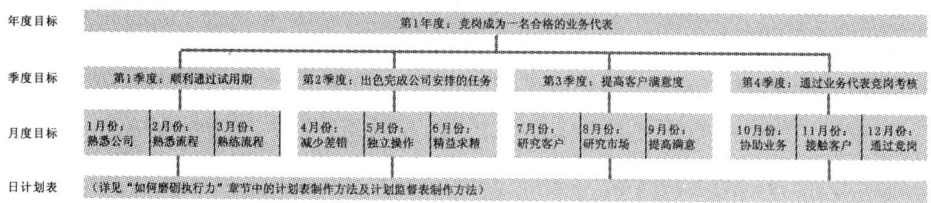

图2-5　年度目标制定图参考

第三步：分步执行并监督到位，详细监督方式见本书后面章节"如何磨砺执行力"。（计划监督表见表2-1）。

表2-1　计划监督表

20** 年　N　月份

日期	工作						学习						生活					
	A	B	C	D	E	F	A	B	C	D	E	F	A	B	C	D	E	F
1																		
2																		
3																		
4																		
5																		
6																		
7																		
8																		
9																		
10																		
11																		
12																		
13																		
14																		
15																		
16																		
17																		
18																		
19																		
20																		
21																		
22																		
23																		
24																		
25																		
26																		
27																		
28																		
29																		
30																		
31																		

3 如何实现目标（六个过程）

3.1 制定目标

目标的制定前面章节中已经有介绍过，这里再介绍几个注意事项：

3.1.1 目标要难易适中

目标要有难度但不能让自己产生畏难情绪，比如刚出来工作就定一个在一年内要做经理的目标，这样的目标实现的可能性非常渺茫。

3.1.2 目标制定的时间要紧凑

不要对自己要求太宽松，要日事日毕，一环套一环。比如在《计划监督表》中列好每天要做的事情并每日自省其完成情况。

3.1.3 大小目标要统一

年度目标与月度目标、整体目标与局部目标必须要统一，即局部目标加起来等于整体目标，否则很难达到目标。比如年度营销业绩目标为100万，而分解到月度目标为每月5万，显然是达不到年度目标的。

3.1.4 目标确保方向一致

所有的目标要朝一个方向努力，不要轻易调整，如果经过慎重考虑确实需要调整的，需重新对整个目标进行修正。比如我们定的目标假设为五年内提升到营销经理，那么我们在这五年内就一定要将所有的力量往这一方向使，而不是往其他岗位使。当然如果我们经过一段时间的努力发现自己不适合做营销，更适合其他岗位，那么我们可以重新对五年目标进行修正，如修正为人事经理或其他岗位经理。

3.2 优化目标

选择核心目标，删除次要目标。
选择实际目标，删除虚幻目标。

3.3 实现目标

把目标进行分解，先解决简单的目标，再解决困难的目标；先解决小的目标，再解决大的目标；先解决核心的目标，再解决不太核心的目标。

3.4 改进目标

3.4.1 何时改进

改进的时间随机，如产生灵感的时候；也可规定改进时间，如每天、每周、每年……（建议每天）

3.4.2 改进方法

自悟：失败教训，成功经验，创新灵感，用笔纸记录于你最初的目标表上。

受教：通过间接阅读或直接交流，了解励志类故事或志同道合者的经验。

3.5 激励自己

要时刻激励自己，将目标告诉别人，或写在纸上并张贴于墙上，然后让大家一起督促去完成目标。多阅读励志类故事、多和志同道合的人交流，都能激励自己朝着目标努力。

3.6 充实自己

我们先要自我剖析，如我有哪些缺点，包括情商上的和智商上的，如常发脾气，妒忌别人，思考不周全，过于偏激，不够创新等等。然后再努力提高自己，包括：情商，常常提醒自己要成为一个乐观积极、善于交往的人，也可以多看些心理励志类的书；智商，常常提醒自己思考要周全，严谨等等，也可以直接学习思维提高类型的书。关于三商（智商、情商、逆商）如何培养，本书后面的章节中会详细介绍。

当然，充实的关键是首先得承认自己有缺点，然后必须有提高自己的想法，并且要坚持做下去。那么，即使你还是发脾气，还是思考不周全，你也同样可以慢慢从失败中提升自己，一日三省是走向成功必须具备的习惯。

通过这六个过程，我们实现目标会更加高效而有价值，目标与目标之间的衔接也将变得更加顺畅。随着目标由小至大、由近至远的递进实现，处于启蒙阶段的我们最终都能实现自己的营销梦想。

第三章 树立正确的态度

本章要点

◆ 态度的重要性
◆ 我们应该如何树立工作态度
◆ 我们应该树立怎样的工作态度

导　读

一篇神奇的微文

"唉呀,王总,不好意思,周末晚上还叫您出来吃饭。来来,快请坐,快请坐。"张兵彬彬有礼地跟王诚打着招呼并示意他坐下。

"张总,您客气了,能跟您吃饭是我的荣幸。您先请坐。"王诚是一家公司的营销总监,连忙回敬。

张兵和王诚是因为业务关系认识的,但是私下关系非常好,虽然不常见面,见面也彬彬有礼相互打趣,但是却无话不谈。瞧,两人调侃过后相视一笑同时坐下。

"兄弟,最近怎么样?"王诚一边给张兵倒茶一边问道。

"忙啊,刚从德国回来。"张兵回道,"这不一回来就找你了吗?你看你叫我几次吃饭,我都不在上海。"

"不错,算你有良心。一回来还惦记着兄弟。"

"那必须啊。"

"常往国外跑,国外市场开展得不错吧?"

"不错，不错，功夫不负有心人啊。"张兵面带笑容地说："今年业务增长倒是挺不错的，比去年增长了30%。"

"那敢情好啊，以后兄弟混不下去投靠张总去。"

"唉……兄弟就别笑我了，我日子也不好过哦，你看你养得红光满面的，我是快忙翻了。"

"怎么会呢？"

"老感觉自己的时间控制不好？跟员工开会老是超时。一超时就影响了后面事情的安排，唉。"

"瞧把我们高才生急的，没做会前沟通吗？"

"这倒不是，关键是他们相互推托，一个工作任务下去老是没有下文。问张三说已经交代给其下属李四了，问李四说交代给其下属王五了，问王五说最近事情太多了给耽误了……每次我都一个一个叫过来问原因。"

"哦，这个问题是有点严重的，但问题的根源在于员工的态度，他们对待工作的态度。上级有授权无监督、下级态度不端正无责任心。这个是得重视了。"

"你分析得有道理，但态度这个事情就是正所谓的'江山易改，本性难移'哦！"

"兄弟啊，我给你看一个微信段子，你回去也给你部下看看。"王诚一边说着一边从手机上搜出一篇微文递给张兵看。

是巧合还是真理？
一篇疯传的微文

如果26个英文字母A，B，C，D，E，F，G，H，I，J，K，L，M，N，O，P，Q，R，S，T，U，V，W，X，Y，Z分别等于1，2，3，4，5，6，7，8，9，10，11，12，13，14，15，16，17，18，19，20，21，22，23，24，25，26，那么：

Knowledge（知识）：K+N+O+W+L+E+D+G+E＝ 11+14+15+23+12+5+4+7+5=96（%）

Work hard（努力工作）：W+O+R+K+H+A+R+D ＝ 23+15+18+11+8+1+

18+4 =98%

也就是说知识和努力工作对我们人生的影响可以达到96%和98%。

Luck（好运）：L+U+C+K＝12+21+3+11=47（%）

Love（爱情）：L+O+V+E＝12+15+22+5=54（%）

看来，这些我们通常认为重要的东西却并没起到最重要的作用。

那么，什么可以决定我们100%的人生呢？

Money（金钱）吗？M+O+N+E+Y＝13+15+14+5+25=72（%）

看来也不是。

Leadership（领导能力）：L+E+A+D+E+R+S+H+I+P=12+5+1+4+5+18+19+9+16 =89（%）

金钱、权力也不能完全决定我们的生活。那是什么呢？其实，真正能使我们生活圆满的东西就在我们自己身上！

ATTITUDE（心态、态度）：A+T+T+I+T+U+D+E＝1+20+20+9+20+21+4+5=100（%）

我们对待人生的态度才能够100%影响我们的生活，或者说能够使我们的生活达到100%的圆满！用什么样的态度去看待人生，就会得到什么样的人生！

"有意思，你小子过得不错啊，还有时间常去微信朋友圈逛逛。"张兵递回手机说道："不过还真有些道理。赶紧转发给我，我回去给他们看看。"

"呵呵，是啊，我那帮兵啊以前也是对待工作的态度不端正，老认为是在给公司打工，能少干活就少干活，干活也有厌烦情绪。后来我专门跟他们聊了这个微信，并且专门给他们做了这方面的辅导和沟通，现在干活积极性可高了，事情也处理得圆满，所以我就空闲多了，有时间在微信上维护维护朋友关系，补充补充心灵鸡汤。"

"嗯，不错，我要向你学习。看来三人行必有我师啊！来，喝茶！"

两人笑容满面，相继举起茶杯……

从以上这个故事中我们意识到态度对我们工作的影响，其实不光是对企业领导而言，对员工个人来说态度更是至关重要，它关系到我们是否能够获得工作，是否能够开心地工作，是否能够在工作中有所成就。下面的章节中将和大家来一起探讨如何树立正确的态度。

① 态度的重要性

西方流传着一个《三个工匠》的故事：有三个工匠在一起盖房子，行人路过，分别问他们在干什么。第一个工匠一脸茫然地说："没看到我在忙吗？工头安排我来砌砖呢。"第二个工匠很兴奋地说："我在盖一栋很大的房子，等这房子盖好了，就可以住很多很多人。"第三个工匠非常自豪地说："我要让这座城市变得更美丽，我要争取城市里的每一个人都称赞我们的城市是最漂亮的，这是我这辈子一定要做的事情。"十年以后，第一个工匠还是一名普通的工匠，在埋头砌砖；第二个工匠成了工程师，在工地上指挥大家建房子；第三个工匠当上了这座城市的大设计师，在他的指挥下，这座城市变得越来越漂亮。那么是什么造成了三个工匠不同的结果呢？归根到底是他们的态度。第一个工匠，一直认为工作是一种被人安排的"负担"，所以工作得很不耐烦，自然也不会有所成就。而第三个工匠，一直认为工作是一种体现自己价值的"享受"，所以很乐观积极地去发现问题、解决问题，最终不断进步，取得了很大的成就。

从上面这个故事中我们可以看出，态度决定了事情的结果。分为两种：一种是积极的，一种是消极的。消极的人在面对工作时觉得工作是一种"负担"，比如我们经常会听到工作中有人会说"这个事情我不会做，找别人去""烦死了，这么多事情要做""真讨厌，又要加班""××怎么回事啊？害我又犯错误了""事情这么多，我怎么做得完"；积极的人在面对工作时觉得是一种"享受"，比如我们经常会听到"这个事情我没做过，但我愿意尝试一下""这么多事情，正好锻炼一下""加班是因为生意好，我要认真做，将会获得更多的晋升机会""这个环节我怎么老是出状况呢？看来我要好好反省一下避免下次犯错误"。从以上两种对比中，我们能很显而易见地感受到哪种态度对工作更有利。

② 我们应该如何树立工作态度

首先，我们应该知道我们不是为别人而工作，而是为自己而工作，企业是我们工作的一个平台，我们用它来养活自己，甚至实现自己的人生价值。

其次，没有任何人天生就会工作，工作都是通过不断实践积累出的经验，所以我们碰到不会做的事情是一种常态，不要去畏惧，要请教有经验的人，更重要的是通过自己的努力去完成它。

再次，任何事情都有利有弊，不要只看到它有利的一面，而应该两面都看看，更重要的是去发现它的益处，从而以一种积极的态度去处理事情，事情就能有比较好的结果。

最后，积极的态度不光对工作有益，对我们的身体健康也有益，身体健康工作的积极性就更高，工作的成就可能就更大，这是一种具有无穷力量的良性循环。

③ 我们应该树立怎样的工作态度

处于营销启蒙阶段，让我们从现在开始树立以下态度：

A. 我为自己的生活而工作，我要热爱工作；

B. 领导交代工作给我是因为信任我，我要认真做；

C. 只有工作才能不断提升自己，我要努力工作；

D. 只有积极地工作才能出成绩；

E. 只有积极地工作才能获得领导及客户的好评；

F. 只有积极地工作才能身体健康、生活美满！

第四章　培养好的工作习惯

本章要点

◆ 如何做好工作笔记
◆ 如何做好文件管理
◆ 如何完成好工作指令

导　读

习惯是一个人思想与行为的领导者。

——爱默生

习惯真是一种顽强而巨大的力量，它可以主宰人的一生，因此，人从幼年起就应该通过教育培养一种良好的习惯。

——培根

起先是我们造成习惯，后来是习惯造成我们。

——王尔德

不良的习惯会随时阻碍你走向成名、获利和享乐的路上去。

——莎士比亚

总以某种固定方式行事，人便能养成习惯。

——亚里士多德

博观而约取，厚积而薄发。

——苏轼

千里之行，始于足下。

——老子

从以上名人名言可以看出习惯对我们个人发展起着至关重要的作用。个人发展是否美好取决于工作的好坏，而工作的好坏则取决于工作习惯的好坏。那么好的工作习惯要从哪些方面入手呢？主要是以下三个方面。

① 如何做好工作笔记

我们在学校学习时都会认真记笔记，但在工作中就很多人认为没必要了，其实不然，工作过程也是学习，做好工作笔记是非常必要的。工作笔记有助于我们在工作中进步得更快，但是工作笔记必须做好，才能达到事半功倍的结果，反之就意义不大。那么我们该如何去做好它呢？

1.1 事前计划

"凡事预则立。"说明了事前计划在我们工作、生活中的重要性。事前计划也分长期、中期和短期计划，这里讲到的工作笔记肯定是指短期的，中期和长期我会在后面的章节中跟大家阐述。那么短期是多短呢？在我们刚入职场，做一个月的计划可能有一些难度，那么一周的计划是必须有的，特别是日计划更加必要。周计划是一个大的框架和方向，日计划是每天需要工作的细节，工作笔记主要体现在日计划。每天下班前要养成一个良好的习惯，花五到十分钟把第二天需要做的事情仔细理一理，认真地记录在笔记本上。在记录的同时，心里先要预想一下这些事情该如何去处理，可能会发生什么异常情况，最好和最差的结果是什么，等等。然后，要学会分析事情的轻重缓急，再根据轻重缓急的程度进行一一排序，这样才算真正完成了工作笔记中的事前计划阶段。

1.2 事中控制

事中控制是事前计划的顺延和执行。当我们在前一天把第二天需要做的事情都一一罗列在工作笔记中时，第二天上班第一件事情就是先打开工作笔记本，根据事前计划中排列好的顺序依次去完成。事中控制是最能体现我们工作绩效的部分，在完成的过程中，我们要抱着全力以赴的态度去做，当然在做的过程中不可能每一件事情都会尽善尽美：有的事情会完成得比较好；有的事情会完成得比较差；有的事情会完不成需要顺延到第二天或更后面；有的事情根本完不成。所以说这个时候要用一些特殊的记录或符号来进行管理，让自己一打开工作笔记就一目了然。

1.3 事后总结

曾子曰："吾日三省吾身——为人谋而不忠乎？与朋友交而不信乎？传不习乎？"（出自《论语》）译文，曾子说："我每天多次反省自己——替人家谋虑是否不够尽心？和朋友交往是否不够诚信？传授的学业是否不曾复习？"

有"宗圣"之称的曾子，每天都在多次反省自己，因为他知道这样智慧才能不断提升。那么在我们的工作当中，反省（也就是总结）就尤为重要了，所以说事后总结是工作能力提升的重要途径。我们在完成每一项任务后，都要进行认真思考。例如，如果是处理得好的地方，我们该怎样去保持并寻求更好的解决的方案；如果是处理得不好的地方，我们该如何去改善；如果是我们没有办法处理的事情，那么原因在哪里；如果我们认真去处理了，但是却没有好的结果，那么原因又在哪里……

② 如何做好文件管理

文件管理分为纸质文件管理和电子文件管理。随着科技的进步，在电子信息化时代下，电子文件管理占了举足轻重的地位，在本文中，我也将更加侧重电子文件管理的介绍。

2.1 分门别类

无论是纸质文件还是电子文件，我们在整理的过程中所需要做的第一件事情是分类，这样非常有利于提高工作效率。那么类该如何归呢？下面我就从纸质文件和电子文件两个方面来介绍：

2.1.1 纸质文件管理

纸质文件管理离不开文件夹、文件框、文件袋等，入职初期需将这些准备妥当。

有了这些办公文具后，我们的纸质文件管理就有基础了。这些都是比较常用的文具，随着社会的进步，市面上会有各式各样的功能性的文具，我们可以根据自己的需要进行挑选。以上这些都是常用型的，一般的公司都会采购以供员工进行申领。其中需要特别说明的是标签纸，它是文件归类用的，贴在文件夹外面便于识别。

有了这些文具之后，我们的纸质文件管理就变得简单了。回形针用来夹临时性的文件，一般不厚，便于拆卸；订书机用来装订已经确定好的文件，一般也不会太厚，便于寻找，上面也可以贴上标签纸；长尾夹用来夹较厚的文件，它里面的文件可以是用回形针别上的，也可以是订书机订上了的，一般可容纳文件厚度在10毫米左右。每夹一个也可以贴上标签纸。然后把这些整理好的文件分别放到不同的文件夹里，再把文件夹按一定的名称、顺序摆放在文件框里，这样就基本完成了纸质文件的管理。参考范式如图4-1。

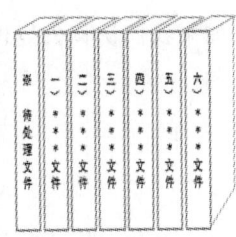

图4-1　文件管理展示图

从上图中我们可以看出，我们的纸质文件夹不光要摆放整齐，而且要分好类，有条理。至于分类方法，我们可以根据自己企业的性质，客户的类别，以及处理日期等等来进行分类存放。在这里我需要着重介绍的是一定要设置一个待处理文件的文件夹，用来夹急需要处理的未分类状态下的待处理文件，每天处理好了再将其归入相应类别的文件夹。

纸质文件的最后一步是归档，因为文件夹的容量有限，只能存放短期内的文件，所以对于长期性的文件，我们要将其进行归档，归档的时间可以是一季一次或一年一次。归档完成的文件见图4-2。

2.1.2 电子文件管理

电子文件管理是当今社会最主要的文件管理，相对来讲在工具上要比纸质文件管理简单，只需要准备电脑、移动硬盘、扫描仪等即可。

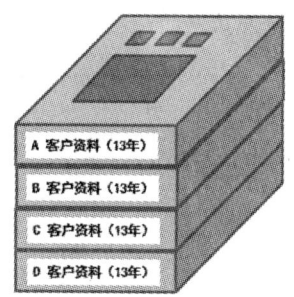

图4-2 纸质文件归档图

但是从条理性来讲却要求更高，因为它不能像纸质文件那样可以一目了然，所以说电子文件的归类要求更高。

以上所介绍的工具应该不陌生，其中电脑主要用来编辑和储存文件，移动硬盘用来进行文件储存和备份，扫描仪用来对重要的纸质文件进行扫描后形成电子文件。那么对于电子文件管理的分类该如何分呢？下面我用一些图片来展示，供大家参考（图4-3、图4-4、图4-5）。

第一阶：

图4-3 第一阶文件图样

第二阶：

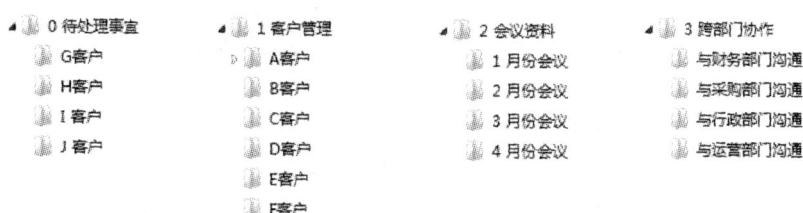

图4-4 第二阶文件图样

图4-5 第三阶文件图样

以上范本仅供参考，具体情况可以根据行业、企业及岗位职责的不同进行分类管理。只要达到路径清晰、便于管理和查找的目的即可。同时由于电子科技的不稳定性，为了避免由于主观或客观的原因导致文件的丢失，我们一般习惯将文件进行备份，备份可以采用移动硬盘保存。

2.2 主次分明

无论是纸质文件管理还是电子文件管理，文件的主次分明非常重要，我们在工作笔记中的章节中也有提到要将每天的任务进行排序，那么本章节中的文件管理也不例外。那么我们该如何去区分文件，做到主次分明呢？下面的图4-6以供大家参考。

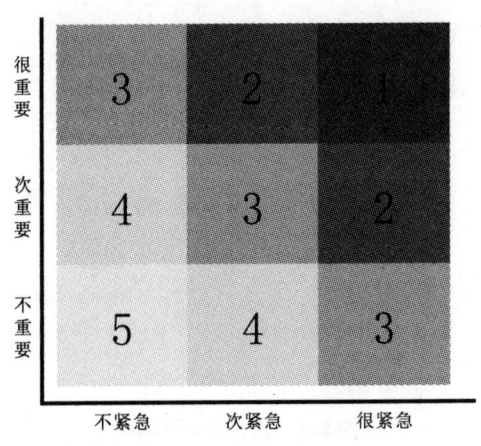

图4-6 主次分明九宫格

从上图中我们可以看出，序号1是最紧急、最重要的，必须优先处理；序号2次优先处理；序号3和4可以稍缓处理；序号5是最不紧急、最不重要的，可以放后处理。我们一定要把所有的文件或事项在这个九方格里一一列出来，然后根据处理规则进行处理。

③ 如何完成好工作指令

完成工作指令是我们在职业生涯中每天都要发生的事情，比如来自部门领导的工作指令、来自客户单位的工作指令、来自协作部门的工作指令、来自部门同事的工作指令等等都需要我们去完成。那么既然是每天发生的，我们就要对其形成良好的习惯，有助于事半功倍地去完成好工作指令。

3.1 完成工作指令的三个误区

误区一：在接到工作指令时，不确认自己能否完成，甚至怀疑自己完不成，于是不敢接受，放弃接受指令。指令发出者只好将指令发给了别人，别人出色地完成了任务，这个时候你开始怀疑自己，并且感到自卑和自责：自己怎么完成不了，别人却完成了；自责自己为什么不尝试挑战一下，说不定也能完成。于是下次有指令时，有的人就会去尝试一下，还真的完成了，然后越来越有自信；而有的人仍旧不敢接受，久而久之自卑越来越强，变成了"闲人"一个，最后通不过试用期或是得不到晋升机会。

误区二：在接到工作指令时，过分自信，轻视指令，认为不就是一件事情嘛，不管三七二十一赶紧接受，而做着做着却发现并不像自己想象得那么简单，自信心受挫变得焦虑不安最终也放弃了。指令发出者大失所望，赶紧安排其他人去完成。情况严重的还会耽误指令完成的时间，因为你的盲目接受耽误了很长的时间。而当你看到别人完成时你开始怀疑自己，并且感到自卑和自责：自己怎么完成不了，别人却完成了；自责自己为什么不坚持一下，冷静一点，说不定也能找到突破点并完成好指令。于是下次有指令时，有的人就会去坚持一下并冷静处理，还真的完成了，然后变得真正拥有了自信；有的人会在接受指令时仔细审视一下并向指令发出者请教一些完成的难点后再决定是否接受指令，即使暂时不能接受也会跟接受者去虚心请教；而有的人则还是保持原来的作风，盲目接受后又导致了指令完成的失败，自己的自信被打击得全无，自卑却逐渐滋长，指令发出者则越来越觉得你"不靠谱"，从此不再发指令给你，久而久之也变成了"闲人"，最后通不过试用期或是得不到晋升机会。

误区三：在接到工作指令时有厌烦情绪，认为怎么又找我，事情太多了忙得团团转还找我，但是为了不得罪指令发出者还是勉强答应了，在执行时却只是任务式地去完成，并没有得到理想的结果，甚至反而产生负面的结果。指令发出者究其责任时，他/她却推脱责任说："我实在是太忙了。"或者说："你根本就没有说清楚嘛。"然后自己肚子里仿佛还有一大堆怨言无法发泄，开始怀疑别人对自己不公平，怀疑别人指令交代得不清楚。其实这种误区是在职场中最普遍的，你或许能力不错，但是指令发出者却会因为你这种态度和行为敬而远之，因为你不光没完成好指令，还有损他的声誉。于是你在抱怨中只能眼睁睁地看着别人不断晋升，而自己却永远在原地踏步，变得"碌碌无为"。

3.2 完成好工作指令的正确习惯

上面的章节中跟大家分析了完成工作指令的三大误区，从误区导致的后果来看，都对我们的职业生涯造成了巨大的影响。那么怎么样去将这种影响降到最低，甚至消除这种影响呢？这个章节将跟大家重点介绍。

首先我们把一个工作指令分成三个部分：执行前、执行中、执行后。

然后我们把三个部分的关注重点列出来。

- ◆ 执行前：确认指令、执行评测、及时反馈
- ◆ 执行中：实时检查、精益求精、及时反馈
- ◆ 执行后：及时反馈、即时激励

最后我们根据所关注重点形成良好的工作习惯（见参考表4-1）：

表4-1 完成工作指令习惯培养表

阶段	关注重点	工作习惯细节		备注
执行前	确认指令（5W1H法）	what	需要做什么事情	跟指令发出者确认，以免指令理解有误
		where	在什么地点做	跟指令发出者确认，以免指令理解有误
		when	在什么时间内必须完成	跟指令发出者确认，以免指令理解有误
		who	都有什么相关责任	跟指令发出者确认，以免指令理解有误
		why	什么原因要在以上要素内完成	自己揣摩，以利于自身工作素养的提升
		how	如何才能在规定的要求内完成	自己评测，培养自身完成指令的逻辑性
	执行评测	能出色完成	自己独立完成果断接受指令	果断接受充分体现了自身的能力
		能勉强完成	自己独立完成果断接受指令	果断接受充分体现了自身的能力
			需要协助完成委婉接受指令并请求协助	委婉接受充分体现了自身的态度及谦逊的处事风格
		不能完成	自己不能完成果断拒绝指令但可要求参与协助学习	果断拒绝是对指令发出者负责，申请学习是对自身负责
		应急预案	如果在执行过程中出现异常情况如何修正和补救	此项为必要性评测
	及时反馈	接受	果断接受并反馈预计完成时间	能出色完成指令的情况
			接受但申请援助，反馈预计完成时间	能勉强完成或需要协助完成的情况
		不接受	果断拒绝，以免影响指令的完成进度	远远超出自身能力范围的指令
			委婉拒绝，并申请协助完成指令	超出自身的能力范围，但可协助别人完成的

(续表)

阶段	关注重点	工作习惯细节		备注
执行中	实时检查	拆分指令	将一个大的指令拆分成几个易操作的小指令	以便于自身更容易地完成指令
		指令排序	将小指令按根据紧急重要因素进行排序	以便于自身更条理地完成指令
		实时检查	完成一个小指令进行检查，以确保大指令的圆满完成	以便于自身对指令执行的掌控
	精益求精	自我比较	将此次完成的指令与以往自己完成的指令进行比较，看看是不是有改进和提高的地方	横向比较，有助于提升自身能力
		请教别人	将此次完成的指令与别人以往完成的指令进行比较，看看是不是有改进和提高的地方	纵向比较，有助于提升自身能力
			直接针对自己完成指令的不足之处向别人请教	虚心求教，有助于提升自身能力
执行后	及时反馈	节点反馈	如果是大型的指令（历时三天以上的），需一个节点进度进行一次汇报。比如以每天为节点，或以每完成其中的一个小指令为节点	有利于自身及指令发出者对指令执行过程的掌握
		异常反馈	如果在执行过程中出现异常情况需及时反馈并启动应急预案	确保指令正常进行
	及时反馈	完成反馈	已完成指令，第一时间反馈	便于指令发出者掌握指令完成情况
		总结反馈	对已完成的指令，特别是大型的指令进行总结，向指令出发者或自己部门领导反馈	便于自身总结经验，不断改善
	即时激励	激励自身	对自己完成指令的表现进行激励，哪怕是对自己说一句表扬的话	有利于自身积累自信、保持激情
			对自己未完成指令但努力了的表现进行激励	努力参与也是美德，只是需要吃一堑长一智，有利于保持激情
		激励别人	对别人协助完成指令的表现进行激励，而且需特别表扬	有利于团队合作，增强凝聚力
			对别人协助表现不佳，但努力了的表现进行激励	努力参与也是美德，只是需要吃一堑长一智，有利于保持激情

　　表格的要求我们都做到了吗？如果没有做到，就从现在开始吧，相信很快就能让我们的工作能力大大提升。

第五章　提高三商[1]

本章要点

- ◆ 三商总述
- ◆ 智商如何培养
- ◆ 情商如何培养
- ◆ 逆商如何培养

1　三商总述

智力商数（Intelligence Quotient，缩写IQ），简称智商。智力通常叫智慧，也叫智能，是人们认识客观事物并运用知识解决实际问题的能力。智力包括多个方面，如观察力、记忆力、想象力、分析判断能力、思维能力、应变能力等。智力的高低通常用智力商数来表示，用以标示智力发展水平。

情绪商数（Emotional Quotient，缩写EQ），简称情商，是一种自我情绪控制能力的指数，由美国心理学家彼德·萨洛维于1991年提出，属于发展心理学范畴。情商是一种认识、了解、控制情绪的能力。

逆境商数（Adversity Quotient，缩写AQ），简称逆商，一般被译为挫折商或逆境商。是美国职业培训师保罗·斯托茨提出的概念。它是指人们面对逆境时的反应方式，即面对挫折、摆脱困境和超越困难的能力。AQ不只是衡量一个人超越工作挫折的能力，它还是衡量一个人超越任何挫折的能力。

---

[1] 本章有部分内容摘录于百度百科。

智商（IQ）、情商（EQ）、逆商（AQ）并称3Q，成为人们获取成功必备的不二法宝。有专家甚至断言，100％的成功=20％的IQ+80％的EQ和AQ。

② 智商（IQ）的培养

2.1 智商所包含的能力

观察力 是指大脑对事物的观察能力，如通过观察发现新奇的事物等，在观察过程对声音、气味、温度、表现等有一个新的认识。我们可以在学习训练中增加一些训练内容如观察和想象项目，通过训练来提高自身的观察力和想象力。

注意力 是指人集中于某种事物的能力。如有的人能全神贯注地长时间地看书和研究等，而对其他如游戏、活动等的兴趣大大降低，这就是对学习注意力强的体现。

记忆力 是认识、记住、保持、再认识和重现客观事物所反映的内容和经验的能力。如我们到老时也还记得父亲母亲年轻时的形象，少年时家庭的环境等一些场景，那就是人的记忆在起作用。

思维力 是人脑对客观事物间接的、概括的反应能力。当人们在学会观察事物之后，他逐渐会把各种不同的物品、事件、经验分类归纳，不同的类型他都能通过思维进行概括。

想象力 是人在已有形象的基础上，在头脑中创造出新形象的能力。比如当你说起汽车，我马上就想象出各种各样的汽车形象来，就是这个道理。因此，想象一般是在掌握一定的知识的基础上完成的。

分析判断能力 分析判断能力是指人对事物进行剖析、分辨、单独进行观察和研究的能力。分析判断能力较强的人，往往学术有专攻，技能有专长，在自己擅长的领域里，有着独到的成就和见解，并进入常人所难以达到的境界。

应变能力 应变能力是指自然人或法人在外界事物发生改变时所做出的反应，可能是本能的，也可能是经过大量思考过程后所做出的决策。

2.2 智商所包含的能力间的关系

智商所包含能力间的关系是相辅相成的，它恰巧是我们成功处理一件事物的全过程，如图5-1所示：

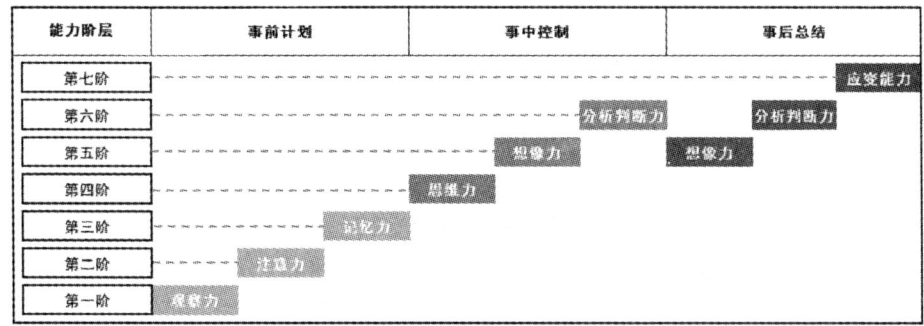

图5-1 智商能力关系图

从上图中我们可以看出，每一种能力都分布在我们处理事情的过程中，当然这个界限不是完全绝对和清晰的，只能说每个阶段的侧重点不同。但是我们可以看出来，它其实是环环相扣、相辅相成的。可以说，智商能力越高，处理事情的能力就越强。

2.3 智商的普遍状况

智商计算公式由法国的比奈（Alfred Binet）和他的学生提出。他根据这套测验的结果，将一般人的平均智商定为100，而正常人的智商，根据这套测验，大多在85到115之间。

计算公式为　IQ=100×MA/CA

$$IQ=100\times \frac{MA}{CA}$$

MA=心智年龄

CA=生理年龄

如果某人智龄与实龄相等，他的智商即为100，标示其智力中等。

人类普遍的智商分布如图5-2。

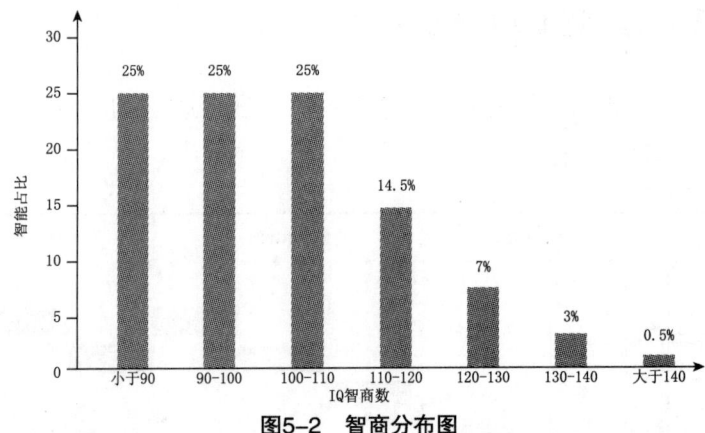

图5-2　智商分布图

2.4　智商的培养

以往，脑科专家们总认为智力商数（Intelligent Quotient，简称IQ）是与生俱来的，根本不可能提升。但是这种说法过时了。近年来的研究显示，人类的智商是可以在两岁之前获得提升的。

智商的高低很大程度是来自于遗传因素，随着人类的进化，以后的人的智商会越来越高。人在不同时间段的智商是不一样的。这就是为什么同一个父母所生的孩子有的智商低，有的智商高的原因了。人在高兴的时候智商会提高，人在悲伤、恐惧、郁闷、紧张的时候智商会下降。所以乐观者的智商要比悲观者的智商高。人经过一晚的睡眠，大脑得到了充分的休息，早上醒来时是人一天之中智商最高的时候。人的大脑工作5个小时后，到了中午12点后，大脑很累了，需要休息，这时人的精神会很差，智商比较低。到了晚上10点钟，人的大脑工作了一天，非常疲惫，这时人的智商非常低。

常吃核桃可以提高人的智商。但核桃火气大，含油脂多，吃多了会令人上火和恶心，正在上火、腹泻的人不宜吃。有的营养学家倡导学龄儿童每天吃2~3个核桃，对那些焦躁不安、少气无力、厌恶学习和反应迟钝的孩子很有帮助。一般来说，每天服用核桃仁的重量，应在40克左右，大约相当于四五个核桃。经常动脑筋的人的智商会越来越高，长期不动脑筋的老年人容易得老年痴呆症。充足的睡眠时间可以保持大脑正常运转，每天应为8个小时，不要超过10个小时。睡觉的时候不要想事情，以免影响睡眠质量。

智商和情商是相互影响的。智商高的人学习能力强，情商提高也快。情商高的人，身体就会好，大脑营养补充得好，智商就会提高。人的潜能是无限的，大部分人的潜能没有被开发出来。多看一些聪明人的演讲和书，人的智商和情商就会提高。和聪明人在一起，会变得聪明。

③ 情商（EQ）的培养

3.1 情商所包含的能力

了解自我的能力 对自我的情绪非常了解，能够监视自我情绪时刻的变化，能够察觉某种情绪的出现，能够观察和审视自己的内心体验，它是情商的核心，只有认识自己，才能成为自己生活的主宰。

自我管理的能力 能够调控自己的情绪，使之适时适度地表现出来，即能调控自己。

自我激励的能力 能够依据活动的某种目标，调动、指挥情绪的能力，它能够使人走出生命中的低潮，重新出发。

识别他人的情绪的能力 能够通过细微的信号、敏感地感受到他人的需求与欲望，从而认知他人的情绪，这是与他人正常交往并实现顺利沟通的基础。

处理人际关系的能力 调控自己与他人的情绪反应的技巧。

3.2 情商所包含的能力间的关系

情商所包含能力间的关系是从自身到外界不断扩散的过程，其关系如图5-3。

3.3 情商的培养

不抱怨不批评 高情商的人

图5-3 情商能力关系图

一般不批评别人，不指责别人，不抱怨，不埋怨。其实，这些抱怨和指责都是不良情绪，它们会传染。高情商的人只会做有意义的事情，而不做没有意义的事情。

热情和激情　高情商的人对生活、工作保持热情，有激情。知道调动自己的积极情绪，让好的情绪伴随每天的生活工作，不让那些不良的情绪影响到生活或工作。

包容和宽容　高情商的人宽容，心胸宽广，心有多大，眼界有多大，你的舞台就有多大。高情商的人不斤斤计较，有一颗包容和宽容的心。

沟通与交流　高情商的人善于沟通，善于交流，并且以坦诚的心态来对待，真诚又有礼貌。沟通与交流是一种技巧，需要学习，在实践中不断地总结摸索。

多赞美别人　高情商的人善于赞美别人，这种赞美是发自内心的、真诚的。看到别人优点的人，才会进步得更快，总是挑拣别人缺点的人会故步自封反而退步。

保持好心情　高情商的人每天保持好的心情，每天早上起来，送给自己一个微笑并且鼓励自己：告诉自己是最棒的并且周围的朋友们都很喜欢自己。

善于聆听　高情商的人善于聆听，聆听别人的说话，仔细听别人说什么，多听多看，而不是自己口若悬河，不顾他人的感受。聆听是尊重他人的表现，聆听是更好沟通的前提，聆听是人与人之间最好的一种沟通。

有责任心　高情商的人敢做敢承担，不推卸责任，遇到问题，分析问题，解决问题，正视自己的优点或是不足，敢于担当。

每天进步一点点　高情商的人每天进步一点点，说到做到，从现在起，就开始行动。不是光说不做，行动力是成功的保证。每天进步一点点，朋友们也更加愿意帮助这样的人。

记住别人的名字　高情商的人善于记住别人的名字，用心去做，就能记住。记住了别人的名字，别人也会更加愿意亲近你，和你做朋友，你会有越来越多的朋友，有好的朋友圈子。

综上所述，高情商与低情商对比详见表5-1。

表5-1 高情商与低情商对比表

	高情商	低情商
表现情况	尊重所有人的人权和人格尊严。不将自己的价值观强加于他人。对自己有清醒的认识，能承受压力。自信而不自满。人际关系良好，有朋友或同事能友好相处。善于处理生活中遇到的各方面的问题。认真对待每一件事情	自我意识差，没有自信，无确定的目标，也不打算付诸实践，严重依赖他人，说话和做事时从不考虑别人的感受，经常大发脾气，处理人际关系能力差，应对焦虑能力差，生活无序，爱抱怨。总喜欢为自己的失败找借口，推算责任，做事情困难，胆量小。心理承受能力差，受不了一点打击，经常流泪，对生活感到悲观绝望

4 逆商（AQ）的培养

4.1 逆商所包含的能力

控制感 控制感是指人们对周围环境的信念控制能力。面对逆境或挫折时，控制感弱的人只会逆来顺受，听天由命；而控制感强的人则会凭借一己之力能动地改变所处环境，相信人定胜天。

控制感弱的人经常说：我无能为力、我能力不及。

控制感强的人则会说：虽然很难，但这算什么，一定有办法。

起因和责任归属 造成我们陷入逆境的起因大致可以分成两类。

第一类属内因：因为自己的疏忽、无能、未尽全力，抑或宿命论。往往表现为过度自责，意志消沉、自怨自艾、自暴自弃。

第二类属外因：合作伙伴配合不利、时机尚未成熟，或者外界不可抗力。

因内因陷入逆境的人会说：都是我的错，我注定要失败；因外因陷入逆境的人会说：都是因为时机不成熟、事前怎么就没想到会发生这样的情况呢？

高逆商者，往往能够清楚地认识到使自己陷入逆境的起因，并甘愿承担一切责任，能够及时地采取有效行动，痛定思痛，在跌倒处再次爬起。

影响范围 高逆商者，往往能够将在某一范围内陷入逆境所带来的负面影响仅限于这一范围,并能够将其负面影响程度降至最小。

身陷学习中的逆境,就仅限于此,而不会影响自己的工作和家庭生活;与家人吵架,就仅限于此,而不会因此失去家庭;对事争执,就仅限于此,而不致对人也有看法。高逆商者能够将逆境所产生的负面影响限制在一定范围,不至扩大到其他层面。越能够把握逆境的影响范围,就越可以把挫折视为特定事件,越觉得自己有能力处理,不致惊慌失措。

持续时间 逆境所带来的负面影响既有影响范围问题,又有影响时间问题。逆境将持续多久?造成逆境的因素将持续多久?逆商低的人,往往会认为逆境将长时间持续,事实便会如他们所想。逆商高的人则不然,只将时间控制在最短时间并找到原因,杜绝再次陷入逆境。

4.2 逆商所包含的能力间的关系

逆商所包含能力间的关系是从一个核心扩散出去的过程,其关系见图5-4。保罗·史托兹教授将逆商划分为四个部分。

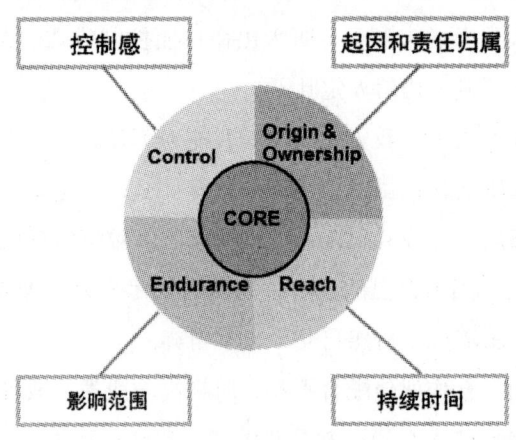

图5-4 逆商能力关系图

4.3 逆商的培养

面对逆境,如果选择了放弃,也就是选择了失败。在人生的旅途中,一些人虽然也曾经努力过，但收效甚微。这是因为在前进的旅途中遭遇了困难，漫长的、看起来毫无结果的征途使他们厌倦了，于是，他们就会停下来，寻找一个避风的港湾躲避风浪。

没有什么比半途而废和丧失对未来的希望威胁更大的了，放弃和丧失希望不仅不能解决现实存在的问题，而且还会让我们在未来陷入更大的困境之中。在追求成功的道路上，许多人缺乏正确面对逆境的态度。他们遇难而退，他们拒绝一切挑战。生命蕴藏着巨大的潜能，在逆境中奋然崛起也是其中一项。不能面对逆境的人就是忽视了生命中这种潜能的人，是在有意或无意中逃避自己的人。

逃避逆境者往往想过得过且过的生活，他们会说："这就足够了。"他们找到一些堂而皇之的借口放弃了梦想，放弃了追求，选择了自认为是一条平坦、较轻松的人生道路。但是，随着时间推移，事实恰恰相反，他们将付出更大的代价，可能会遇到更大的逆境。逃避逆境者遭受的痛苦比他们直面挑战、勇敢地面对现实而承受的痛苦大得多。毫无疑问，一个人可能面对的、让人肝肠寸断的最痛苦的时刻莫过于回首平庸辛酸的一生。只有那些敢于面对逆境的人，才能收获成功。这种人不畏艰难，在逆境面前保持微笑，并将一生定义为"面对逆境的挑战"的过程。

这类人就是我们所定义的立体人，他们勇往直前，无论环境有利还是不利，人生幸运还是不幸运，他们都不会停止前行。他们在逆境面前保持一种生命激情，决不让年龄、性别、身体缺陷，或者任何其他障碍阻挡自己去实现成功愿望的脚步。立体人具有坚定的信念，每当他们遭遇困难时，这种信念就会释放一种巨大而神秘的力量拯救他们。他们坚韧、顽强，心中完全没有退缩的概念。对待逆境，立体人有自己的解决方法，他们会不断调整自己前进的方向，寻找更合适自己的道路。

有的人见了困难就躲避，这样的人注定一事无成。

有的人见了困难能迎难而上，想尽办法解决困难，这样的人是成功人。

有的人是打着灯笼自己找困难的人，这种高逆商的人将成为登峰造极的人物。

成就营销梦想

反思

处于营销启蒙阶段的我们,要想成就自己心中的营销梦想,必须提高三商:高智商能让我们更快地学习营销知识、专业知识;高情商能让我们更好地建立和维护客户关系;高逆商能让我们更坚定地不畏艰难、勇往直前、坚持到底。这三商的提高,能让我们的营销梦想实现之路更加顺畅、更加高效。

第六章　磨砺执行力

本章要点

- 执行力的概念
- 个人执行力的要素
- 个人执行力的培养
- 个人执行力的评测与监督

导　读

脸红的小赵

"咚咚咚"办公室一大早传来了急促的敲门声。

陈经理早就意料到此事，喝了口水清了一下嗓子说："Come in!"

只见部门员工小赵面带不满走了进来，陈经理赶忙示意他坐下说："怎么啦？不开心啦？是因为这次的部门晋升名额的事情吗？"

"嗯，我不明白小李为什么会比我强，能获得这次晋升的机会。"小赵说着说着情绪有点激动："我，我，就凭我的资历也比她要强得多，她才来一年多，我都快三年了。凭什么？"

"你先别急，我给你看一样东西。"陈经理指了一下自己的电脑，让小赵看电脑屏幕。"你看看小李每周的周工作汇报表。"

小赵凑过去瞄了一眼，但马上眼睛又回到电脑屏幕上，心里暗暗念道："这哪里是周工作汇报表啊，分明就是多个工作方案总结汇报，精确到每个细节。"

"有什么感想吗？"

成就营销梦想

"做得挺详细。"

"光是详细吗？"陈经理点了一下鼠标，将文件转换到小赵的每周周工作汇报，"你再看看自己的。"

"我，我的确实不如她的详细，人家女孩子肯定工作做得更细一些。但这个很重要吗？我每天的工作也都完成了。"

"每天工作都完成并不代表工作优秀，实际上能完成工作的人很多，但能在工作中不断提升工作能力就很难说了。我今天要你看的这个还不是重点。你看看小李的周报，有晚提交或漏提交的现象吗？"

"这个……"小赵翻看了一下陈经理检索出的收件箱中小李的提交记录。"没有，都在标准的要求时间内。"说完，小赵想着自己经常会晚提交，偶尔也漏提交，脸不由自主地红了。

"嗯，这就是关键。一个人的工作能力表现差异就在此。"陈经理语重心长地说，"这就是执行力。执行力不仅仅是你完成了某项工作任务的能力，更是指在规定的时间内保质保量完成任务的能力。假设你是部门领导，你都没有这种不折不扣的执行力，又怎么带好团队做出好的绩效呢？"

"嗯，您说得有道理。"

"再换一个角度，假设你现在是我，如果我有一个非常重要的工作任务要布置下去，你会选择你自己还是小李去完成？或者说你交给谁去完成你会更放心。"

"我会选择小李。"

"为什么呢？"

"其一，她肯定不会耽误工作任务完成的时间；其二，她工作做得细致，完成工作任务的质量会更高。"

"嗯。"陈经理拍拍小赵的肩膀说："加油！后面还有大把的机会等着你。"

……

故事到此，你认为小赵后面该怎么做呢？

从上面的故事中我们发现了执行力对我们工作的重要性，而它却往往被人们错误理解或忽视，那么该如何去正确认识和培养呢？本章就跟大家一起来探讨。

第一部分 启蒙篇

① 执行力的概念

执行力包含完成任务的意愿，完成任务的能力，完成任务的程度。对个人而言执行力就是办事能力；对团队而言执行力就是战斗力；对企业而言执行力就是经营能力。而衡量执行力的标准，对个人而言是按时按质按量完成自己的工作任务；对企业而言就是在预定的时间内完成企业的战略目标，其表象在于完成任务的及时性和质量，但其核心在于企业战略的定位与布局，是企业经营的核心内容。

在本书中，我们只研究个人执行力。个人执行力是指单个人把上级的命令和想法变成行动，把行动变成结果，从而保质保量完成任务的能力。个人执行力是指一个人获取结果的行动能力：总裁的个人执行力主要表现在战略决策能力；高层管理人员的个人执行力主要表现在组织管控能力；中层管理人员的个人执行力主要表现在工作指标的实现能力；执行层的个人执行力主要表现为认真完成上级领导交代的任务的执行能力。

② 个人执行力的要素

个人执行力的强弱取决于两个要素——个人能力和工作态度，能力是基础，态度是关键。企业在挑选和培养人才时，这两个要素也是最重要的考核指标，企业在这两个要素上的考核见图6-1。

从上图我们可以看出企业在挑选和培养人才时，对工作态度和工作能力都是非常在意的，特别是对态度的要求更高。当一个员工既有工作态度又有工作能力时，企业将破格重用；当一个员

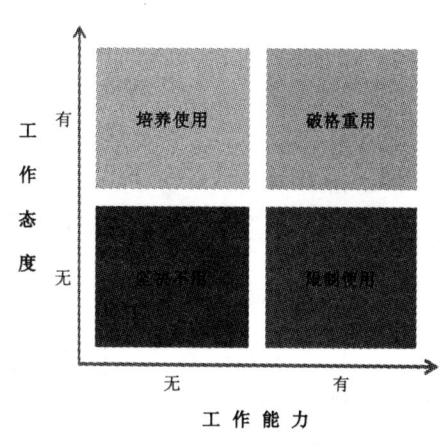

图6-1 态度能力模型图

工有工作态度但无工作能力时，企业将培养使用；当一个员工无工作态度但有工作能力时，企业将限制使用；当一个员工无工作态度也无工作能力时，企业将坚决不用。既然从企业挑选和培养人才的角度上来讲工作态度和工作能力都很重要，那么它们当是我们个人执行力培养的关键要素。

③ 个人执行力的培养

我们要培养个人执行力，一要加强学习，二要勤于实践，这样才能增强自身素质，从而达到能力提升的目的。除此之外，更重要的是要端正工作态度，才能真正从心灵上得到提升，增强主观能动性，提升工作效率。在本书第一部分第三章《树立正确的态度》章节中我们详细分析了态度的重要性及如何树立正确的工作态度，在此，我再跟大家探讨在工作任务执行过程中，我们需要持什么样的态度。

3.1 着眼于"严"，积极进取，增强责任意识，责任心和进取心是做好一切工作的首要条件

责任心强弱，决定执行力度的大小；进取心强弱，决定执行效果的好坏。因此，要提高执行力，就必须树立起强烈的责任意识和进取精神，坚决克服不思进取、得过且过的心态。把工作标准调整到最高，精神状态调整到最佳，自我要求调整到最严，认认真真、尽心尽力、不折不扣地履行自己的职责。决不消极应付、敷衍塞责、推卸责任。养成认真负责、追求卓越的良好习惯。

3.2 着眼于"实"，脚踏实地，树立实干作风

天下大事必作于细，古今事业必成于实。虽然每个人岗位可能平凡，分工各有不同，但只要埋头苦干、兢兢业业就能干出一番事业。好高骛远、作风漂浮，结果终究是一事无成。因此，要提高执行力，就必须发扬严谨务实、勤勉刻苦的精神，坚决克服夸夸其谈、评头论足的毛病。真正静下心来，从小事做起，从点滴做起。一件一件抓落实，一项一项抓成效，干一件成一件，积小胜

为大胜，养成脚踏实地、埋头苦干的良好习惯。

3.3 着眼于"快"，只争朝夕，提高办事效率

"明日复明日，明日何其多。我生待明日，万事成蹉跎。"因此，要提高执行力，就必须强化时间观念和效率意识，弘扬"立即行动、马上就办"的工作理念。坚决克服工作懒散、办事拖拉的恶习。每项工作都要立足一个"早"字，落实一个"快"字，抓紧时机、加快节奏、提高效率。做任何事都要有效地进行时间管理，时刻把握工作进度，做到争分夺秒，赶前不赶后，养成雷厉风行、干净利落的良好习惯。

3.4 着眼于"新"，开拓创新，改进工作方法

只有改革，才有活力；只有创新，才有发展。面对竞争日益激烈、变化日趋迅猛的今天，创新和应变能力已成为推进发展的核心要素。因此，要提高执行力，就必须具备较强的改革精神和创新能力，坚决克服无所用心、生搬硬套的问题，充分发挥主观能动性，创造性地开展工作、执行指令。在日常工作中，我们要敢于突破思维定式和传统经验的束缚，不断寻求新的思路和方法，使执行的力度更大、速度更快、效果更好。养成勤于学习、善于思考的良好习惯。

从上面内容可知"严、实、快、新"已经成为我们执行任务的态度四字要诀。

故事导读中的小李正是因为有这种态度，所以获得了上司陈经理的赏识，得到了晋升的机会；而小赵虽然能力不错，但因为态度不端正，所以错失了晋升机会，这非常值得我们大家去反省。

④ 个人执行力的评测与监督

当我们端正了态度，也有了提升能力的决心，准备卷起袖子大干一场时，却发现很多时候很难坚持。是的，成功的路上是"孤单"的。当我们挑灯夜战时，别人可能早已休息；当我们周末闭门学习时，别人可能在逛街、吃美食；

当我们下班后继续充电时，别人可能在打游戏……但是那又怎样？我们必须忍受这种"孤单"，特别是处于启蒙阶段，比的就是谁"做"得多，做得越多，能力提升越快，态度越积极。我曾经也跟大家一样，有孤单难熬，想要放弃的冲动，但是转念一想，不行，必须坚持。为了让自己更好地坚持下去，我专门设计了一套个人执行力评测监督系统，具体操作方法如下。

4.1 制定执行计划表

个人执行力既然是体现在按时按质按量完成自己的任务，那么有哪些任务需要去完成，我们心里必须清楚。所以制订一份执行计划表对我们的工作和生活是非常必要的，同时学习是我们提升工作能力的基础，所以说也是缺一不可的。

以下是执行计划表的参考范本（表6-1），在该表中有的计划是每天需要完成的，有的计划是每周需要完成的，有的计划是每月需要完成的；有的计划是处理时间长的，有的计划是处理时间短的；有的计划是自己最难做到需要特别注意的。这些在表中将一目了然，便于我们自己去平衡和调控。

表6-1 执行计划表

计划项目	具体事宜	时间要求	最难做到的
工作			
学习			
生活			

备注：一定要有具体计划和时间要求。

4.2 制定执行计划监督表

当我们制订好了执行计划表好，一定需要有相应的监督方法来加以监督才能使我们的任务既高效又具备有效性。以下执行计划监督表是参考范本（表6-2）。

表6-2 执行计划监督表

日期	工作						学习						生活					
	A	B	C	D	E	F	A	B	C	D	E	F	A	B	C	D	E	F
1																		
2																		
3																		
4																		
5																		
6																		
7																		
8																		
9																		
10																		
11																		
12																		
13																		
14																		
15																		
16																		
17																		
18																		
19																		
20																		
21																		
22																		
23																		
24																		
25																		
26																		
27																		
28																		
29																		
30																		
31																		

▇ 表示已完成　　■ 表示未完成

完成一项标注一项，未完成的找原因。

从表6-2我们可以看出，此表以月度为单位，横向列出了每月要做的事情，纵向列出了每月的具体天数，每日对自己所做的事情进行监督，已完成的标记为绿色，未完成的标记为红色，这样不仅每月的执行计划完成情况一目了然，同时也起到了监督和检查的作用。

4.2 制订监督结果分析表

根据执行计划监督表中的计划完成情况，针对特别重要的执行计划，我们需要进行监督结果分析，详见表6-3。

表6-3 监督结果分析表

项目名称	执行情况			原因分析	补救措施
	□如期进行	□进度超前	□进度落后		
	□如期进行	□进度超前	□进度落后		
	□如期进行	□进度超前	□进度落后		
	□如期进行	□进度超前	□进度落后		
	□如期进行	□进度超前	□进度落后		
	□如期进行	□进度超前	□进度落后		
	□如期进行	□进度超前	□进度落后		
	□如期进行	□进度超前	□进度落后		
	□如期进行	□进度超前	□进度落后		
	□如期进行	□进度超前	□进度落后		

注：针对重大执行计划。

以上这套执行力评测监督系统为我平时工作中所用，具有比较强的可操作性，除了应用于工作任务的执行监控外，对于个人职业规划、企业项目跟进也非常适用，所以在此分享给大家，特别是处于启蒙阶段的伙伴们。

第七章　提高客户满意度

本章要点

◆ 产品和服务
◆ 客户满意是什么
◆ 如何让客户真正满意
◆ 启蒙阶段如何提高客户满意度

导　读

老板的重要任务

星期一清晨，客户服务部办公桌上俏皮的滴水观音的叶尖滴着晶莹剔透的水珠。八点不到，同事们陆续到班，男同事们习惯地在这个时刻张望着门口：小李是个漂亮的女孩，来公司快三年了，一直是客户服务部一道美丽的风景，不知道她今天会是怎样的装扮呢？

"嘘，她来了。"小陆往回瞟了一眼其他男同事，嘴角不由自主地露出了笑容。

果然是小李来了，长发披肩，穿着米白色的连衣裙，好一派女神风范，脚步越来越近，可是却发现她今天是怒气冲冲的样子，雪白的小脸涨得通红。她没有走进客户服务部办公室，却径直走进了老板的办公室。

"老板，请给我一个解释，我……我到公司快三年了，我究竟哪里做得不好，为什么比我后来的同事都陆续得到了提升，而我却一直待在客户服务这个微不足道的岗位。"小李是冒着被解聘的危险来找老板理论的，因为上周宣布的本年度晋升名单中竟然又没有她的名字。"您说，我有过迟到、早退或乱章违纪的现象吗？"

"没有！"。老板干脆地回复。

"那是我不受同事和客户欢迎吗？"

"没有！你很讨人喜欢。"

"那是公司对我有偏见吗？"

老板先是一怔，继而说："当然没有。"

"那为什么今年晋升名单中又没有我？小王才来半年却有她？"

老板端起刚沏好的茶喝了一口说："这样吧，你的事情咱们等会再说，我手头上有个重要事情，要不你先帮忙处理一下？"

"好的。"小李想刚刚也确实有点失态，等会再跟老板谈也好，于是满口答应。

"是这样的，一家客户准备到公司来考察产品状况，你联系一下他们，问问何时过来。"

"好的。"小李应下来往自己办公室一边走一边嘀咕："这也叫重要事情？"

一刻钟后，小李回到老板办公室。老板看到她便问："联系到了吗？"

"联系到了，他们说可能下周过来。"小李清了清嗓子大声说。

"具体是下周几？"

"这个我没细问。"

"他们一行有多少人过来呢？"

"啊！您没叫我问这个啊！"

"那他们是坐火车来还是飞机来？"

"这个，这个您也没叫我问呀！"

"哦，你先去那边坐一下。"老板不再说什么了，他打电话叫来小王，交代了同样的事情。

一会儿工夫，小王回来便说："老板，是这样的，他们是乘下周三下午四点的飞机，大约晚上六点半到，他们一行是五个人，由采购张总监带队，我跟他们说过，我们公司会派人去接。老板，他们五个人的话，咱们派小轿车去接的话太挤，加上司机，加上我们去迎接的人一共有七人了，您看派我们的商务车去接可以吗？"

"好的，你去跟行政部申请一下即可。"

"哦，对了，老板，他们计划考察两天，具体行程回头我再跟他们用邮件确认一下。为了方便工作，我建议把他们安排在我公司附近的国际酒店，如果您同意，房间明天我就提前预订。"

"好的，你去处理就好。"老板微笑地点点头。

"还有，天气预报说下周有雨，我会随时跟他们保持联系，一旦情况有变，我将随时向您汇报。"小王在帮老板带上门之前又补了一句。

"好的，辛苦你了。"老板说罢，转头走向小李。

"现在我们谈谈你提的问题。"

"不用了，我已经知道原因了，打扰您了。"

小李终于明白，没有谁生来就能担当大任，都是从简单、平凡的小事做起，今天她为自己贴上了什么样的标签，或许就决定了明天她是否被委以重任。

小李的故事也许很多人都听过，只是版本不一样，那么她告诉我们什么呢？其实她不仅仅是告诉我们要怎么样去面对自己的工作，从另一个角度来看，她更是告诉我们要怎么样去提高客户的满意度。难道不是吗？你说当客户同时接到小李和小王的电话时，会更喜欢谁呢？更信赖谁呢？结果可想而知。

反 思

难道仅仅客户是我们的客户吗？

如果有这种想法就错了。

老板也是我们的客户，我们只有提高了他的满意才有可能得到晋升。

同事也是我们的客户，我们只有提高了他们的满意才能团结一致，共同进取。

朋友、亲人也是我们的客户，我们只有提高了他们的满意才能和谐共处，相互关照。

我们自己本身也是我们的客户，我们只有提高了自己的满意才能真正得到提升，从而发挥出自己的价值。

那么如何去提高客户满意呢？我们从下面章节中一步一步了解。

1 产品和服务

1.1 概念

企业靠给客户提供产品生存，产品是指能够提供给市场进行交换，供人们使用或消费，并能够满足人们某种欲望或需要的任何东西。服务是一种特殊的产品，是一方能够向另一方提供的无形的任何活动或利益，它不会导致任何所有权的产生，它的产生可能与某种有形产品密切联系在一起，也可能毫无关系。

我们所选择的行业有可能是属于制造型行业，那么这一类行业中的企业提供的就是产品；我们所选择的行业也有可能是属于服务型行业，那么这一类行业中的企业提供的就是服务。而在现今同质化的时代，实际上不管制造型行业还是服务型行业比的都是服务，所以我们也要不仅从真正的客户层面来考虑这个问题，就如我们上面故事启示中所提到的，老板、同事、朋友、亲人、甚至自己都是我们的客户，所以我们在这里跳出产品的界限，重点研究服务。

1.2 服务特性

服务具有可变性、无形性、不可分性、易消失性四大特征，具体解释如图7-1。

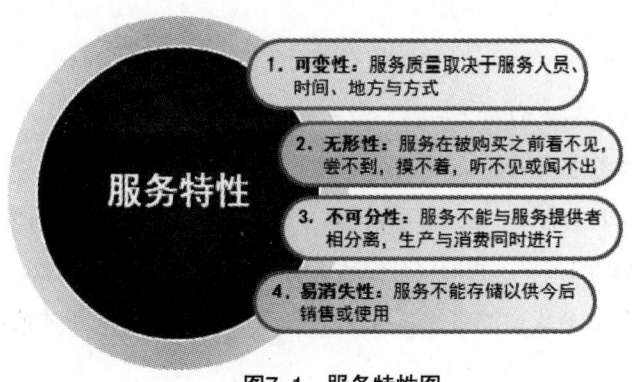

图7-1 服务特性图

物质产品可以通过质量、通过以往的数据分析来说明问题，而服务却不行。因为它无形的、易消失的。就像我们走进一家饭店吃了十次饭发现菜品很可口服务很到位,但是只要有一次感觉饭菜不可口,服务又不尽如人意,我们就可能把它前面的一切都给抹杀了,也许就不会选择再去。这是为什么呢?因为服务可变,取决于服务人员、时间、地点与方式。企业里的服务也一样,纵使前期的口碑再好,前面的客户积累得再多,但是却会因为我们的一个不小心、一个不重视就可能造成非常严重的后果,与人相处也一样。

② 客户满意是什么

满意是指一个人通过对一种产品或服务的可感知的效果(或结果)与他或她的期望值相比较后,所形成的愉悦或失望的感觉状态。而客户不总是满意的,因为我们的竞争对手都在想尽一切办法让客户满意,所以当客户的满意达不到他们心里的期望值,只要是不如竞争对手所提供的,那么我们就很可能没有合作机会或被替代。即使不被代替,也会受到各种各样的阻碍和限制。

③ 如何让客户真正满意

从前面的内容中,我们可以知道,让客户满意的主角不止我方与客户方两方,还包括竞争对手方,而且竞争对手可能还有很多。从这个角度,我将客户满意分为以下几种状态:

3.1 一种杜绝的状态

在这种状态下,我方未达到客户的要求,而竞争对手不光达到客户的要求,还大大超出他们的期望,争取到了与客户长期合作的机会,从而形成了无可替代性的壁垒,一旦碰到这种状态,我们争取与客户合作的可能性就变得非常渺茫,所以是一种必须杜绝的状态。

3.2 一种最不可取的状态

在这种状态下，我方与竞争对手都没有达到客户的要求，而竞争对手比我方做得还稍好一些，这是很差的状态，甚至会影响品牌声誉。一旦碰到这种状态，虽然我方与竞争对手彼此都没有达到客户的要求，但是竞争对手却离客户要求更近，我们争取与客户合作的阻碍很大，所以是一种最不可取的状态。

3.3 一种次不可取的状态

在这种状态下，我方与竞争对手都没有达到客户的要求，而我方做得比竞争对手稍好一些，这也是不好的状态，因为结果同样是都被淘汰。一旦碰到这种状态，虽然我们离客户的要求比竞争对手离客户的要求近，但是毕竟还未达到客户的要求，与客户的合作仍然存在阻碍，所以是一种次不可取的状态。

3.4 一种可努力的状态

在这种状态下，竞争对手达到并超出客户的要求，而我方仅达到了客户的要求并未超出他们的要求，甚至低于竞争对手给客户的价值，相比之下，客户将更倾向于与竞争对手合作。一旦碰到这种状态，我们达到了客户的要求，获得了与客户合作的准入权，但因竞争对手也达到了客户的要求且更佳，所以竞争对手选择与他们合作的可能性更大。虽说如此，这种状态不是最差的，因为我们可以通过努力超过竞争对手，获取更多的合作份额，所以这是一种可努力的状态。

3.5 一种次理想的状态

在这种状态下，我方和竞争对手均满足并超出了客户要求，而且我方超出得更多。一旦碰到这种状态，我们与客户合作的可能性就非常大，所以是一种次理想的状态。

3.6 一种最理想的状态

在这种状态下，我方满足并超出了客户的要求，而竞争对手未满足客户要求，而且离我们给客户的价值相差甚远。一旦碰到这种状态，我们与客户合作的可能性最大，所以是一种最理想的状态。

从以上六种状态中我们可以看出，第四、五、六种状态都达到了客户的要求，而能让客户真正满意的却只有第六种。在现实工作，很多人对客户满意的状态只停留在第四种，甚至低于第四种，就像前面故事导读中的小李，单纯地认为老板交代的任务只是打个电话问一下客户何时过来就满足要求了，而实际上老板要求的是完整地处理好客户过来公司接待的整个事情，所以小李没有让"客户"真正满意。而故事中的小王，则将服务做到了第六种状态，让客户达到了真正满意，是非常值得我们学习的，无论我们处于营销的哪个阶段，都要朝这种状态努力。

④ 启蒙阶段如何提高客户满意度

如何提高客户满意度是各个层面都在考虑的问题，从高管到中层到员工都无时无刻不在思考这个问题。处于启蒙阶段的员工，我们不可能从高管的角度去考虑文化与战略，也不可能从中层的角度去考虑策略与战术，我们只能从员工的角度去把每一件简单的事情做好。曾经有人采访海尔总裁张瑞敏先生，问他为什么能取得如此成功？他回答说他的秘诀只有一个：简单的事情重复做。

简单的事情看似简单，其实不简单。就如前面故事中所提到的"重要事情"，老板认为是重要事情，小王也认为是重要事情，而小李则不然，所以看事情的态度决定了事情的结果。我们之所以认为事情简单是因为只看到了冰山上露出水面的那一小部分表象，而对隐藏在水下面的真正根基却视而不见。从上面章节中我们知道了客户满意的几种状态，从现在开始，我们的目标就是如何达到最后两种状态（即次理想状态和最理想状态），有了目标，调整了心态，我们要做的就显得容易多了。下面给启蒙阶段的伙伴们提几点小建议。

4.1 注意外在形象

我这里所指的形象，不仅包括自身的形象要整洁干净；还包括办公区域的形象要整洁有序。记得我刚参加工作不久时，有一位台湾籍领导非常看重我，他跟我说了一句话，我至今还记忆犹新，他说："一个人的工作能力如何，只需要看他们的办公区域就知道了。我只有一个标准，就是我在问员工要一样文件时，他（她）能在两分钟内找给我，那么就证明他（她）的工作能力是强的。"从此，我的办公区域发生了很大的变化，不光整洁，而且我把它们规划成很多区域，哪些地方是摆放办公文具的、哪些地方是放置客户资料的、哪些地方是放置重要文件的、哪些地方是放置往来财务票据的、哪些地方是放置紧急需要处理文件的，都一目了然，让我工作事半功倍，从而乐在其中。

4.2 调整心态

我们要重视每一项工作任务，找到它冰山下的真正根基，而不要只关注冰山上的一点点表象。这个时代不是比谁能做，而是比谁做得更好，因为我们前面也分析过了让客户满意的主角不止我方与客户方两方，还包括竞争对手方，而且竞争对手可能还有很多。假设当客户要求五分时，我们做六分行不行？也许很多人认为可行，但是不要忘了还有第三方，我们的竞争对手，如果他们做的是八分呢？所以要调整心态，重视每一项工作任务，全力以赴去做好，做到真的问心无愧，不要留到最后去后悔当初。

4.3 培养好的工作习惯

培养好的工作习惯主要包括以下几个方面：做好工作笔记、做好文件管理、完成好工作指令。详细内容见本书第一部分中的第四章"培养好的工作习惯"。

4.4 永远比客户考虑多一些

A. 你注意你制作的表格或其他资料了吗？

美观、有抬头、有落款、要素详细、在打印区域内，这是我们制作表格或其他资料时容易忽视的部分,而实际上我们需要特别注意这些方面的细节。前面四项我们可能都能做到,但是第五项往往是最容易忽视的,而这项却是非常重要的,因为当你的客户拿到你制作的表格或其他资料,如果还需要他们去完善或调整打印格式的话,你做的就远远低于了他们的期望值,甚至有的时候客户直接点击了打印,因为我们没有把打印区域设置好,导致打印了很多废纸出来,这样我们的个人形象及企业形象在客户心目中就一落千丈。从现在开始,让我们永远站在客户的角度去考虑,而且考虑比他们多一些,让他们一拿到我们提供的资料是最高质量的、最省心的。

B. 你注意你发的邮件格式了吗?

邮件沟通已经成为职场上不可或缺的沟通方式,于是如何编辑理想的邮件格式就成了一门必修课。合乎规范的邮件格式包括以下几个方面:

B_1. 写信人E-mail地址、收信人E-mail地址、抄送收信人E-mail地址、密送收信人E-mail地址。

B_2. 标题。

B_3. 称呼、开头、正文、结尾句。

B_4. 礼貌结束语。

B_5. 写信人全名、写信人职务及所属部门、地址、电话号码、传真等。

其中邮件标题应体现邮件主旨,要引人注目、意思明确最好为名词或动名词短语;称呼礼貌得体,符合商务英语写作习惯,如不知对方姓名只知头衔,可用dear+title作为称呼,如只知对方姓名不知性别,可用dear+全名,如邮件为一封通函,则用dear all作为邮件称呼;正文部分应该结构清晰,便于阅读,如正文内容较长,可使用小标题、小段落,或利用星号、下划线及段落间空行等方式使邮件眉目清楚、一目了然。总而言之,商务电子邮件的正文写作应该遵循五5C原则,即:

Correctness 准确原则

Conciseness 简洁原则

Complete 完整原则

Clarity 清楚原则

Courtesy 礼貌原则

邮件范例对比如下（图7-2、图7-3）。

非规范版：

图7-2　非规范版邮件示范图

规范版：

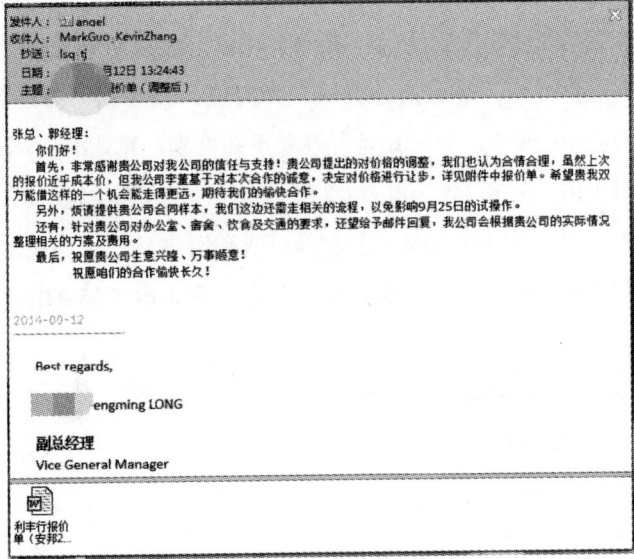

图7-3　规范版邮件示范图

如果你是收件人，哪一个版本会让你感觉到舒服呢？答案肯定是后者。所以当我们按照合理的格式，遵循5C原则去编辑邮件发送给客户时，一方面体现了我们对客户的礼貌；另一方面也体现了我们的专业度；更重要的是让客户一目了然，工作效率提升，所以就能达到并超出客户的期望值，获得客户满意。

C.你真的替客户着想了吗？

很多人都把"客户是上帝"挂在嘴边，思路是对的，但却不如把"客户是亲友"来得更真切、实在。就拿我们本章开篇故事中的小李为例，她只是从公事层面处理客户来访的事情，试问换一下角色，如果此次来访的是她的亲友，那么她还会如此敷衍了事吗？显然是不会的。所以说只有我们把客户当作亲友时，我们才会真正地从客户角度去替客户着想。在提高客户满意方面，这一点是至关重要的。

第八章　提升营销理论知识[①]

本章要点

- 什么是市场营销
- 营销什么
- 谁是营销者
- 市场营销中的核心概念

① 什么是市场营销

所谓市场营销（marketing），就是识别并满足人类和社会的需要。对市场营销最简洁的定义，就是"满足别人并获得利润"。当eBay公司意识到人们在当地买不到最想要的物品时，就发明了网上竞拍业务；当宜家公司（IKEA）意识到人们想购买价格低廉、质量高的家具时，就创造了可拆卸与组装的家具。所有这些都证明：市场营销可以把社会需要和个人需要转变为商机。

② 营销什么

一般而言，营销者主要经营以下十大类产品：

[①] 本章内容摘录于《营销管理》（第14版，全球版）/菲利普·科特勒、凯文·莱恩·凯勒著，王永贵等译，中国人民大学出版社，2012.4.

①产品：有形的产品都是生产和营销的主要对象，如汽车、冰箱、电视机等等。

②服务：随着经济的增长，服务逐渐构成了经济活动中的主导力量，而人们也越来越关注服务的生产。服务业包括航空公司、饭店、汽车租赁公司等等。

③事件：营销者可以就一些事件进行宣传，如大型商业展览、艺术表演和企业庆典等。事实上如奥林匹克运动会和世界杯等也属于事件。

④体验：通过合理地把不同的产品和服务组合起来，企业往往能够创造和展示各种营销体验。如迪士尼乐园和梦幻王国就是提供一种体验。

⑤人物："名人营销"已经成为营销的重要手段。艺术家、音乐家、首席执行官、金融家和其他专业人士都是从名人营销中获益的。

⑥场所：城市、州、地区和整个国家都致力于吸引游客、居民、工厂和公司总部。场所营销者包括专业开发专家、房产公司、商业银行等。

⑦产权：产权是所有者的无形权利，包括不动产（房地产）和金融资产（股票或债券），产权可以买卖，这就需要市场营销。

⑧组织：组织总是积极致力于在目标顾客心中建立起强势的、宜人的、独特的品牌形象。比如大学、博物馆以及一些从事艺术活动的组织或非营利组织为了获得受众的资金，也在运用营销手段来提高其公众形象。

⑨信息：信息与生产、包装和分销一样是一个重要行业。比如图书、学校都在以一定的价格面向父母、学生和社区对信息进行生产。

⑩想法：每种市场供应物都包含基本的观念或创意。如碧桂园，"给您一个五星级的家"。

③ 谁是营销者

营销者（marketer）是那些从潜在顾客（prospect）那里寻求响应的人，如寻求潜在顾客的注意力、购买行为、选票或捐赠等。如果双方都在积极寻求把自己的产品（服务）卖给对方，那么我们就把他们都称作营销者。

营销者经常用市场（market）这个术语来指代各种各样的顾客。一般而言，他们往往把卖方的集合看作行业，而把买方看作市场。图8-1描绘了行业和市场之间的关系。其中，买方和卖方通过四个流程彼此连接在一起。卖方把产品、服务和传播（如广告、直邮）传递给市场；反过来，获得货币和信息（消息者的态度与销售数据）。在图8-1中，内圈表示货币和产品、服务的交换，外圈则表示信息的交换。

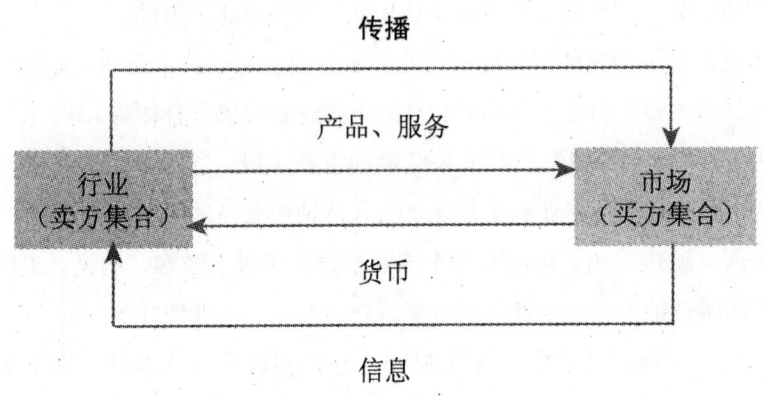

图8-1 简单的营销系统

④ 市场营销中的核心概念

4.1 需要、欲望和需求

需要：人类最基本的要求。如人类需要空气、食物、水、衣服和住所。人类同样具有创新、接受教育娱乐的需要。

欲望：当存在具体的商品来满足需要的时候，需要就转变成欲望了。比如吃米饭满足了食物需要，但当想吃五星级酒店的米饭和菜时就变成欲望了。

需求：是有支付能力购买具体的商品来满足欲望。许多人都想要奔驰、宝马轿车，但是只有很小一部分人具有支付能力。企业不仅应该知道有多少人需要这些产品，更重要的是要测算出有多少人实际上能够买得起。

4.2 目标市场、市场定位和市场细分

营销者往往很难满足市场上每个人的需要，并不是所有人都希望获得或消费同样的谷物、旅店房间、餐厅、汽车、大学或电影等等。因此营销者的第一项工作，就是对市场进行细分。通过分析顾客的人口统计信息、心理特征信息和行为差异信息，往往可以识别出具有不同产品与服务需求的不同顾客群体。

在进行市场细分之后，营销者还必须分析判断哪个细分市场存在最大的市场机会，即选择自己的目标市场。然后，企业需要针对自己选择的每个细分市场开发特定的市场供应物，并使目标市场认可该供应物，为其带来某些核心利益，这就叫市场定位。

4.3 供应物和品牌

供应物可能是产品、服务、信息和体验的某种组合。

品牌是具有明确提供来源的供应物的一种标志。例如，一提到麦当劳这样品牌，在人们头脑中往往就会联想到汉堡、干净、便利、礼貌的服务和金色拱门等，它们构成了品牌形象。实际上，所有企业都在努力建立一种非常宜人的、独特的品牌形象。

4.4 价值与满意

价值：顾客所感知到的有形利益、无形利益与成本的综合反映，往往可以看作质量、服务和价格的某种组合，因此又称为顾客价值三角形。一般来说，价值感知会随着质量和服务的提高而提升、随着价格的下降而增加。

满意：反映的是顾客对产品的实际表现与自己的期望所进行的比较。如果产品的实际表现低于期望，顾客就是不满意的。如果相等，顾客就是满意的。如果超出期望，顾客就会非常高兴，达到真正满意。

4.5 营销渠道

为了接触到目标市场，营销者往往可以利用三种营销渠道。

①传播渠道：营销者可以通过传播渠道发送信息，并从目标顾客那里获得信息。这种渠道包括报纸、杂志、广播、电视、信件、电话、布告栏、海报、传单、光盘、录音磁带和互联网等。除此之外，人与人之间可以通过面部表情和衣着传递信息，企业可以通过零售店的外观、公司网站和许多其他媒介来传递相应的信息。另外，营销者为了弥补广告等单向沟通渠道的不足，越来越多地增加了对双向沟通渠道的应用，如邮件、博客和免费电话等。

②分销渠道：营销者利用分销渠道向购买者和使用者展现、销售或交付有形产品或服务。其中，分销渠道可以是直接渠道，如通过网络、邮件、移动电话或者电话进行直销，也可以是间接渠道，即通过分销商、批发商、零售商和代理商间接进行销售。

③服务渠道：营销者也可以通过服务渠道与潜在顾客进行交易。服务渠道包括仓库、运输公司、银行或保险公司等促进交易的机构或个体。营销者在为供应物选择有关传播渠道、分销渠道和服务渠道的最佳组合时，在设计方面往往面临一系列挑战。

4.6 供应链

供应链是一条相对较长的渠道链，包括从原材料和零部件的供应到把成品交付给最终顾客的整个过程。

例如：咖啡的供应链可能开始于埃塞俄比亚的农民——他们种植、照料并挑选咖啡豆销售给后者——某个公平贸易联盟，他们开始加工——清洗、晾晒和包装，并以最低每磅1.26美元的价格卖给另一个贸易组织（ATO）。最后，ATO再把咖啡运往发展中国家并在那里通过直接销售或零售渠道进行销售。实际上，在整个供应链价值交付系统中，每家企业都只占全部价值中很小的一部分。当一家企业收购了另一家企业、向上游或下游扩展时，其目标往往在供应链总价值中占有更大的比重。

4.7 竞争

竞争包括所有的现实竞争对手、潜在竞争对手和购买者可能考虑的替代产品。波特五力模型即是基于此理论设计的模型（五力模型详见图8-2）。

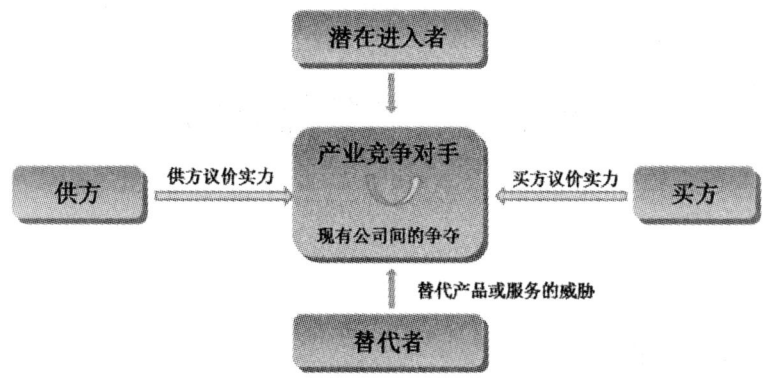

图8-2 波特五力模型图

4.8 市场营销环境

市场营销环境主要包括任务环境和宏观环境两大类。任务环境是指从事产品服务的生产、分销和促销的组织或个体，具体包括生产企业、供应商、分销商、经销商和目标顾客。宏观环境主要包括六类环境因素，分别是人口环境、经济环境、自然环境、技术环境、政治环境和社会文化环境。在实践中，营销者必须密切关注这六类环境的发展变化趋势，并及时调整自己的营销战略。

第九章　启蒙篇总结

本章要点

- 启蒙阶段在职业提升趋势图中的位置
- 成就营销梦想系列营销人员启蒙之法
- 本篇知识点总结
- 寄语启蒙阶段的小伙伴

① 启蒙阶段在职业提升趋势图中的位置

1.1 职业提升趋势图

我们的职业生涯，一般情况下跨度为25岁（大学毕业）至65岁（退休），一共40年。短短的40年，要想在职业生涯中有所建树，每一年，甚至每一天都非常重要。我根据我们的工作年限及岗位级别绘制了一张"职业提升趋势图"，如图9-1所示。图中假设以深色为标准线，上半部分浅色都表现为非常卓越的，下半部分较浅色的就表现得相对差一些。具体我们的职业生涯能在此表中怎么描绘完全取决于我们自己。

1.2 启蒙阶段在职业提升趋势图中的位置

从职业提升趋势图，我们可以看出每一个阶段的提升都需要过程，尤其体现在启蒙阶段，这个阶段，有的人一辈子都走不出去，这一类人一般表现为频繁地换工作，近退休的年龄还呆在执行层，唯一的优势只有比别人年长；有的

第一部分 启蒙篇

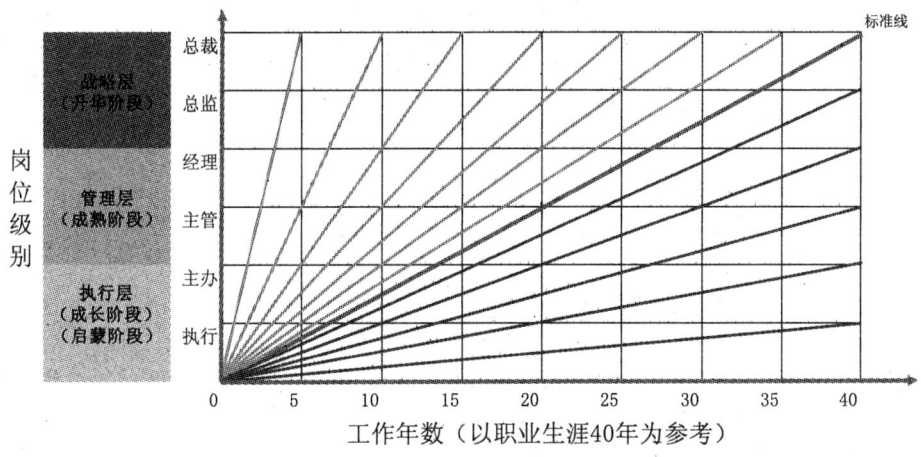

图9-1 职业提升趋势图

人用最快的时间就度过了启蒙阶段，工作一两年，甚至更短就提升到了工作主办，为未来的职业之路奠定了良好的基础。启蒙阶段在职业提升趋势图中的位置详见图9-2。

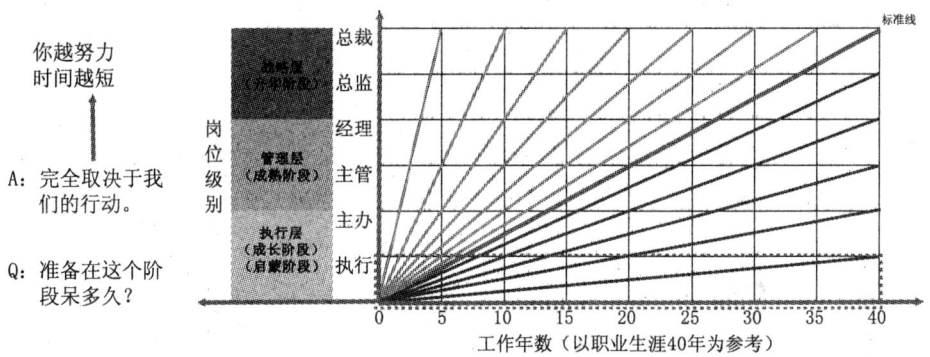

图9-2 启蒙阶段在职业提升趋势图中的位置

② 成就营销梦想系列营销人员启蒙之法

处于启蒙阶段的我们，一切都为零，所以诀窍只有一个，那就是"做"，我把它称之为营销启蒙之法。为了便于大家记忆，我在此将"做"字拆开来理解，即以时刻站在一旁学习的态度，成为"三故"精英（详见图9-3）。同时将本章所学内容合理地融入其中，即树立正确的态度，找到自己做营销的真正"缘故"，努力让自己提升成为大家的"典故"，同时不管何时都要坚持"温故"，详细情况见图9-4。同时，我给大家总结了五个步骤，只要按照这五个步骤去走，就能顺利度过启蒙阶段，成功进入成长阶段。具体步骤如图9-5所示。

图9-3 营销人员启蒙之法图

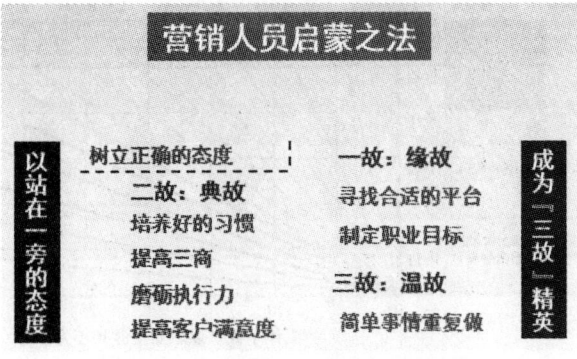

图9-4 营销人员启蒙之法课程结构

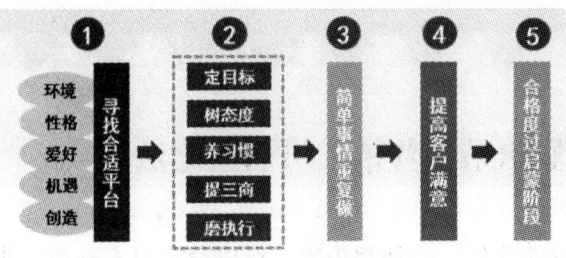

图9-5 启蒙篇五步曲

③ 本篇知识点总结

我们明白了启蒙阶段有五个步骤,那么在本章中我们学到了哪些知识点呢?在此我特意帮大家整理了一下,以便于大家记忆,启蒙篇知识点总结框架详见图9-6,具体内容的咀嚼还需要大家把相应的章节多读几遍,书读百遍,其意自现。

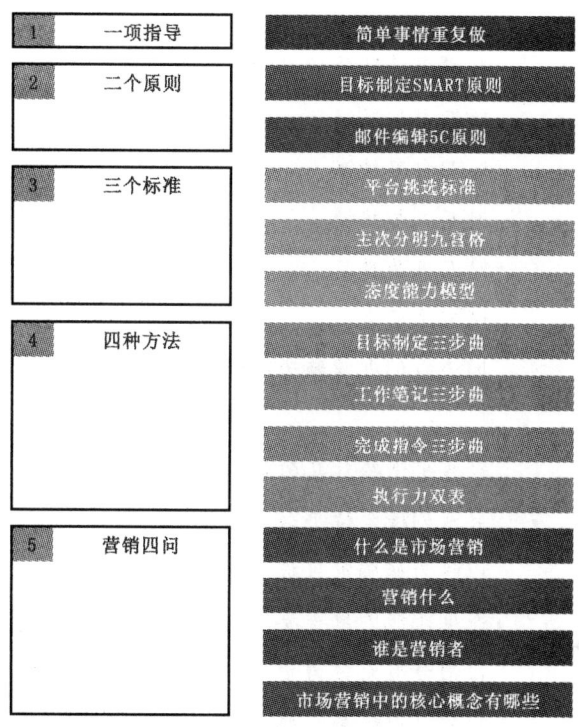

图9-6 启蒙篇知识点总结图

④ 寄语启蒙阶段的小伙伴

送给启蒙阶段小伙伴们诗一首。

送给启蒙阶段的小伙伴们

你在迷茫吗

我知道你是迷茫的
因为不迷茫将不懂什么是学习

你想学习吗
我知道你是很想的
因为你准备开始你的启蒙旅程

让我来猜猜你的心情
时而自信满满
时而自卑拘谨
时而满腔热情
时而垂头丧气
这不是反常
因为我们也曾经历过

让我来送给你几句话
寻找创造合适平台
以终为始确定目标
态度比能力更重要
习惯会有无穷力量
针对性地提高三商
磨砺自己的执行力
简单事情重复去做
永远考虑比客户多
做到这些你的启蒙阶段将充实快乐

如果说大家到此仍觉得困难重重，再送大家一篇文章，这篇文章是我往日所作，相信对大家会有所帮助。

周遭是我们最好的课堂

曾子曰："吾日三省吾身——为人谋而不忠乎？与朋友交而不信乎？传不习乎？"原来对这句话感受不深，但是经过这些年，我深深地感受到：周遭是我们最好的课堂。

我也曾因为贫困不能上学、因为学历低不能有好的工作、因为要补贴家用十几岁开始打工补贴家用。或多或少感觉到过上天的不公平，但是正所谓上天给你关上一扇门，自然会给你打开一扇窗，虽然这扇窗很高很结实，等着你去发现和利用。我很感谢这扇窗，它给了我更高的视野和更广的想象。

当我搬着桌子、搭着椅子、添上板凳攀爬到窗沿，看到的是一望无际的绿野，我惊喜，我感恩，我甚至有些许成就感，因为我通过努力看到了它，这是一推门就能看到天的人不能体会的。卡耐基说苦难是我们人生的第一大财富，我想它指的就是这些。唯美的景色在重重阻碍面前显得格外绚丽和吸引人，于是我们再次努力，快乐地努力！一根根窗户栏杆就像我们生命中的一个个险阻，当我们一个一个将它们锯断时，发现自己可以探出头去，甚至半个身子。那种渴望力量更无穷大了，终于有了足够的空间探出整个身子，似乎跟有门的人有了相同的起跑线，可是低头一看，发现还有那么大落差，一部分人就退回去了；一部分人盲目跳了下去，伤痕累累；而还有一部分人在想我要如何出去？或是叫外人来助，或把里面的一系列垫件移到外面，或自己轻轻地靠身体贴墙慢慢下去——总之他们下去了，真实地踏到了草地，有了新的开始。此时从门出去的人有的还在门口徘徊，有的可能走了一小段，有的走了还不错的一段却因碰到坑坑洼洼在退缩，有的可能还在走，但是因为他经过爬窗户的锻炼，无论是无助、饥饿、渴求、寂寞、歧视、嘲笑……都一一经历了数遍，所以一下到平地便如离弦之箭奔跑……

当然也不是所有的没门的人会如此，也有抑郁而终的，也有怨天怨地的，也有拍着门大喊祈求的……

当然也不是所有从门出去的人跑得不快，他可能回头一看爬窗户的人那么辛苦，想起了自己的父辈也是这样出来的，突然感觉自己格外幸福，要倍加珍惜自己的际遇。甚至有些人会主动去帮助爬窗户的人，于是一个上善包容，一个睿智勇敢，成就了卓越旅程。当然这部分人非常少，更多会嘲笑或怕拖累……

你是哪一类人呢？从门出去或有窗户没爬或爬了窗户退缩或从窗户爬出去了，你的周遭是怎样的呢？不管是怎样的周遭，其实都是我们最好的课堂。有苦难去克服，有幸福去珍惜；无资源去创造，有资源去利用；有无助去坚强，有依靠去感恩！总之你怎么去学周遭这堂课，你便将收获什么样的人生。

第二部分
成长篇 Part 2

在这一个阶段，你已经踏上了营销之路，犹如躁动于母体马上要呱呱落地成熟婴儿，对外面的世界充满了期待，拼命地往外探头。但是婴儿再成熟毕竟是婴儿，要很好地走好营销这条路需要练的功夫还很多。

在这条路上，以后伴随你最多的词语就是"客户"，但是卓越的营销人员却恰恰相反，他们的字典里将没有"客户"两字，这是为什么呢？我们将在这一部分给大家答案。

营销人员成长之路，无速成之说，但并不代表无道可循，营销之道即是用"心"，用心提升自己、用心经营客户，就能通向成就营销梦想的阳光大道。

注：第二部分成长篇适用于营销代表（人们也常称之为业务员、推销员）。

第一章　培养营销兴趣

本章要点

- ◆ 兴趣的力量
- ◆ 兴趣的来源
- ◆ 如何培养营销兴趣

导　读

知之者不如好之者，好之者不如乐之者。

——孔子

我认为对于一切情况，只有"热爱"才是最好的老师。

——爱因斯坦

成就一番伟业的唯一途径就是热爱自己的事业。如果你还没能找到自己热爱的事业，继续寻找，不要放弃。跟随自己的心，总有一天你会找到的。

——史蒂夫·乔布斯

1　兴趣的力量

上面的名人名言中，孔子（公元前551—公元前479），是我国古代著名的思想家、教育家、儒家学派创始人。"知之者不如好之者，好之者不如乐之者"出自记录孔子和他的弟子言行的《论语》，意思是说，学习知识或本领，知道它的人不如爱好它的人接受得快，爱好它的人不如以此为乐的人接受得快。兴趣是学习的动力,兴趣是学习最好的老师。其实不光学习上如此,其他方面也同样印证了孔子这个观点,世界十大杰出物理学家之一,现代物理学的开创者、集大成者和奠基人爱因斯坦也曾说道:我认为对于一切情况,只有"热爱"才是最好的老师。我想正因为如此,他才成就了卓越的一生,并被后人誉为"天才"。史蒂夫·乔布斯这位世界著名发明家、企业家、美国苹果公司联合创办人、行政总裁,他曾说过:成就一番伟业的唯一途径就是热爱自己的事业。如果你还没能找到自己热爱的事业,继续寻找,不要放弃。跟随自己的心,总有一天你会找到的。他的朋友——软件公司甲骨文(Oracle)主管、亿万富翁拉里·埃里森这样概括他的天赋:"他具有一个工程师的头脑和一颗艺术家的心灵。"他之所以能在事业上取得如此辉煌的成就,肯定离不开他的睿智和严谨,即拉里说的"工程师的头脑",高度的热情和兴趣即拉里说的"一颗艺术家的心灵"。综合上所述,我们可以发现兴趣的力量是巨大的,具体来讲可以从以下两点来进行概括:

一是兴趣能让人全力以赴。

二是兴趣能让做事时事半功倍。

② 兴趣的来源

2.1 先天来源

兴趣的先天来源主要取决于性格。DISC[①]性格模型将性格分析从两个维度出发:一个是"情感倾向性"维度,它把人的感情倾向分为"内向型"和"外向型",这是瑞士心理学家荣格的著名理论。即有的人是外向型,也可以称为"快节奏型",总体特点是:外向、乐观、开朗、自信;行动力强;精力充沛;反应迅速;乐于参与;好展示;喜争论;注重实效;目标明确;缺乏耐心,没

---

① DISC是一种"人类行为语言",其基础为美国心理学家威廉·莫尔顿·马斯顿博士(Dr.William Moulton Marston)在20世纪20年代的研究成果。

有持久，宽容不够。有的人是内向型，也可以称为"慢节奏型"，总体特点是：内向、悲观、沉默、缺乏安全感；反应较慢；善于思考；稳重踏实；沉默内向；不善展示；遵守规则；坚持不懈，耐心持久。一个是"思维倾向性"维度，从这个维度分析，有些人喜欢和人打交道，喜欢和人在一起，而有些人喜欢做事情，喜欢完成任务。因此可以分为以工作任务为中心的"任务导向型"（也称为工作导向）和以人际社交为中心的"社交导向型"（也称为人际导向）。DISC模型图见图1-1。

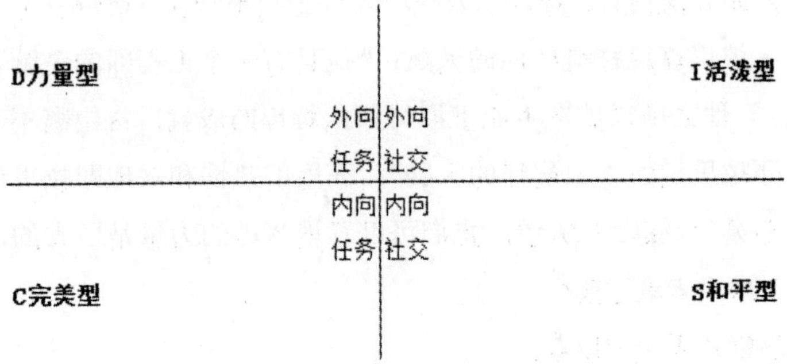

```
          D力量型              |            I活泼型
                        外向 外向
                        任务 社交
   ─────────────────────────────────────────────
                        内向 内向
                        任务 社交
          C完美型              |            S和平型
```

图1-1 DISC模型图

D型性格的整体特征：

➤ "天生的领袖"是对力量型性格的最好描述。

➤ 有强烈的控制欲望，在任何环境下总是想掌握一切，获取主动，如果没有主动权，他会想法改变，或者离开，寻找新的能够担当领导的环境。

➤ "不可能是失败者的借口，没有不可能"。是D型性格的人常说的话。

I型性格的整体特征：

➤ "快乐的天使"是I型性格的最好形容。

➤ 追求快乐，生活里总充满阳光，喜欢娱乐活动。

➤ 喜欢表达，总是喜欢在各种场合展示自己，他们是舞台的灵魂和晚会的中主，不管是真是假，只要有掌声，他们就很快乐。

S型性格的整体特征：

➤ "和谐的使者"是S型性格给自己的定位。

➤ 不会轻易出头，也不会随意表达自己的观点，他们总是站在旁边，做一个观众。等其他人结束后再慢慢地道来,也许这时候人们已经不感兴趣,如果这样,他们随时停止。

➤ S型性格的人保持冷静和镇静,很少能够有什么事情能让他们冲动,他们总是给人安全感。如果发生什么,当力量型在解决、活泼型在尖叫、完美型在悲伤的时候,和平型在观望。

C型性格的整体特征:

➤ "思想的巨人"是C型性格典型的特征。

➤ 善于分析事物,他们能够发现很多事物的内在联系。他们显得成熟而稳重,像个思想家一样受人尊重。他们心思缜密,观察入微。

➤ 永远没有满足的时候,他们会"从合格到优秀""从优秀到卓越""卓越到伟大",他们告诉人们"细节决定成败",身体力行并且乐此不疲。

➤ 目标明确,严肃认真。他们和力量型性格一样都是以任务为导向,不同之处在于,力量型性格会立即行动,而完美型性格在开始以前总是深思熟虑,他们遵循"想好了再说""计划好了再做"。

➤ 从上面的分析中我们可以看出先天的性格决定了我们的喜好,所以我们兴趣在很大程度上源于先天。正因为如此,所以我们也可从普通的概率看出:公司的管理工作者多处于D型;销售工作者多处于I型;技术工作者多处于C型;行政工作者多处于S型。

➤ 但是这也不是绝对的,因为人一般不只具备其中一种类型,往往是混合多种类型的,只是比例不一样,而且也会随着环境的变化和年龄的增长而变化。

2.2 后天来源

兴趣的后天来源主要取决于培养。虽然上面章节中我们知道了兴趣主要来源取决于先天的性格,但是俗话说:"三分天注定,七分靠打拼。"兴趣的主要来源还在于后天的培养,这往往也是我们最容易忽视的。我们很多人常常会抱怨说:"这是什么工作,根本就不是我想要的,烦死了。""这不是我感兴趣的工作,所以也只能做到这样了。""我如果能找到真正感兴趣的工作,肯定能做得很好。"……虽然听起来看似有些道理，但是人生哪有那么多任意而为呢？我们不能选择自己的出身环境，不能选择自己的出身背景，所以大部分时候都只能被迫选择，但是在我们没有办法真正自己去选择的时候，一定要学会去"化腐朽为神奇"。如何化腐朽？其中一点就是后天对自己兴趣的培养。

③ 如何培养营销兴趣

兴趣是可以的培养的，这是对于被迫选择者们的福音，也是忽视兴趣盲目选择者们的福音。特别是针对营销这个特殊的职业，这两者的人数往往偏多，一是因为营销的进入门槛很低，是应届毕业生们最容易就业的职业；二是因为从营销职业走向成功的人很多，无疑也促使了很多人选择了营销职业。尽管如此，我们终究逃脱不了二八法则，只有20%的人真正做好营销并从中实现了自己的价值。那么我们现在需要做的是就是怎么样进入这百分之二十，首要的事情就是培养营销兴趣。记得儿时小学课堂上最让人头疼的事情就是在方格本上抄写汉字，一般一节午间自习课要求抄写二页，而且要求字写得端正、漂亮。这对于小学一二年级的学生来说，因为写字慢，所以工作量很大。我虽然属于学习优秀的孩子，但也非常不喜欢这类自习课。但是又必须去完成，也知道老师是为了让我们的汉字书写得更加漂亮，所以就自己想办法培养对这类课的兴趣。我从小喜欢画画，于是便在小字本上用汉字组成各种漂亮的图形框架，然后再将汉字一个一个填充进去，总是完成得又快又好，因为充满了创造的乐趣。从那以后，我就非常关注自己对任何一项学习及工作的兴趣培养，果然都取得了事半功倍的效果。本书主题是营销，那么我们就来共同探讨一下如何培养我们的营销兴趣。

3.1 正确认识营销

3.1.1 营销和销售的区别

我们在做任何一件事情之前一定要先了解这件事情的本质，对于营销的认识,很多人都只看到了它其中的一小部分:销售。其实营销的力量比销售大得多,当然区别也非常大。有人形象地比喻:销售是射杀一只静坐不动的鸭子,若没射准,鸭子有可能就飞了;营销是在地上撒谷子,把鸭子引过来,再用胶水把鸭掌粘住。由此可见销售是射杀静态个体目标,营销是培养动态整体氛围,看到的不止一个顾客,而是整个市场的顾客。营销和营销的区别具体体现如下:

➤ 包含的内容不同:

营销是一个系统,而销售只是营销的一部分。

营销包括:市场调研、市场推广、品牌策划、销售、客户服务等等。

➤ 思考的角度不同:

销售主要是以固有产品或服务来吸引、寻找客户,这是一种由内向外的思维方式。

营销则是以客户需求为导向,并把如何有效创造客户作为首要任务,这是一种由外而内的思维方式。

➤ 结果的诉求不同:

销售是把产品卖好,是销售已有的产品、把现有的产品卖好。

营销是让产品好卖,是产品的行销策划、推广,营销的是目的是让销售更简单甚至不必要,让产品更好卖。

如果你的业绩以及同事们的业绩都停滞不前,那么应该静下来思考一下是不是只将思维定位在了销售,而不是营销;如果你现在已经是一个营销高级管理者,员工们三年都没有什么业绩突破了,那么赶快放放销售吧,因为销售的问题有时候不是销售自己可以解决的。

从上面射杀鸭子的案例我们发现营销其实是一个动态有趣的过程,并不是我们认为的上门推销、被拒绝、被讨厌的过程,它更像是艺术,我们往往还可以通过营销策划让客户主动地接近我们、接受我们、认可我们,直至信赖并依赖我们。每一个营销案例的成功都让我们有无限的成就感。看到这里,大家是不是已经对营销萌发了兴趣,有了跃跃欲试的想法呢?

3.1.2 营销无处不在

有很多人认为营销知识只适应于从事营销职业,但是这种想法是片面的，实际上营销在我们身边无处不在。比如竞选、应聘、谈恋爱、获得老板赏识等等，尤其体现在谈恋爱，这也是在营销领域很多人说的成功的营销就是要像"跟客户谈恋爱"一样，以客户需求为中心，投其所好，围着她、宠着她，最终获得对方的欢心。总之，不管大家接不接受，营销每时每刻都发生在我们身边，所以这也让我们必须要对它感兴趣，这样才能如鱼得水、春风得意。

3.1.3 营销不是丑事

在很多人心目中，"营销"并不是件光彩的事情，因为他们一想到营销就是想到喋喋不休的推销电话和无孔不入的宣传单，总之都是让人不太舒服，久而久之，就让人讨厌，从而也对营销有了一种错觉：营销是一件丑事。其实，我们所见到的都是不成功的营销，成功的营销是不会让人产生反感的，反而会让人身心愉悦。后面的章节中我们会详细介绍如何真正去做好营销，我们大家也会逐渐发现营销非但不是丑事，而是一件魅力非凡的美事。

3.1.4 营销通往成功

据不完全统计，近年来有1/5以上的CEO具有营销背景，这个比例超过了出身技术和财务的群体，营销人正在成为CEO的最重要的来源。从全球来看，产品同质化倾向日趋严重，市场竞争日趋激烈，技术不再成为企业领先的唯一理由，如何以客户为中心成为企业制胜的关键，营销已在企业中占据了最重要的位置，谁最了解客户？谁最了解市场？当然是营销人。因此，越来越多的营销人成为CEO就是顺理成章的事了。所以这么有前途的职业是非常值得我们去付出心血的，成功是我们每一个工作者的梦想，光凭这一点我们就应该对它多出几分兴趣。

3.2 适当调整性格

前面我们所讲到兴趣来源之一是先天的性格，虽然古语有说，"江山易改，本性难移"，但是在现实生活中，随着环境的变化和年龄的增长，性格是会变化的。年龄增长我们先不谈，我们主要从环境上着手。心理学告诉我，人类有趋同心理，所以我们如果要从事营销职业就要寻找与营销最接近的环境，比如多参加聚会以扩大人脉网络、多接触不同的环境以增强适应能力、多参加策划以提升系统思维、多与人沟通以锻炼语言表达能力等等。这些方法是非常有效的。我在从事营销职业以前非常害羞和腼腆，就是通过这些方法对自己进行了调整，久而久之，变得非常活泼和开朗。大家不妨一试。

3.3 努力寻找方法

3.3.1 培养营销自信

这里所谓的培养营销自信，主要是指在培养初期不要给自己太大的压力，比如一上手做营销就去跟进大的营销项目，因为如果结果不成功的话，不光公司损失惨重，而且个人也会因此而信心大挫。所以说，需要循序渐进，先从小的营销项目跟进起，成功和失败都在自己可以接受的范围。而且小的营销项目，相对来讲要简单得多，成功的概率也更高，积少成多，信心则会越来越足，信心越足，兴趣也会越浓。

3.3.2 积累营销资源

积累资源是一个需要耐心的过程。人、财、物是经营公司所需的资源，同样从事营销职业，这三方面也是主要的营销资源，但侧重点在人这方面，就是我们所谓的人脉资源。人脉资源的积累切忌：太功利、忽视可能的资源、无长远布局。太功利体现在你觉得别人对你有价值时才去接近他（她），平时没半点联系，这是最忌讳的，因为别人内心会感觉到非常反感，不会真正给你提供帮助；忽视可能的资源体现在你觉得别人对你没价值时便冷淡、不接触，这也是错误的，因为每一个人的能量都是你所不能想象的，三十年河东、三十年河西，也许他（她）就是暂时被灰尘遮住了的钻石；无长远布局体现在你没事情时不联系别人，遇到事情时则到处找人，往往这个时候已经没人愿意真正帮助你，因为你没走进他们的心里。所以如果你一旦触碰了这些忌讳，你所谓的"人脉资源"帮不了你时，你会很沮丧，何来兴趣可言？所以我们要端正自己的态度，绕开这些忌讳，每时每刻都真诚对待你所遇到的人，而且乐于助人、乐于奉献，日积月累，你会形成强大的、真正的人脉资源。其力量的到来会让你出其不意，让你感觉到幸福、快乐！到那时你会感觉到营销的魅力真的无法比拟。

第二章 推销自己

本章要点

- 为何推销自己
- 将自己推销给谁
- 如何推销自己

导读

故事之一：

日本"推销之神"原一平的经历非常坎坷，在他遇到一位高僧之前他的推销节节不顺。

高僧给他的指点是："人与人之间，像我们这样相视而坐的时候，一定要具备一种强烈的吸引对方的魅力，如果你做不到这一点，也就没有什么前途可言了……一个推销员之所以难成大器，最主要的原因可能就在于不能超越自己……年轻人，推销之前，先推销自己吧！"高僧的一席话使他如同迷航的舵手看到了导航的灯塔，思想的顿悟引导了行动的改变，使他从此走上了一条自信天成的保险推销之路。

故事之二：

世界拳王阿里在每一次出场打拳的时候都会在更衣间对自己说："我是最棒的，我是最好的，我是最优秀的，我是无敌的，我能够在第一个回合就击垮对手，没有人可以把我击败。"所以拳王阿里在每一次出场的时候，几乎都是在第一个回合把对手打趴下了，所以他战无不胜、攻无不克。有一次，拳王阿里出场被对手打趴下了，当他被送到医院清醒过来的时候说："这一次我忘了，没有在更衣间里面对自己自言自语说我是最棒的。"

名言赏析：

"你一生中卖的唯一产品就是你自己。"

——（美）乔·吉拉德（他曾连续12年荣登"世界吉尼斯纪录大全"世界销售第一的宝座，他之所以保持这个世界汽车最高个人推销记录至今无人超越，这句话可谓是他浓缩了一生的精华。）

"你学会推销自己，你就可以推销任何东西。"

——卡耐基（美国现代成人教育之父，美国著名的人际关系学大师，西方现代人际关系教育的奠基人，被誉为是20世纪最伟大的心灵导师和成功学大师。）

1 为何推销自己

1.1 你是客户了解公司的窗口

客户一般情况下是不会主动找供应商的，除非公司品牌卓越，而且客户又确实紧急需要其某种产品，但即便如此，大多数情况下还是公司主动去接触客户。一个组织架构健全的公司，都是由营销人员去完成此任务，所以客户所能了解公司资料的第一窗口就是身为营销人员的你。

1.2 你是传递公司形象的代言

既然营销人员是客户了解公司的窗口，那么身为营销人员的你的一言一行就代表着整个公司，客户会从你的身上去感悟公司的企业文化、判断公司的诚信度、了解公司的产品等等，然后根据总体了解的内容来决定是否给公司合作的机会，所以说你是传递公司形象的代言。

1.3 你是主宰自己命运的主角

站在公司的角度，你是传递公司形象的代言；站在自身的角度，获得客户认可并最终获得客户订单是你身为营销人员的价值所在。只有这样你才能获得业绩、产生收入、增加自信，甚至改变命运、获得成功，所以说你是主宰自己命运的主角。

② 将自己推销给谁

大家看到这个题目时是不是很疑惑，不就是把自己推销给客户吗，怎么还单独拿出讨论呢？实际上拿出来讨论是非常有意义的，因为大部分人认为推销肯定是将自己推销给客户，但是现实生活中，有许多营销人员，他们自己都不喜欢自己，不相信自己会成功，他们自己都不觉得自己是最优秀最杰出的，他们自己都不觉得自己的工作是值得的，他们不觉得自己是别人心目中优秀的营销人员，所以他们以非常低的自我形象，以非常自卑的状态在做推销。事实上没有人愿意从一个不相信自己的人那里买东西。所以我们在把自己推销给客户的同时应该先把自己推销给自己，就如本章前面故事二中的拳王阿里一样，"我是最棒的，我是最好的，我是最优秀的，我是无敌的，我能够在第一个回合就击垮对手，没有人可以把我击败。"正是他把自己推销给自己的语言，也正因为如此，他成了伟大的拳王。所以说我这里把推销的对象定位成了以下两类。

2.1 将自己推销给自己

2.1.1 把营销推销给自己

很多人在找工作的时候，都偏向于喜欢填写当秘书、当行政文员，但他们看到招聘营销人员和招聘销售代表的时候，就会很担心、很害怕甚至很反感。实际上，我们在本书前面章节中也介绍过，大多数人对营销这个词本能地有反感，觉得是件丑事，他们可能害怕去做推销，也害怕别人推销东西给他们。当我们有这种思想的时候，就不可能成为一名杰出而且优秀的营销人员。本书第二部分成长篇第一章《培养营销兴趣》中介绍了我们需要正确地去认识营销，并且告诉我们营销并不是丑事且无处不在，它还是通往成功的最佳职业。我们可以通过适当调整自己的性格，并通过培养营销自信和积累营销资源来增强我们的营销兴趣。实际上这就是把营销推销给自己的过程，我们唯有如此，才能把营销做得更好。

2.1.2 把自己推销给自己

咱们先不谈工作，而是问你几个问题：你对自己的形象满意吗？你对自己的举止满意吗？你对自己的说话方式满意吗？很多人可能不会给予正面的答复，而会回答说形象是父母给的无法改变啊，碰到自己不喜欢的人举止难免失控啊，自己的说话方式就这样没办法啊等等。但是你有没有想过，你的这些答复就是别人对你的想法，甚至会消极。试问在这种情况下，别人怎么信任你呢？所以你除了前面讲的要将营销自己外，还要把自己推销给自己，一直调整到前面所提的问题你自己能给自己积极正面的答复为止，你的推销就成功了。

2.2 将自己推销给别人

这里的"别人"不仅仅是指客户，而是指自己之外的任何人。这里遵循的是"营销无处不在"的原则，自己之外的任何人包括客户、上司、同事、朋友，甚至亲人，因为我们的工作、生活都与这些人交织在一起，把自己推销给了他们，获得了他的认可，便可以收获幸福、美满的生活和工作。

3 如何推销自己

一说到推销的关键点，大家几乎都有同样的答案，那就是第一印象，的确，我们留给别人的第一印象非常重要，因为我们永远没有第二次机会建立自己的第一印象。我们应该从哪些方面去进行调整呢？

3.1 "衣"

这里所讲的"衣"不光指我们的穿着，还包括配饰及携带物品。穿着不是指奢华的服装，而是要体现职业精神，不随意、不花哨、干净、整洁、干练而不失亲切，具体的穿法及搭配可参考专业书籍或请教专业人士；配饰包括领带、腰带、帽子、手表、手链、项链、耳环、发夹、脚链、手机链等等，这些东西看似不起眼，却反映了一个人的品位、品性，比如佩戴合适的手表就会给人留下守时的印象、男士佩戴合适的领带就会给人留下商务的感觉、女士佩戴合适的项链就会给人留下高贵的感觉，但是这些都是建立在合适的情况下的，不合适则适得其反，比如男士如果佩戴耳钉、女士佩戴奇形怪状的项链、耳环、发夹、脚链等等。所以说我们要特别注意佩戴适合自己，同时适合商务场合下用的配饰；携带物品包括公文包、本子、笔、公司宣传资料等等。作为营销人员，必须携带的物品有公文包、笔记本、名片夹、名片、商务用笔，这些东西的准备也极为讲究，都必须简洁大方符合商务场合；还有一些时常会携带的，如公司宣传资料、礼品或其他物品，也要以符合商务场合为原则。

衣着、配饰及携带物品是给别人的第一眼印象，我们一定要重视，以得体、符合商务场合为原则，才能更好地树立第一眼印象，为营销开启方便之门。

3.2 "食"

这里所指的"食"不单纯指吃喝，主要指吃喝礼仪。在商务场合，不像在家吃饭喝茶那样随便，优雅的举止既体现了我们的道德修养，树立起好的形象，也表现出对别人应有的礼貌，具体表现如下。

3.2.1 座次

总的来讲座次是"尚左尊东""面朝大门为尊"。若是圆桌则正对大门的为主客，主客左右手边的位置则以离主客的距离来看，越靠近主客位置越尊，相同距离则左侧尊于右侧；若为八仙桌，如果有正对大门的座位，则正对大门一侧的右位为主客，如果不正对大门，则面东的一侧右席为首席。

如果为大宴，桌与桌之间的排列讲究首席居前居中，左边依次二、四、六席，右边为三、五、七席根据主客身份、地位亲疏分坐。

如果我们是主人，我们应该提前到达然后在靠门位置等待并为来宾引座。如果我们是被邀请者，那么就应该听从东道主安排入座。

一般来说，如果我们的领导或老板出席的话，我们应该将领导或老板引至主座，然后请客户最高级别的坐在主座左侧位置，其他级别的依次左右分坐，最后自己坐在主座对面的陪客位置。

3.2.2 点菜

如果时间允许，我们应该等大多数客人到齐之后将菜单供客人传阅，并请他们来点菜。当然作为公务宴请，我们会担心预算的问题，因此要控制预算，所以我们最重要的是要多做饭前功课，选择合适档次的请客地点，这样客人也能大大领会你的预算。而且在一般情况下，如果是由我们来买单，客人也不太好意思点菜，都会让我们自己来做主。如果我们的领导或老板也在酒席上，千万不要因为尊重他们或是认为他们应酬经验丰富而让他们来点菜，除非是他们主动要求，否则他们会觉得不够体面。

如果我们是赴宴者，我们应该知道不该在点菜时太过主动，而是要让主人来点菜。如果对方盛情要求，我们可以点一个不太贵、又不是大家忌口的菜。记得征询一下桌上人的意见，特别是问一下"有没有哪些是不吃的？"或是"比较喜欢吃什么"，让大家感觉被照顾到了。点菜后可以请示："我点了**菜，不知道是否合几位的口味，要不要换一个？"

点菜时可根据以下三个规则：

一看人员组成。一般来说人均一菜是比较通用的规则。如果是男士较多的餐会可适当加量。

二看菜肴组合。一般来说一桌菜最好是有荤有素、有冷有热、尽量做到全面。如果桌上男士多，可多点些荤食；如果女士较多，则可多点几道清淡的蔬菜。

三看宴请的重要程度。若是普通的商务宴请平均一道菜在50元到80元左右可以接受。如果这次宴请的对象是比较关键人物，那么则要点上几个够分量的菜，例如龙虾、刀鱼、鲥鱼，再要上规格一点则是鲍鱼、翅粉等。

还有一点需要注意的是，点菜时不应该问服务员菜肴的价格或是讨价还价，这样会让我们的公司在客户面前显得有点小家子气，而且客户也会觉得不自在。

总的来说，点菜原则如下：

前提：进入与所请客人身份对应的餐馆就成功了一半。

第一，先要清楚所在地有哪些档次的餐馆，高档中档低档都在哪里。

第二，条件允许的情况下先去餐馆摸清比较特色的菜、口味和价位。

第三，先评估要请的人的身份和口味，根据这些选择合适餐馆。重要的客人一定要点包间。

第四，如果要谈比较敏感的话题，一定要点包间而且距离客人生活圈比较远的餐馆。

第五，如果客户身份比较高，又要考虑自己节约的时候，酒水最好自己带。

特别着重讲一下点酒注意事项：

第一，白酒的价格最好单瓶不要超过这顿饭预算的 1/3～1/2。

第二，喝红酒注意和菜的搭配，记住"红酒配红肉、白酒配白肉"的原则就好了。

也就是如果是海鲜，尽量喝干白；中餐如油腻的食物，最好是干红。

3.2.3 吃菜

中国人一般都很讲究吃，同时也很讲究吃相。随着职场礼仪越来越被重视，商务饭桌上的吃和吃相也更加讲究。以下以中餐为例，让我们一起学习如何在餐桌上有礼有仪并得心应手。

中餐宴席进餐伊始，服务员送上的第一道湿毛巾是擦手的，不要用它去擦脸。上龙虾、鸡、水果时会送上一只小小水盂，其中飘着柠檬片或玫瑰花瓣，它不是饮料，而是洗手用的。洗手时可两手轮流沾湿指头轻轻洗，然后用小毛巾擦干。

用餐时要注意文明礼貌。对外宾不要反复劝菜，可向对方介绍中国菜的特点，吃不吃由他。有人喜欢向他人劝菜，甚至为对方夹菜。外宾没这个习惯，你要是一再客气，没准人家会反感："说过不吃了，你非逼我干什么？"依此类推，参加外宾举行的宴会，也不要指望主人会反复给你让菜。你要是等别人给自己让菜，那就只好饿肚子。

客人入席后不要立即动手取食。而应待主人打招呼，由主人举杯示意开始时，客人才能开始。客人不能抢在主人前面。夹菜要文明，应等菜肴转到自己面前时再动筷子，不要抢在邻座前面，一次夹菜也不宜过多。要细嚼慢咽，这不仅有利于消化，也是餐桌上的礼仪要求。决不能大块往嘴里塞，狼吞虎咽，这样会给人留下贪婪的印象。

不要挑食，不要只盯住自己喜欢的菜吃或者急忙把喜欢的菜堆在自己的盘子里。用餐的动作要文雅，夹菜时不要碰到邻座，不要把盘里的菜拨到桌上，不要把汤泼翻。不要发出不必要的声音，如喝汤时"咕噜咕噜"吃菜时嘴里"叭叭"作响，这都是粗俗的表现。不要一边吃东西一边和人聊天。嘴里的骨头和鱼刺不要吐在桌子上，可用餐巾掩口，用筷子取出来放在碟子里。掉在桌子上的菜不要再吃。进餐过程中不要玩弄碗筷或用筷子指向别人。不要用手去嘴里乱抠。用牙签剔牙时，应用手或餐巾掩住嘴。不要让餐具发出任何声响。

用餐结束可以用餐巾、餐巾纸或服务员送来的小毛巾擦擦嘴，但不宜擦头颈或胸脯，餐后不要不加控制地打饱嗝或嗳气。在主人还没示意结束时客人不能先离席。

3.2.4 喝酒

中国酒场的18种商务规矩。

规矩一：酒桌上虽然"感情深一口闷、感情浅舔一舔。"但是喝酒的时候决不能把这句话挂在嘴上。

规矩二：韬光养晦，厚积薄发，切不可一上酒桌就充大。

规矩三：领导相互喝完才轮到自己敬。

规矩四：可以多人敬一人，决不可一人敬多人，除非你是领导。

规矩五：自己敬别人，如果不碰杯的情况下，自己喝多少可视乎情况而定，比如对方酒量、对方喝酒态度，切不可比对方喝得少，要知道是自己敬人。

规矩六：自己敬别人，如果碰杯，一句"我喝完，你随意"方显大度。

规矩七：自己职位卑微，记得多给领导添酒，不要瞎给领导代酒。就是要代，也要在领导确实想找人代，还要装作自己是因为想喝酒而不是为了给领导代酒而喝酒。比如领导甲不胜酒力，可以通过旁敲侧击把准备敬领导甲的人拦下。

规矩八：端起酒杯，特别是啤酒杯，右手扼杯，左手垫杯底，记着自己的杯子永远低于别人。自己如果是领导知趣点，不要放太低，不然怎么叫下面的做人。

规矩九：如果没有特殊人物在场，碰酒最好按时针顺序，不要厚此薄彼。

规矩十：碰杯敬酒要有说辞。

规矩十一：桌面上不谈生意，喝好了生意也就差不多了，大家心里面清楚，不然人家也不会敞开了跟你喝酒。

规矩十二：说错话、办错事不要申辩，自觉罚酒才是硬道理。

规矩十三：假如，纯粹是假如，遇到酒不够的情况，酒瓶放在桌子中间，让人自己添，不要傻傻地去一个一个倒酒，不然后面的人没酒了就尴尬了。

规矩十四：最后一定还有一个闷杯酒，所以不要让自己的酒杯空着。

规矩十五：注意酒后不要失言、不要说大话、不要失态、不要唾沫横飞、筷子乱甩、不要手指乱指、喝汤噗噗响等等。

规矩十六：不要把"我不会喝酒"挂在嘴上，如果你喝的话，别人会觉得你虚伪，而且人能不能喝酒还真能看出来。

规矩十七：领导跟你喝酒，是给你面子，不管领导怎么要你喝多少，自己先干为敬，记着双手举杯且杯子要低。

规矩十八：保持清醒的头脑，酒后嘘寒问暖是少不了的，一杯酸奶、一杯热水、一条热毛巾都显得你关怀备至。

关于敬酒原则：

原则一：主人敬主宾。

原则二：陪客敬主宾。

原则三：主宾回敬。

原则四：陪客互敬。

切记：做客绝不能喧宾夺主乱敬酒，那样是很不礼貌，也是很不尊重主人的。

3.2.5 倒茶

这里所说的倒茶学问既适用于客户来公司拜访，同样也适用于商务餐桌。

首先，茶具要清洁。客人进屋后，先引坐，后备茶。冲茶之前一定要把茶具洗干净，尤其是久置未用的茶具难免沾上灰尘、污垢，更要细心地用清水洗刷一遍。在冲茶、倒茶之前最好用开水烫一下茶壶、茶杯。这样既讲究卫生又显得彬彬有礼。如果不管茶具干净不干净就给客人倒茶，这是不礼貌的表现。人家一看到茶壶、茶杯上的斑斑污迹就反胃，怎么还愿意喝你的茶呢？ 现在一般的公司都是一次性杯子，在倒茶前要注意给一次性杯子套上杯托，以免杯子烫手让客人一时无法端杯喝茶。

其次，茶水要适量。先说茶叶一般要适当。茶叶不宜过多，也不宜太少。茶叶过多则茶味过浓，茶叶太少冲出的茶没啥味道。假如客人主动介绍自己喜欢喝浓茶或淡茶的习惯，那就按照客人的口味把茶冲好。再说倒茶，无论是大杯、小杯都不宜倒得太满，太满了容易溢出，把桌子、凳子、地板弄湿，不小心还会烫伤自己或客人的手脚，使宾主都很难为情。当然也不宜倒得太少，倘若茶水只没过杯底就端给客人，会使人觉得是在装模作样，不是诚心实意。

再次，端茶要得法。按照我国人民的传统习惯，只要双手不残废都是用双手给客人端茶的。双手端茶也要很注意，对有杯耳的茶杯通常是用一只手抓住杯耳，另一只手托住杯底，再把茶端给客人；没有杯耳的茶杯倒满茶之后会周身滚烫，双手不好接近，不能不管三七二十一用五指捏住杯口边缘就往客人面前送。这种端茶方法虽然可以防止烫伤事故发生，但很不雅观、也不够卫生。

最后，添茶。如果上司和客户的杯子里需要添茶了，我们要义不容辞地去做。我们也可以示意服务生来添茶或让服务生把茶壶留在餐桌上由我们自己亲自来添则更好。这是不知道该说什么好的时候最好的掩饰办法。当然添茶的时候要先给上司和客户添茶，最后再给自己添。

3.2.6 离席

一般酒会和茶会的时间很长，大约都有在两小时以上。也许逛了几圈认得一些人后，你很快就想离开了。这时候中途离席的一些技巧我们需要学习一下。

常见一场宴会进行得正热烈的时候，因为有人想离开而引起众人一哄而散的结果，使主办人急得真跳脚。欲避免这种煞风景的后果，当我们想要中途离开时千万别和谈话圈里的每一个人一一告别，只要悄悄地和身边的两三个人打个招呼，然后离去便可。

中途离开酒会现场，一定要向邀请你来的主人说明、致歉，不可一溜烟便不见了。

和主人打过招呼后应该马上就走，不要拉着主人在大门大聊个没完。因为当天对方要做的事很多，现场也还有许多客人等待他/她去招呼，你占了主人太多时间会造成他/她在其他客人面前失礼。

有些人参加酒会、茶会当中途准备离去时会一一问他/她所认识的每一个人要不要一块走。结果本来热热闹闹的场面被这么一鼓动一下子便提前散场了。这种闹场的事最难被宴会主人谅解，一个有风度的人可千万不要犯下这种错误。

3.3 "住"

这里所指的"住"，主要是指我们的工作环境。一方面是因为我们本书主要讨论的是工作，另一方面工作环境在一定程度上也会反映出我们的生活环境。

工作环境是指我们的办公区域。我曾经在一家台资企业工作，那年我二十岁，被委以部门主管的职位，当时我对管理没有什么概念，但企业里的一个台籍副总（当时是我的领导）跟我说一番话，让我对管理有了初步的理解。他跟我说："一个人的管理能力最外在的体现在于个人的办公区域，假设别人找你要一份资料，你能在两分钟之内就在工作区域内找到提供给别人就表示这个人的管理能力不差。"

后来我渐渐知道原来副总讲就是有名的"5S"，5S是指整理（SEIRI）、整顿（SEITON）、清扫（SEISO）、清洁（SEIKETSU）、素养（SHITSUKE）等五个项目，因日语的罗马拼音均为"S"开头，所以简称为5S。它是日本丰田公司根据家庭妇女做家务的清理清洁等总结出来的理论，用于企业生产管理，现在被世界各企业所利用。它的具体内容为：

3.3.1 整理

把要与不要的人、事、物分开，再将不需要的人、事、物加以处理，这是开始改善生产现场的第一步。

3.3.2 整顿

把需要的人、事、物加以定量、定位。

3.3.3 清扫

把工作场所打扫干净，设备异常时马上修理，使之恢复正常。

3.3.4 清洁

清洁是打扫干净后保持一种清洁状态，那就是维护。整理、整顿、清扫之后要认真维护，使现场保持完美和最佳状态。

3.3.5 修身（素养）

修身即教养，努力提高人员的修身，养成严格遵守规章制度的习惯和作风，这是"5S"活动的核心。

3.4 "思"：营销思维而非销售思维

MBA智库中对营销思维是这样定义的：营销思维是指员工针对日常工作中所面临的问题，能够站在营销人员的角度、从营销视角出发，运用营销理论、知识分析问题并能提出有效的解决方案的思维模式。"营销思维"的核心是营销敏感性，即员工能不能将所发现的问题、所见到的现象，迅速转化为营销问题、营销现象，并加以营销处置。

这个定义是站在全体员工的立场上下的，是指各个部门的员工都要拥有营销思维，达到"全员营销"的效果，这对每个员工的成长都有好处，尤其是从事营销的人员。我在这里单独把它列出来重点介绍不因为营销人员没有营销思维，而因为很多营销人员分不清营销思维和销售思维。

营销和销售的区别：营销是一个系统，而销售只是营销的一部分。营销包括市场调研、市场推广、品牌策划、销售、客户服务等等。曾经看到一个故事非常有意思。

一个老奶奶来到水果摊前准备买橘子，在甲摊前问道："老板，这个橘子怎么样？"

"大娘，这个橘子很甜，绝对包甜，您要几斤？"

老奶奶笑笑走开了，在乙摊前又问："老板，这个橘子怎么样？"

"大娘，你喜欢甜点的还是酸点的？"

"酸点的，俺儿媳想吃酸点的。"

"哦，那您来对了，绿箱子里的是酸点的，红箱子里是甜点的。我帮您称点绿箱子的？您看要多少？"

"好的，先称五斤吧。"

"好咧。"乙摊贩笑盈盈地帮老奶奶在绿箱子一边挑橘子一边问道："大娘，是不是您儿媳妇有喜了啊？"

"是的，小伙子挑好点的啊。"

"嗯，大娘你放心，恭喜您啊，我一定帮您挑好点的。对了，孕妇多吃富含维生素的水果好，苹果、香蕉都不错，您要顺便带点吗？"

"哦，是吗？那也都称一点，谢谢你，小伙子。"

大娘接过乙摊贩的水果付了钱准备离开，乙摊贩又递过一个梨子说："大娘，天气热，送您一个梨子消消暑，欢迎下次再来啊。"

"好的，谢谢，一定常来。"老奶奶接过梨子满脸笑容地朝家走去。

这个故事说明销售是销售静态个体目标；营销是培养动态整体氛围，看到的不止一个顾客，而是整个市场的顾客。营销和销售的最大区别在于思维的角度不同：销售主要是以固有产品或服务来吸引、寻找客户，这是一种由内向外的思维方式，即"卖东西给客户"；营销则是以客户需求为导向，并把如何有效创造客户作为首要任务，这是一种由外而内的思维方式，即"帮客户买东西"。

所以处于本阶段的我们，正处于营销的成长期，必须先调整自己的思想，即把销售思维调为营销思维，认真地去"帮客户买东西"，而不是"卖东西给客户"，这样才能真正得到客户的认可和信任，成为一名优秀的营销人员。

3.5 "言"：良好的沟通能力及言必行

良好的沟通能力是做好营销的必要条件，但是大部分人在这个方面也存在一定的误区，即认为话多、口才好、滔滔不绝、言辞有条理就是沟通能力强，而实际上并不是这样的。关于沟通能力其实是双方面或多方面的事，并不在于我们说了什么，而在于别人听过之后感受到了什么，这就是我们有时候看到言辞不多的人也能做好营销的主要原因。试想，前者是当我们讲了一百句话，而别人可能只听进去两句话，而且还是不重要的话，更可怕的是因为缺少了聆听让对方感觉到了反感；后者是当我们讲了十句话，而别人听进去了六句话，而且这六句话还非常重要，让对方在高效率的前提下做了正确的决策。那么哪个将更有效呢？答案是显然的，后者肯定更有效，这就是所谓的沟通能力强。

光沟通能力强是不够的，我们还要对自己说过的话负责任，即"言必行"。每每见到这三个字，都让我想起小学课本中"狼来了"的故事，放羊的孩子就是因为对自己的话不负责任，最终命丧狼口。我们在做营销的过程中，如果对自己说过的话不负责任，那么客户的信任会逐渐消失，最终产生"负信任"，不但得不到客户的转介绍，还会"臭名远扬"，从而失掉我们的饭碗。所以说"言必行"是我们必须要遵守的沟通法则。

3.6 "行"：行必果，反馈及时、有效

继"言必行"的后一句是"行必果"，这个比"言必行"更重要，因为客户要的是切实可行的解决方案。当然在现实工作中，我们不可能每一次都能给客户切实可行的解决方案，因为还存在着很多外界客观因素的影响。那么这个时候该怎么办呢？办法就是反馈及时、有效，不要拖拖拉拉耽误了客户寻找更佳解决方案的时间，别小看了你这一举动，从表面上看好像自己错失了一个机会，但实际上却是给自己创造了无数的机会。

试想下如果你又给不了解决方案，而客户又耽误了找其他解决方案的时间，那么他们个人就会因为这件事情没处理好而受牵连，受到公司的责罚，甚至会导致客户企业蒙受了巨大的经济损失。那么这个客户，无论是从个人还是从企业角度都会把你打入冷宫。而如果你在自己给不了解决方案的情况下反馈及时、有效，客户采取了有效的补救措施而使事情得到了很好的解决，他们会非常感激你，不但不会认为你是一个不负责任的人，而且还会认为你非常诚实、非常负责任，愿意给你更多的机会，那么你必然会变成一个优秀的营销人员。

第三章　敲开客户的门

本章要点

- ◆ 客户门的概念
- ◆ 敲开客户门的阻碍
- ◆ 敲开客户门的方法

导　读

执着的朱总监

一清早，王总把小朱叫到办公室说："小朱，前段时间有一家新的美资企业入驻我们市了，名字叫GC集团（非真名），这个企业应该物流量很大，你去跟进一下。"

"好的。"小朱是公司的营销总监，对于王总的这种授命风格已经习以为常，她也乐于接受这种挑战，并且每次都能出色完成任务。于是笑着答道："放心吧，王总，我一定会全力以赴。"

一走出办公室，小朱便开始网上搜索GC公司的资料，并在朋友圈中打听GC公司供应链负责人的消息，几经周折后终于得到了供应链杨总监的联系方式，下一步便是如何获得拜访机会，敲开客户的门。

小朱礼貌地编辑了一条短信："杨总监，您好！我是**公司市场部负责人朱*，非常冒昧打扰您。听说贵公司近期在挑选物流供应商，我公司专注于物流多年，现服务的客户有A，B，C。（都是些本市有名的外企），希望能有机会参与贵司的供应商评选，想当面跟您沟通、汇报一下具体的方案，不知道您何时方便？"给杨总监发了过去。

小朱服务外企客户多年，对高素质的外企高管的心理非常了解。一般都会投石问路礼貌性地发这样一条短信，一是体现本公司及本人的专业性；二是尊重客户的工作时间，不到万不得已不盲目直接打电话。往往这条信息一发，得到回复的概率很高。但是奇怪的是杨总监一直没有回复。

一天过去了，两天过去了，三天过去了，杨总监还是没有回复。小朱心里有些纳闷，不得不又发了一条短信："杨总监，不好意思再次打扰一下，我知道您肯定非常忙，不知道前几天给您发的信息有收到吗？非常期待您的回复。"

一天、两天、三天过去了，杨总监还是没有回复，小朱有些许不踏实，再次核对了一下自己发的电话号码，发现并没有错误。一般在这个阶段没回复的，在小朱的历史数据中是屈指可数的。"看来要采取行动了。"小朱心里暗暗念着，开着车直奔GC集团。

到了GC集团门口，小朱并没有直接就进去，而是把车停在了离厂门一公里左右的树荫下停了下来。然后再拿出手机又发了一条信息给杨总监："杨总监，您好！在办公室吗？我刚好在贵司隔壁一家公司签合同，经过贵司想到了您，我知道您一定是太忙了没时间回我的信息。您现在在办公室吗？耽误您几分钟时间，我给您送一本公司的介绍资料可以吗？"

"不好意思，我在与总部的电话会议中。"这是杨总监第一次回信息，虽然只有区区几字，但是却让小朱感到无比兴奋。

"哦哦，那真不好意思，打扰您开会了，没事，您先忙着，我在外面等您，您好了回我信息，我再进去。"小朱抓住机会又发了一条过去，抬手看了一下手表，时间已经是十一点了。

四十分钟过去了，没有收到杨总监的信息。小朱又发了一条信息："杨总监，会议结束了吗？"

"还没有。"杨总监似乎没想到小朱真的在等，回复的短信即刻过来了。

"没事，没事，我再等会儿，您先忙着。"虽然夏天天气很热，在车里闷得不行，但小朱脸上绽放出一丝微笑。

时间已经是十二点了，杨总监的信息过来了："我这边还没结束，你还是先回公司吧，我们下次再约时间。"

"好的，也到吃饭时间了，刚刚公司下属打电话过来说有政府领导来访，让我回去接待。那我先回去了，咱们再约。您看明天下午两点还是后天下午两点方便？"小朱觉得再等也不是解决办法，顺着杨总的话，找了个回去的理由，并争取下次拜访的机会。

"好的，那就明天吧。"

小朱擦了一下额头细密的汗珠，爽朗地笑了。

故事后来的结果是小朱跟杨总监成了非常好的朋友，同时小朱所在公司也与GC集团公司成了非常愉快的合作伙伴。

事后两人相互调侃：

杨："我就没见过你这么执着和真诚的人。"

朱："我就没见过你这么拒人千里之外的人。"

然后相视而笑……

通过以上这个故事，可以看出，要敲开客户的门并非是一件容易的事情，就算是身为营销总监的小朱都几番周折，更何况我们尚处于成长期。以下为从事营销岗位多年总结的一些经验，跟大家一起分享。

① 客户门的概念

客户门，从狭义来说是指物理的门，就是指客户具体负责人的门。这个门很多时候不止一道，经历过陌生拜访的人都知道，别说客户具体负责人的门，就连保安大门、前台大门都很难进。跨越这道门的诀窍就在于勇气和耐心。

客户门，从广义来说是指无形的门，主要指客户具体负责人的心门。这个门不能用数量来衡量，不同的人打开的难度也不一样。但跨越这道门也是有诀窍的，那就是真诚。

② 敲开客户门的阻碍

2.1 客户有稳定的供应商

2.1.1 稳定的供应商意味着现有供应商所提供的产品和服务是符合客户要求的

供应商所提供的产品和服务符合客户的要求，这对新进入者是极大的挑战，因为我们不仅要做到产品和服务要符合客户的要求，而且还要做到超越竞争对手所提供的产品和服务。

2.1.2 稳定的供应商也意味着现有供应商的营销人员与客户具体负责人有着不错的关系

供应商的营销人员与客户具体负责人的关系不错，这对新进入者的挑战是最大的。因为从这个角度上来讲，现有供应商肯定既打开了客户物理的门，也打了客户的心门。

2.2 市场有大量的竞争者

在供过于求的现在，竞争越来越激烈。我们敲开客户门的阻碍不光来自于客户现有供应商，还有来自于市场上大量的竞争者。这些竞争者都有自己独特的优势，或是产品质量，或是人脉关系，或是其他，或者都具备，这对我们敲开客户门的阻碍非常大。

2.3 客主有先天的排斥心

客主既包括客户公司本身，也包括客户具体负责人，所以说这里讲的客主有先天的排斥心有两个层次。客户公司本身有排斥心体现在对供应商的要求非常高，有一整套供应商管理系统，并且都是在固定的时候才做供应商评审并引进新的供应商。客户具体负责人有排斥心主要来自于四个方面：其一是前面提到的客户公司本身有排斥而导致；其二是与现有供应商营销人员有着深厚的关系，不想破坏这种关系，所以排斥新来者；其三是每天都要面对很多新来者，特别是其中不乏素质不高者，感觉到了厌烦；其四是本来有稳定的供应商，工作绩效也正常有序，如果有新进者，都是尝试，有很多不确定因素，所以"多一事不如少一事"，干脆不接受新进者。

2.4 自己有疑惑的自信心

敲开客户门最大的挑战其实来自于自身，我们在前面"培养营销兴趣"章节中有讲到过需要提高营销自信也是这个道理。没有自信心主要体现在害怕拒绝、害怕自己专业度不够、害怕失败等心理，于是一直不敢真正正面去面对客户具体负责人。

③ 敲开客户门的方法

3.1 创造见面机会

一般情况下，见面机会不会主动找上门，除非我们所在的平台品牌知名度高、技术垄断性强，所以大部门分情况下都需要我们自己去创造见面机会。那么如何来创造呢？

我们可以通过以下途径来实现，这些途径都是假定已通过各种途径获得客户联系电话后的途径。至于完全陌生的拜访一般是不推荐的，不管我们是通过熟人，或通过客户单位保安，或通过客户单位前台或通过其他途径，我相信都有办法获得客户的联系方式，前面章节提到的"六度人脉"就说明了这个道理。

3.1.1 短信要约

短信要约是第一次约见陌生客户最好的方式，特别是针对外资客户。因为外资企业相对来讲纪律更多、会议更多，所以很多时候具体负责人都不方便接电话，所以说先发个短信显得更加礼貌。但是短信内容却非常有讲究，不然会造成适得其反的效果。

故事导读中的朱总给杨总发的第一个短信："杨总监，您好！我是**公司市场部负责人朱*，非常冒昧打扰您（礼貌地自我介绍）。听说贵公司近期在挑选物流供应商（给自己找一个要约的理由），我公司专注于物流多年，现服务的客户有A，B，C……（都是些本市有名的外企）（推荐自己所在公司，特别是还着重讲了几个客户案例），希望能有机会参与贵公司的供应商评选，想当面跟您沟通、汇报一下具体的方案，不知道您何时方便（礼貌要约，关键还把客户负责人的面子悄然抬高）？"从朱总的短信中我们可以看出短信虽小，但却能承载许多有效的信息，但是切忌啰唆、无条理、无礼貌。简单说来，一个有效的要约短信要包括以下要素：①自我介绍；②要约理由；③自我推荐；④礼貌要约。这样才能达到理想的效果。

注意，微信、QQ也属于短信的一种，但是微信、QQ可以交流的前提是对方已经添加了我们为好友，而且在正常上班时间一般用这两种通信工具的很少。

3.1.2 电话要约

电话要约在第一次约见陌生客户时不推荐使用，原因有三：一是你不了解对方，万一对方是典型的读者型的人，就非常不妙了，非但没约到还会给人造成反感；二是即便碰巧对方是典型的听者型的人，但是由于电话打得不是时机影响了对方的工作，也会给人造成反感；三是处于成长期的营销人员，营销经验还不是很丰富，当跟对方进行电话沟通时难免紧张，不知道如何发挥，甚至连提前准备好的沟通台词也变得语无伦次，也会造成负面效果。

但是电话要约是我们必须掌握的，在以下情况下我们不得不使用：①经熟人介绍的客户，并且熟人给我们约好了去电话的时间；②通过多方面渠道得知客户负责人是属于听者型的人，更愿意电话交流；③短信要约过后，对方要求我们回个电话。遇到这些不得不使用的情况，我们该如何进行电话要约呢？其实也是有一定技巧的。

（1）掌握好打电话的时间

相对来说，一周当中周二至周四比周一周五有空；一天当中下午会比上午有空、下班时间比上班时间有空，在对方相对有空的时间段比较适合电话要约，但是以下几种情况例外：A. 如果对方是外籍人士，不适合在下班时间打电话；B. 如果事情格外紧急，必须要及时打电话；C. 与对方约好了准确时间。

（2）模拟好打电话的场景

在打电话之前先把自己想表达的意思理一下，具体应该包括的要素也跟前面介绍的短信要约要素近似：自我介绍、要约理由、自我推荐、礼貌要约。同时还要预想一下对方会怎么回复，处于成长阶段的营销人员最好是与同事做一下场景模拟，以缓解紧张情绪。

（3）记录好打电话的内容

在进行电话要约时，除了做好前面所讲的两点外，还要特别注意的是在打电话时一定要准备好纸和笔。准备纸和笔的目的在于：A.随时记录好对方传达的信息，比如：电话号码、邮箱地址、会面地址等等；B.做记录可以知道自己本次电话要约哪些方面做得还不够好，从而积累经验，提高下次要约的有效性。

3.1.3 邮件要约

在已知对方邮件地址的情况下，邮件要约是最为正式的一种要约方式，最适用于商务要约，是最值得推荐使用的一种方式。前面为什么把短信要约放在最前面？主要是因为一方面在未跟对方见面的情况下一般不知道邮箱地址；另一方面，有很多企业没有使用企业邮箱。邮箱作为商务使用的最普遍工具，所以对邮件内容也要求非常高。

在启蒙篇《提高客户满意度》章节中我跟大家分享了如何写邮件，包括规范的邮件格式及5C原则，相信大家心里都有印象。那么我的要约邮件也要遵循这些原则，同时还要包括我们前面短信要约、电话要约中提到的几要素：自我介绍、要约理由、自我推荐、礼貌要约，因为邮件的篇幅容量较大，所以可以适当多一些内容，比如把要约的日期作一下假设，一般采取"二选一"方式，这样的封闭性问题比开放性问题"A或B，何时方便？"让人更容易选择和做决定。参考范本见图3-1。

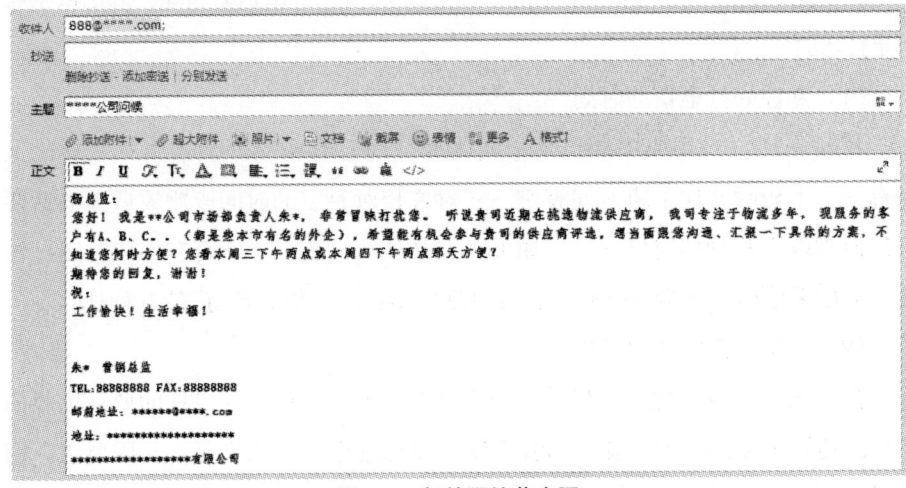

图3-1 邮件要约范本图

3.1.4 事件要约

事件要约是在短信要约、电话要约都无效的情况下采取的一种应急措施。它类似于事件营销，事件营销的英文是Event Marketing，我们直译为"事件营销"或"活动营销"。事件营销（Event marketing）是企业通过组织、策划和利用具有新闻价值、名人效应以及社会影响的事件或人物，引起新闻媒体、社会团体和消费者的兴趣与关注，用以提高企业或产品的知名度、美誉度，树立良好品牌形象，从而最终促成产品或服务的销售目的的手段和方式。这里的事件要约并不需要那么隆重，不需要利用具有新闻价值、名人效应以及社会影响的事件或人物，只需要利用与客户具体负责人相关的事件或人物，引起客户具体负责人的兴趣与关注。如何进行事件要约，可以从以下两个方面入手。

①利用自身创造的事件引起关注

故事导读中的朱总监几次短信要约失败后便采取了这种方法，他自创了几次事件：A："我刚好在贵公司隔壁一家公司签合同，经过贵公司想到了您，我知道您一定是太忙了没时间回我的信息。您现在在办公室吗？耽误您几分钟时间，我给您送一本公司的介绍资料可以吗？"（事件1：在GW隔壁一家公司签合同）为什么要创造这个事件呢？原因一：这样能"顺理成章"地经过GC公司，减轻杨总监的心理压力；原因二：这样的类似于签合同的事件加强了公司自身的实力。等于又是一个案例介绍，但这个不宜编得太过，最好是真正属于自身的客户。B：朱总监在GC门外等了一个小时。（事件2：在GC门外等了一个小时）创造这个事件是为了让杨总监产生愧疚感。C："好的，也到吃饭时间了，刚刚公司下属打电话过来说有政府领导来访，让我回去接待。那我先回去了，咱们再约，您看明天下午两点还是后天下午两点方便？"（事件3：有政府领导来访，需回去接待）创造这个事件更是加强了自身公司和自身的实力，让杨总监增强信任感。通过这些事件，客户单位杨总监的心门最终被慢慢打开，获得了要约的成功。

从以上故事案例分析中我们可以看出，一个好的事件要约必须是从增强自身公司的实力、自身的实力、减轻客户单位做决定的压力入手的，这样就能通过事件潜移默化对客户单位负责人产生影响，最终获得其信任。

②利用他人创造的事件引起关注

利用他人创造的事件引起关注在我们实际营销过程中运用得最广泛。

比如朋友安排一个饭局，同时叫了营销人员和客户单位负责人，造成一个偶然认识的事件；比如朋友带着营销人员一起去拜访客户单位负责人等等……这些都是在朋友与客户单位负责人本身就非常熟识的基础上才能进行的事件。

3.2 营造会面气氛

得到了客户的见面机会只是跨出了敲开客户门的第一步，第二步便是会面了，会面的效果如何，就在于我们对会面气氛的营造。很多人看到这里可能会疑惑，我们跟客户会面，特别是第一面，能自主营造气氛吗？还不是客户问啥就说啥呗。这是极其错误的想法，实际上第一面的气氛我们必须是自主去营造，可能有一定难度，但是也不乏一些可取的方法和技巧。

3.2.1 明确会面目的

之所以把明确会面目的拿出来讲，是因为我以前团队中新的成员很容易犯一个错误：把第一次会面的目的定得太高。他们往往想在第一次会面就获得客户的信任，甚至获得订单，实际上这种概率是非常低的。关于第一次会面，我给大家的建议为：认识（获得对方名片、简短介绍了自己公司）即可，原因为：其一，从对方角度来说，他（她）会存在一定的抵触性，交流多，未必听得进去，甚至会反感；其二，从自身角度来说，由于对对方没有一定的了解，很难进入自然的交流状态，可能会出现紧张、焦虑、冷场等状态。

非第一次会面，则可根据自己对客户的了解程度、项目的紧急程度、自己的专业知识掌握度来确定每次会面的目的。

3.2.2 把握会面时间

会面时间是根据会面目的来定的，关于第一次会面，我们在上面章节中讨论过，以"认识"为目的即可，所以它的时间安排不宜太长，一般控制在十分钟以内即可。

非第一次会面的时间则可根据其相应的目的做适当安排。但建议在工作时间内的会面时间不宜太长，除了特殊情况外，一般控制在半小时以内为最佳。

3.2.3 观察细微之处

观察好细微之处在所有会面当中都应该注意，第一次会面的观察尤为重要。那么第一次会面观察什么呢？衣着打扮、办公室的布置、习惯性动作等都是值得我们去观察的。举生活中一个小例子，当一个男生追求一个女生时，在几次会面之后，男生深情地说："我还记得我们第一次见面的时候，你穿着白色的连衣裙，扎着小马尾，真的特别美丽动人。"简单的一句话牵动着女生的思绪，一丝微笑浮现在脸上。再举一个营销的例子，日本推销之神原一平先生曾经为了结交一位顾客，花了很长时间了解对方喜欢穿的衣服、玩的运动、吃的东西，第一次会面时也穿了一套与对方一模一样的西装，两人见面，相视而笑，似曾相识，产生了很好的效果。从这两个例子我们可以看出，人们总是喜欢很重视自己的人，也总是喜欢跟自己类似的人。正是因为这两个本性，所以观察对方的细微之处就显得格外重要，大家不妨尝试一下。

非第一次会面需要观察的细微之处就更多了，但都围绕着四个字"兴趣爱好"，兴趣爱好相同最容易拉近距离，在营销职业中，"投其所好"是必须掌握的技能，这项技能是成交的催化剂，我们掌握得越好，成交得越快。

3.2.4 创造下次见面机会

创造好下次见面机会是每次会面的最重要任务之一。在第一次会面时，这个任务就显得尤为艰巨，因为你的要约对方不一定会接受。但是这个也是有技巧的，技巧就在于第一次会面的时间一定不能长，为什么这样说呢？一是不给对方施压，会面轻松愉快；二是留下很多悬念，让对方有兴趣再了解；三是会留给对方守时的形象，守时的人是值得交往的，对方会因此对我们产生好感，再次要约的成功率就大很多。

3.3 释放自身气场

3.3.1 注意形象

形象即我们的外在气质，绝大部分体现在外表的穿戴及携带物品，我们在成长篇"推销自己"章节中就有详细介绍。外在形象是我们给别人的第一眼印象，我们一定要重视，以得体、符合商务场合为原则，才能更好地树立第一眼印象，为敲开客户的门打好铺垫。在非第一次会面的情况下，如果关系到了一定程度，且选择的环境非商务场所，则可根据实际情况进行调整，否则太正式、过于商务也会给人拘束的感觉。

3.3.2 遵守时间

遵守时间是一个人最基本的素质，一个优秀的人往往有很好的时间管理。时间管理的范畴很广，在此部分内容中我们只探讨遵守约定时间。正常情况下，我们去拜访客户一定要比跟客户约定好的时间早到十分钟到一刻钟。一是避免客户等待，造成不良影响；二是可以利用这个时间段整理一下自己的形象并调整一下情绪，以利于在会面时给客户留下好的印象。

3.3.3 注意礼仪

礼仪的范畴也很广，在敲开客户门与客户会面阶段，主要体现在以下几个方面。

①注意进出门的礼仪

进门时一定要敲门，一般轻敲两至三下为一次，然后停顿一下听听门里反应，如果没有示意进门的指令，则再继续敲第二次，直到有进门的指令才可以推门进入。如果敲过四五次后门内没人应，则说明对方可能不在办公室或不方便，则可暂时停止敲门并发一条短信确认一下情况。

出门时礼貌地伸出右手说："今天非常感谢您的接见，期待下次再见。"然后握手三下告别，同时不要忘了跟对方确认："需要帮您关门吗？"

②注意坐座位的礼仪

进门后不要马上坐座位，而要在对方示意后坐下。坐下后呈商务坐姿，不可跷二郎腿，公务包放在椅子右下方，然后微笑等待对方进入会面状态。

③注意递收名片的礼仪

递名片是一个小动作，但也蕴含着大玄机。有很多人在与对方会面之后各方面都自我感觉不错，但是就是不知道为什么对方为什么不回递名片、不接受下次要约，只是礼貌性地回绝"我们需要时会联系你的"。做过营销的人员都知道这句话是最美丽的谎言。这个美丽的谎言产生的原因来各方方面面，其中的一个原因就是没注意递名片的姿势。

正确的递名片姿势为：名片正面朝上，字体方向朝对方，双手拿住名片递过去，递的同时要附以语言："您好！**经理，我是**公司朱*，还请多多指教。"

正确的收名片姿势为：双手接过名片，认真看一眼名片，小声读一下名片主人的名字，此时可针对不认识的字加以请教，比如看到"王犇"，你可以说："王经理，不好意思，您看我见识窄，请教一下您名字第二个字怎么读？"千万不要认为这样很丢脸，这样往往还会给人诚实好学的印象；更可针对名字做一番赞扬，比如看到"王青云"，你可以说："哇，王经理，您这个名字真好，青云直上哦！"之后再把名片妥当收起来，一般是放在名片夹里，切忌直接随意往包里一塞，或往桌上一放，并将手机压在上面，这些都是对客户不尊重的表现。

3.3.4 调整语速

一般情况下，语速是天生的，有的人口若悬河、滔滔不绝；有的人沉默寡言、吞吞吐吐，而且越是在紧张的情绪下，这些特征体现得更加明显。与客户的第一次会面情绪是非常紧张的，就很容易陷入前面说的误区。为了避免这种误区，我们应该在会面前提前做好演练，而且还要根据对方现场实际的说话习惯对自己的语速进行下意识的调整，久而久之，就能游刃有余，给对方留下沟通交流轻松、愉快的感觉。

3.4 吸引客户认同

3.4.1 "投其所好"——生活上的认同

敲开客户门的第一次会面很难从"投其所好"上获得客户的认同。但也并不是没有方法。方法一：在会面之前做好足够的工作，了解到很多客户的兴趣爱好，于是在会面交谈时可有意无意地提及相关的话题；方法二：在会面之时，记住本章前面内容"观察好细微之处"，你一定会有意想不到的收获，一套行头、一张相片、一个姿势都有可能使你发现客户的兴趣所在，然后再有意无意地提及，比如当你看到客户的展示台上有一个乒乓球拍时，可以说："王经理，您也喜欢乒乓球啊？我也很喜欢，每周都会去奥体广场去打一场呢。"于是话题就渐渐打开了，因为只要是人的兴趣所在，都控制不住会多交流几句。更让人欣喜的是，从此刻起，在客户的心目中就无意识地把你归成了他（她）那一类人。

3.4.2 "体贴入微"——服务上的认同

服务上的"体贴入微"一定要贯穿于每一次会面中，第一次会面可能很难体现，但只要礼仪到位就可以让人产生一定的信赖感，因为一个懂礼仪的人，服务上面肯定会做得不错。

3.4.3 "精益求精"——工作上的认同

获得了客户生活上和服务上的认同是不够的，因为毕竟营销是建立在商务基础上的，最关键是要获得客户工作上的认同。哪怕是第一次会面简短介绍公司和自己的短短几分钟都是非常重要的。这几分钟介绍应该包括五方面内容：一是公司准确的名称；二是公司服务的范围；三是公司核心的实力；四是公司重要的案例；五是公司服务的保障。但这五方面内容并不是千篇一律的，而要在与客户会面之前就做好相应的调查与了解，哪怕是到客户的网站浏览一下，然后有侧重地梳理出客户可能的需求。比如我们准备会面的客户是汽车供应链系统里的，那么我们可以在介绍自己公司时着重挑出与之相匹配的产品和服务进行介绍，而且挑选相类似的客户案例进行介绍。这样能更快地获得客户工作上的认同。

除此之外，要想真正获得客户工作上的认同，光这些表面功夫还是不够的。还需要从提升自我的专业知识入手才更有效。试想想，如果客户刚好因为碰到某一个难题而想换一个供应商，恰好这时我们有了会面机会，当然因为此原因别人也有了与客户的会面机会。在这种情况下，本来是一个很好的契机，但是，当我们与客户会面时，客户提出了自己所遇到的难题，想要从我们身上获得相应的建议，我们却因为自己的专业知识不够，不能给予有效的建议。而恰好在此时，别的竞争者却给出了有效的建议甚至解决方案。那么，客户基本上就会选择竞争对手，而拒绝我们下次的要约，甚至排斥有可能的合作。从这个例子我们可以看出，虽然对于营销来说，产品或服务的专业知识并非必要条件，但是却会在无形中促成更多的成交，所以说学无止境，知多有益。

第四章 建立客户关系

本章要点

◆ 建立客户关系的途径
◆ 建立客户关系的方法

导　读

"挑剔"的马部长

"快点，快点，已经超过约定时间五分钟了，马部长肯定要不高兴了，都没有回我短信。"小王一路小跑上着ＬＹ公司楼梯，一边心里嘀咕着。

跑到马部长办公室前，已经迟到十分钟了。

"你怎么才过来？"马部长脸上露出不悦之色说，"我最讨厌不遵守时间的人了。"

"实在不好意思，不好意思。"小王一边道歉一边说，"刚刚路上太堵了，耽误了很长时间，给您发过信息说明情况，不知道您有没有收到？"

"哦"马部长瞄了一眼手机："坐下谈吧。"

……

走出LY公司，小王惊出一身冷汗，LY公司是一家颇有名气的日资企业，通过交谈也发现马部长是一个严谨守时的人，自己一点小的失误，差点酿成大错。于是立马给马部长发了一条短信："马部长，我是××公司小王，今天非常感谢您的接见，同时也为此次的迟到表示深深的歉意，祝万事顺心。"

第二部分　成长篇

回到公司后，小王依旧忐忑不安，于是紧接着给马部长发了一个邮件：

马部长：

　　您好！

　　我是××公司的小王，今天非常感谢您的接见，通过咱们的沟通，对贵公司的情况有了一个初步的了解。但是对于贵公司的××项目，还需要跟您再约一个时间详细请教一下，不知道您什么时候方便，大概需要半个小时到一个小时左右的时间，您看下周二下午两点还是下周三下午两点方便呢？期待您的回复，谢谢！

　　另外为今天的迟到再次表示深深的歉意，我平时也特别反感不遵守时间的人，因为一个不遵守时间的人是不值得信任的。虽然我今天提前发信息给您说明原因，但是这仍旧不值得原谅，为了弥补我这次的过失，在今后的沟通拜访中我一定会更加努力，为贵公司提供优质产品的同时提供优质的服务。谢谢！

　　期待您的邮件。

　　祝：

　　　　工作愉快！生活幸福！

××公司　王××

过了半小时左右，马部长的邮件过来了："王先生，下周二两点可以，下周见。"

小王心里石头落了下来，总算对自己造成失误的第一印象有了一点挽回，而且也争取到了下次拜访的机会。

下周二到了，小王吸取了上次的教训，提前一个小时出发，到达LY公司时离两点钟还有半小时。他迅速拿出这几天准备好的相关资料再次浏览了一遍，并在心里默默演练了一下见面可能出现的情况。一刻钟后，他再次对着车子的后视镜整理了自己的形象，便朝马部长所在的办公楼走去。

噔噔噔，小王在一点五十左右到达马部长办公室门口，有节奏地敲了一次门。

"请进。"

小王走了进去,在马部长的示意下坐了下来,愉快地交谈了四十分钟。

回到公司后,小王趁热整理了一下工作笔记,里面记录着跟马部长本次交流的点点滴滴。

整理成文后,自己梳理了一下逻辑关系后给营销李经理汇报了一下具体情况,并拿出自己所整理的资料请教李经理是否有哪些地方考虑不妥当或不完善。

拿着李经理帮忙审核和调整过的资料已是将近下班了,小王心里却仍旧兴奋不已,经过一番仔细核对后,再次给马部长发了一个邮件:

马部长:

您好!

今天真的太感谢了,占用了您那么长时间。根据您的介绍,针对贵公司××项目的需求,

我回来后进行了初步的整理,具体内容如下:

1. ******
2. ******
3. ******
……

麻烦您看看哪些方面我理解得不够全面或深入,烦请多多指点。如确认或有任何问题都麻烦您邮件回复,谢谢!

期待您的邮件!

祝:

  万事顺心!

              ××公司 王××

第二天一早,小王一打开电脑就看到了马部长的邮件:

小王：

　　早上好！

　　真没想到你下班后还给我发邮件，而且考虑也很周到，关于我们昨天沟通的××项目的相关内容，你记录得很详细，我觉得没什么大的问题。你可以按此要求给出贵公司的解决方案。不错，小伙子，继续努力。

　　祝好！

LY公司　马××

　　小王开心得一下子站了起来，这一次明显马部长对自己没有反感了，反而还有了些许好感。

　　于是又给马部长发了一封邮件：

马部长：

　　您好！

　　谢谢您的认可，针对贵公司的××业务项目，我公司马上会成立项目小组进行专项负责，整个项目的磋商过程，我公司的大概流程如下：

　　第一步：……（大概时间跨度为：××）

　　第二步：……（大概时间跨度为：××）

　　第三步：……（大概时间跨度为：××）

　　……

　　第N步：……（大概时间跨度为：××）

　　大概总跨度的时间为×个月，您看合理吗？如果不合理，烦请多多指点，我们再做调整。我将作为这个业务项目的具体联络人，后续的事宜，还望马部长多多指点并配合，能为贵公司提供服务是我的荣幸。

　　期待早日成为贵公司的合格供应商，合作愉快！谢谢！

　　祝：

　　工作愉快、生活幸福！

××公司　王××

几番深入沟通和考察后，小王最终在公司团队的共同努力下及马部长的帮忙下拿下了LY公司的**项目，给小王的营销生涯里添上了多彩的一笔。特别值得高兴的是，小王和马部长成了非常要好的朋友，每隔一段时间便会小聚一下，两个小家庭也经常会组织一些活动，让生活也添上了更多色彩。

下面我们通过这个故事来逐步分析一下建立客户关系的途径和方法。

① 建立客户关系的途径

1.1 工具沟通

1.1.1 短信

我们在上面一章《敲开客户的门》中重点介绍了第一次要约短信的关键要素及短信的作用。同样，短信在建立客户关系阶段也是非常重要的，主要体现在以下几个方面：

①与客户打电话前的短信确认

一般情况下，为了尊重客户的时间，在打电话之前最好先进行短信确认，比如，"×经理，您好！关于××项目的事情，想跟您沟通一下，您现在方便接电话吗？"得到客户的确认后再根据实际情况进行通话。

②用短信确保沟通信息清晰无误

一般情况下，为了确保沟通信息清晰无误，都会采用邮件形式进行确认，但有的时候因为时间紧急而邮件又不方便使用的情况下，不得不采取先用短信进行确认。比如需求信息、报价信息等等。

③用短信表达节日问候

对于营销人员来说，给客户进行节日问候是必须要做到的，不管别人能不能看到，这都是礼貌和关注的体现，但建议是不要采取普遍的短信转发方式，最好是有针对性地用自己语言编辑的短信，而且短信发送的时间不要集中在节日当天，最好提前一两天为妥，这样我们的短信不会淹没在众多客户收到的问候短信中，而且又发自于内心，更显真诚，让人印象深刻。

④用短信表达口头不好意思表达的信息或是需要着重表达的信息

人与人交往过程中，难免会有不好意思口头表达的信息，也难免会有需要着重表达的信息，比如故事导读中小王想给LY公司马部长不好意思多口头表达又需要着重表达的信息即为："马部长，我是××公司小王，今天非常感谢您的接见，同时也为此次的迟到表示深深的歉意，祝万事顺心。"（同时也为此次的迟到表示深深的歉意）

1.1.2 电话

使用电话沟通在建立客户关系阶段相对敲开客户门阶段而言更加普遍一些，主要体现在以下几个方面：

①解决紧急问题时用电话沟通更高效

在业务沟通过程中，难免会出现需要紧急确认或处理的事情，在这种情况下，用电话沟通效率更高。

②对客户时间规律比较熟悉适合用电话沟通

如果说跟客户相处到了一定的关系，而且对他们的时间规律比较了解，知道哪个时间段是繁忙的不适合听电话，哪个时间段是空闲的适合听电话，那么在这种情况下，电话就是一种非常好的沟通工具。

③听者型的客户适合用电话沟通

客户分为听者型（习惯听取信息）和读者型（习惯阅读信息），听者型的客户习惯于用电话沟通，对短信沟通反而有极度的反感，所以在这种情况下适合用电话沟通。

1.1.3 笔记

①电话沟通时的记录离不开笔记

我们在进行电话沟通前、中、后阶段都离不开笔记，前段需要理清思路看看我们想沟通些什么，并以什么样的逻辑顺序跟客户沟通；中段需要详细记录双方的沟通过的信息，如果来不及记录，对于关键部分也是一定要记录的；后段主要是进行总结和整理，习惯性地针对重要的电话沟通内容再次进行邮件确认是我们需要养成的工作习惯。

②拜访沟通时的记录离不开笔记

拜访沟通时更离不开笔记，一是在拜访时随时记笔记会让客户感觉到专业素养高；二是在拜访时随时记笔记会激发客户的表达欲望，因为谁也拒绝不了一个善于聆听的人；三是在拜访时随时记笔记有利于后期资料的整理，俗话说"好记性比不过烂笔头"，例如在故事导读中小王就通过拜访时记的笔记再次跟马部长进行了需求确认，获得了马部长的好感。

③部门讨论时的记录离不开笔记

部门讨论时，不管是同部门讨论还是跨部门讨论，笔记也是必需的。现在正规的公司都会安排专人记会议记录，然后让所有与会的人员进行会签并确认自己所沟通和讨论的内容无误。即便如此，每个人对讨论内容进行记录也是必要的，特别是针对与自己相关的讨论话题，这样有利于工作能力的提升。

注意笔记其实还有一个更大的好处，那就是让我们自己形成了学习总结的好习惯，长此以往，形成了不可抵挡的竞争力。

1.1.4 邮件

①加深印象宜用邮件沟通

一般在进行拜访过后，特别是第一次拜访过后，宜再发一个邮件给客户加深印象。不管客户是听者型的还是读者型的，邮件都是商务必备的沟通工具，而且越是正规的公司，邮件系统越全面，所以在拜访过后再发一个邮件进行客户问候是有利于建立客户印象的。比如故事导读中的小王在拜访过马部长过后发的邮件，这个邮件就属于加深印象的邮件，在加深印象的邮件中可加入下一次要约的内容，同时也可对自己的失误进行澄清和矫正。

②需求确认宜用邮件沟通

拜访客户进展到需求沟通的阶段时，一定要仔细记笔记，而且回到公司后用邮件进行需求确认。这样做有两个好处：一是确保需求信息准确，便于后期的方案提供；二是让客户留下严谨、可信赖的专业印象，有利于业务项目的顺利推进。在故事导读中，小王也给马部长发了需求确认邮件：

马部长：

　　您好！

　　今天真的太感谢了，占用了您那么长时间。根据您的介绍，针对贵公司××项目的需求，我回来后进行了初步的整理，具体内容如下：

　　1.******

　　2.******

　　3.******

　　……

　　麻烦您看看哪些方便我理解得不够全面或深入，烦请多多指点。如确认或有任何问题都麻烦您邮件回复，谢谢！

　　期待您的邮件！

　　祝：

　　　　万事顺心！

通过这封邮件改变了马部长对小王的看法，赢得了后续跟进的机会，是非常值得我们学习的。

③项目沟通宜用邮件沟通

业务进行到项目沟通阶段，除了现场专项沟通外，大部分都是通过邮件进行沟通的。但是有一点特别值得注意的是邮件沟通时一定不要琐碎，很多人有这样一个不好的习惯，想到一个问题问一个问题，然后零零星星发了N封邮件，这是极其不专业的，客户收到邮件后前面几个还会认真看看，后面就会不耐烦了，甚至会有很大的反感。所以说我们在进行项目沟通时一定要考虑全面，尽可能做到能一个邮件沟通的问题绝不用两个邮件沟通，如果感觉沟通的内容过多，放在邮件中不便于阅读，我们可以采取附件形式发送。

④会议邀请宜用邮件沟通

这里的会议邀请是指公司与公司之间的会议邀请，按传统的形式，一般是电话通知后登记或传真通知收回执，但是随着科技的进步，邮箱功能不断升级，其中有一个功能就是发出会议邀请，对方阅读并确认后会收到回执，而且在会议召开之前对双方都会有相应的通知，以确保参会人员明白会议主题、流程，也确保参会人员准时参会。

⑤节日问候宜用邮件沟通

很多人会有节日问候的习惯，有的人喜欢打电话，有的人喜欢发短信，但从商务问候上来说邮件问候会显得更加正式。许多公司的企业文化做得很好，每到节假日都会设计相应的电子贺卡供营销部门发给客户使用。

1.2 商务拜访

商务拜访分为陌生拜访和非陌生拜访两种。关于陌生拜访，我们在前面"敲开客户门"章节中有着重介绍，在建立客户关系阶段，都属于非陌生拜访，因为在此阶段都至少与客户有了一面之缘。

在商务拜访中最容易出现的问题为：

A. 拜访过一两次后找不到再去拜访的"借口"。

B. 即使有拜访的"借口"也很难做到拜访有效。

所以说我们在建立客户关系阶段主要就是解决这两个问题，这两个问题一解决就不用愁跟客户建立不了关系。下面我们将在"建立客户关系的方法"中就专门针对这两个问题来探讨解决方案。

1.3 生活交往

生活交往是指非商务交往，一般发生在工作时间之外。做营销最大的忌讳就是把工作和生活分得太开，我以前的营销团队中间有一部分人把8小时内的工作做得很好，但是业绩却不理想就是因为这个原因。他们总是说"不好意思下班后打扰客户的生活"。但是试问，你不走近客户的生活，怎么走进客户的生活，怎么真正走进客户的内心，所以说生活的交往是非常重要的，我们提倡的营销工作状态应该是"工作生活化、生活工作化"。

② 建立客户关系的方法

2.1 成功要约

如何成功要约我们在上一章《敲开客户的门》中有了详细介绍，它包括：短信要约、电话要约、邮件要约、事件要约四种形式，将这四种形式举一反三，久而久之你便会感觉到要约游刃有余，这样就为建立客户关系打下了良好的基础。

2.2 有效拜访

前面我们讲到商务拜访中我们最容易出现的问题之一为即使有拜访的"借口"也很难做到拜访有效。下面我们就来分析并解决这个问题。

①明确拜访目的

我们在拜访之前一定要清楚自己每次拜访的目的，这个目的不是我们讲的拜访"借口"，拜访"借口"只是说给客户听的，为的是消除客户的戒心，放松警惕，比如我们常常找的"借口"有"经过××地方，顺便过去看看您""刚从××出差回来，想到您喜欢什么，正好帮您带了一个"等等。而我们真正的目的，比如"这次我一定要弄清楚客户的需求""这次我一定要弄清楚客户的底价"等等，一切都以促成业务项目成交为总体目的。

②控制拜访过程

在《敲开客户的门》章节中我们介绍了如何营造会面气氛、如何释放自身气场、如何吸引客户认同三个方面的内容，这三个方面的内容都属于控制拜访过程的内容，基本上做好了这三方面的工作，拜访就算是基本合格了。当然，在这控制的过程中，我们还会出现一些自己意想不到的场面，比如客户是一个非常健谈的人，说起来话来滔滔不绝，而且问题一个接着一个，这对于业务精通、专业功底厚同时又有充足时间的情况下无疑是件好事，但是如果我们自己本身业务还不熟练、专业也刚接触、时间又紧张的情况下，这个就未必是好事了。那么在这种情况下该如何处理呢？那就是要善于"拒绝"，找一些不得不离开、下次再继续的"拒绝理由"。总之，不管出现任何情况，都要在你的控制范围之内。

③总结拜访效果

总结拜访效果是拜访有效的重中之重，所以在本章中一直在强调要进行"需求确认""项目沟通"，这就是一个良性的总结过程。通过"需求确认""项目沟通"的整理，不管是通过什么方法都会让我们受益匪浅，我们会渐渐发现自己在业务开展过程中变得越来越得心应手，甚至能对客户的下一步行动做出相对准确的预测。

2.3 建立商务关系

前面我们讲到商务拜访中我们最容易出现的问题之二为：拜访过一两次后找不到再去拜访的"借口"。那么在这一节中，我们主要讲的就是如何建立商务关系，通俗来讲就是如何让客户欣然接受一次又一次的商务拜访。

2.3.1 主导流程

大家是不是一听到"主导流程"就感觉疑惑，因为我们作为乙方的身份，怎么有资格去主导流程呢？如果有这个思维，做营销的难度就相当大了，因为事实表面上是如此，但真正的事实是甲方虽然地位有优势，但往往不会积极地去主导流程。所以说我们在本书当中一直强调的一种思维就是拉动式营销，"帮客户买东西"，而不是"卖东西给客户"。那么我们该如何主导流程呢？也许每个人有每个人的方法，在这里简单介绍一下我在以往工作当中常会采取的一种方法：营销流程标准化法。

我将这套"营销流程标准化法"编入了市场营销部门的培训资料中，大概的流程图见图4-1：

第二部分　成长篇

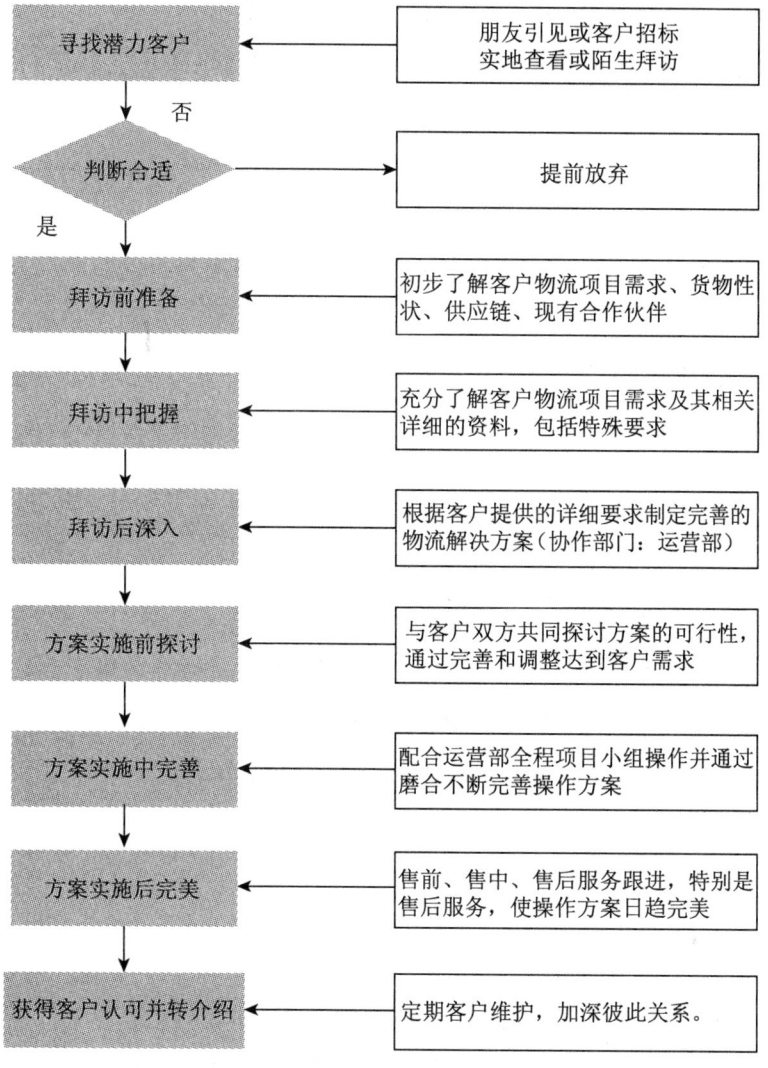

全程公司各部门紧密配合
图4-1　营销流程标准化参考图

通过这个流程图可以看出我以前所在的公司为一家第三方物流企业,专门为客户提供第三方物流服务。营销的流程包括:寻找潜力客户、拜访前准备、拜访中把握、拜访后深入、方案实施前探讨、方案实施中完善、方案实施后完美、获得客户认可并转介绍八个步骤,新进的营销人员在经过营销岗位培训后,从事营销工作时就有了一个向导,与客户交谈便有了主线思维,可以很从容地应对拜访过程中的交谈。而且我一般会要求在需求确认之后，给客户再发一封这样的邮件，如故事导读中所示小王发给马部长的邮件。

马部长：

您好！

谢谢您的认可，针对贵公司的××业务项目，我公司马上会成立项目小组进行专项负责，整个项目的磋商过程，我公司的大概流程如下：

第一步：***（大概时间跨度为：××）

第二步：***（大概时间跨度为：××）

第三步：***（大概时间跨度为：××）

……

第N步：***（大概时间跨度为：××）

大概总跨度的时间为×个月，您看合理吗？如果不合理，烦请多多指点，我们再作调整。我将作为这个业务项目的具体联络人，后续的事宜，还望马部长多多指点并配合，能为贵公司提供服务是我的荣幸。

期待早日成为贵公司的合格供应商，合作愉快！谢谢！

祝：

工作愉快、生活幸福！

××公司 王××

从上面的邮件我们可以看出，实际上流程已经由我们主导了，包括流程中每个环节所需要的时间都基本由我们主导了。客户在收到这样一封邮件后基本上都会从潜意识里进行了认可，并不由自主地跟着流程走。当然有时候客户也会根据自己业务项目的急缓程度再提出相应的建议，但是都是在我们设定好的基础上发生的。

以上我推荐的方法大家不妨尝试一下，不要担心客户会觉得麻烦，相反他们更会觉得我们个人和公司都非常专业、负责任，正是他们所期望的供应商类型。

2.3.2 让客户欣然接受

虽然我们宣扬的是拉动式营销，但绝对不可以让客户做不愿意做的事情，而是让客户欣然接受我们的拉动。"强扭的瓜不甜"告诉我们，有些主动（主导）反而会得到相反的效果，所以说我们无论采取什么样的方式，都要秉承"帮客户买东西"的营销思维，比如我刚刚介绍的方法，就是从这个思维角度出发的，客户自然会欣然接受。同时，不知道大家有没有注意到，我们还在邮件中采取了"假设成交法"，如"期待早日成为贵司的合格供应商，合作愉快！谢谢！"短短的一句话就拉近了我们与客户的距离，即现在我们是客户的准供应商，等完成了相关的流程后，我们即成为客户的合格供应商，这就在无形中让客户欣然接受我们了。

2.3.3 让客户逐渐认可

很多人把做营销比喻成谈恋爱，这是不无道理的，我也时常跟我的团队讲做营销的过程就是跟人打交道，我们要经历认识你——喜欢你——认可你——信任你——依赖你五个步骤，才能真正促进营销，否则合作关系就不能称之为牢固。在建立客户关系阶段，我们至少要完成前面三个步骤。认识和喜欢，我们基本上根据前面所介绍的方法和技巧都能达到，但是要得到真正的认可才是最考验我们营销人员自身素质的。这主要取决于两个方面：一个是自我推销能力；一个是专业呈现能力。专业知识包括产品专业知识和营销专业知识，相对于刚开始步入成长阶段的营销人员来说，营销专业知识还可以通过理论学习有一定的了解，但是对于产品专业知识，特别是高、精、尖的产品，却不是一时半会就能掌握的，所以很多人就抱怨"如果我能多点专业知识，肯定能营销做得更好"，这句话有一定的道理，但并不完全准确，因为做得好的营销人员往往不是业务人员。这就说明了产品专业知识实际上在营销过程中只占了很小一部分分量。所以我们在这里讲的是"专业呈现能力"，而不是"专业掌握能力"，既然是呈现，我们就可以借助外力，比如技术资料整理得全面，图文并茂、有据可依；比如可借助别人的力量（上司或公司专家）来展示产品专业知识等等，关键是你要有这个借助外力呈现专业的能力，在启蒙篇中我们介绍了如何提高三商、如何培养好的工作习惯、如何磨砺执行力等等都是为了提供这一能力作储备的，脚踏实地，一步一步来，才能实现顺势借力。通过自我推销能力和专业呈现能力的不断提升，客户便会逐渐喜欢你、认可你，甚至达到信赖你的效果。

2.3.4 签订销售合同

签订销售合同是建立客户商务关系的目的，销售合同是指企业在销售产品（或劳务）时与顾客（购买单位）签订的一种购销契约。销售合同是经济合同的一种形式。合同一经签订即具有法律的约束力。合同中所规定的条款都受到法律的监督和保护。缔约的任何一方不履行合同条款，要负法律责任和承担经济损失。销售合同是落实企业编制营销计划的重要依据，是推动社会专业化协作生产的保证，是实现企业经济效益的重要途径。

营销人员是促成销售合同签订的重要媒介，我们去与客户认识，并获得客户喜欢、认可、信任、依赖，最终都是朝签订销售合同这个目的而去，这是众所周知的。我在这里之所以再着重来介绍这点，主要是因为有一部分人在做营销的过程中会有不敢成交的现象，原因是怕自己显得太过功利，让客户产生反感，导致迟迟不能成交，甚至错过成交机会。所以我们一定要"以终为始"，在合适的时间内越快签订销售合同越好，这样才能真正与客户建立商务关系，有利于双方合作的顺利开展。

2.4 建立生活关系

建立生活关系是让客户喜欢我们的必经过程，我们在"建立客户关系的途径"中介绍了生活交往途径。核心思想是：你不走近客户的生活，怎么真正走进客户的内心？提倡的营销工作状态应该是"工作生活化，生活工作化"。

建立生活关系就是一定要把客户当成"朋友"来看待，"急人之所急、想人之所想"、时常问候、定时聚会（最好是家庭聚会）便可以建立生活关系。既建立了商务关系，又建立了生活关系，我们才算真正地建立了客户关系。

第五章 维护客户关系

本章要点

- ◆ 维护客户关系的重要性
- ◆ 维护客户关系的方法

导 读

小张的困惑

小王和小张是同班同学，由于都学的是市场营销专业，毕业后都找了与市场营销相关的工作，巧的是俩人竟然同时被A公司录用，并分配到了一个业务部门。

A公司是一家非常不错的公司，小王和小张非常兴奋，想想多少年的寒窗苦读终于有了用武之地。于是，经过公司的入职培训后都满腔热情地进入了工作状态，都顺利通过了A公司的试用期考核。

一晃一年过去了，业务部的年度绩效考核如期而至。小王和小张同时拿到了自评表格，表情却迥异。小王在过去的一年中一共拜访了30家客户，已经成交了5家客户并合作稳定，其他的还在洽谈中，算是顺利完成了公司的指标；小张在过去的一年中一共拜访了35家客户，已经成交了6家，但是流失了3家，其他还在洽谈中，离公司的指标还差一家。小王算是给自己给公司交了一份满意的答卷。小张却是惆怅万分，不明白自己这么努力，早出晚归，跑客户比小王还勤，为什么到最后却是这个结果，于是他敲开了业务部赵经理的门：

"赵经理，我心里难过，为什么我付出的努力跟回报不能成正比。您也知道的，我在我们部门算是最积极的一个了，每天早出晚归，而且客户也都乐意接受我。"

"小张啊，"赵经理早就料到小张会来找他，示意他坐下然后说，"你非常勤奋，性格也好，我们大家都非常喜欢你，在这一批新人中我对你抱的期望也最大，但是为什么从绩效考核来看你却比别人稍逊一等呢？让我们来一起分析一下，就拿你跟小王对比吧。"

赵经理走到白板前说："你看哦，我们先来算一下客户成交率：你的成交率为3/35=8.57%，小王的成交率为5/30=16.67%，原因在哪里？主要是因为你有3个已成交的客户流失了，不然你的成交率应为6/35=17.14%；再算一下客户流失率：你的流失率为3/6=50%，小王的流失率却为0，原因在哪里？因为小王的维护客户关系做得好；最后算一下指标达成率：你的为3/4=75%，小王的为5/4=125%。而实际上从工作量来说，你共跑了35家，小王跑了30家，所以相对来说，你工作量是小王的1.17倍。你自己再想想看，问题主要出现哪里？"

"如果那3家客户不流失就好了。"

"嗯，这就是关键。那怎么样才能做到客户少流失，甚至不流失呢？"

"我不太明白，这3家客户明明跟我们签了合同，为什么后来不合作了。有1家竟然从来没发生过业务关系。"小张皱着眉头说。

"小张，这就是你的误区了，签订了合同并不是营销工作的终点，从表面看来，我们签订了合同，然后交给实际执行部门去执行即可。但是我们还需要做好桥梁作用，时刻关注客户的动态。"

"您说得有道理。我以前只想着怎么样多成交客户，认为签订的合同越多，成交的客户也越多。把精力都放在建立客户关系、签订合同上面了，而忽视了维护客户关系。看来我以后要注意了。"小张眉头稍稍有点舒展又说："那为什么其中有1家客户竟然从来没有给我们做过单子？"

"嗯，明白了就好，至于为什么有1家客户没有给过我们单子这个问题，其实只要多花点心思在维护客户关系上很快就不得而知了。其实很多时候客户跟我们签合同，也有可能是把我们当作候补供应商，当原有供应商不出现状况时，一般不会启用，在这种情况下，尤其需要我们去维护好客户关系，争取合作的时间点早点到来。"

"哦哦，原来如此。谢谢赵经理。"

"不用客气，维护好现有客户还会获得正面的口碑效应，口碑效应在于：1个满意的客户会引发8笔潜在的生意，其中至少有1笔成交；1个不满意的客户至少会影响25个人的购买意向。由此可见，正面的口碑效应将吸引无数的潜在客户，这正是营销所需要的。所以说一定要做好维护客户关系工作哦。加油！"赵经理向小张打了一个握拳的姿势。

"嗯，加油！"小张回应了一个握拳姿势，起身说："那我先不打扰您了，谢谢您的指点，我知道以后该怎么做了。"

"好，期待你的好成绩。"

"好的，一定。"小张轻松愉快地走出了赵经理的办公室，一丝笑容挂在脸上，心里考虑是如何做好维护客户关系的工作。"也许我应该去跟老同学小王请教请教。"

再过一年，小王和小张都成了A公司的业务主管，表现得非常出色。

通过这个故事，我们可以看出维护客户关系在营销工作中非常重要，它直接影响着我们的营销绩效。下面我们就要通过本章内容来介绍维护客户关系的重要性及方法。

① 维护客户关系的重要性

与客户合作并不是建立了客户关系就一劳永逸了，很多人把它作为终点，那么它所产生的价值就有限，甚至价值很快就会消失。其实它只是一个开始，这样我们才能创造无穷无尽的价值。

1.1 稳定现有客户

建立了客户关系只能代表客户对我们有了初步的信任，不能代表客户就一定会对我们的合作满意，只有维护好现有客户才能稳定住他们，才能真正持续合作下去。

1.2 降低营销费用

据权威统计,开发新客户的成本是维护老客户成本的6倍。开发新客户即建立客户关系,这个阶段为了顺利获得业务项目,所付出的营销费用是非常高的,更何况在许多情况下,即使开发到一个新客户,也要很长一段时间后才能使企业盈利。所以说把现有客户维护好不光是稳定了现有客户,还有可能获得现有客户的转介绍,降低了建立客户关系阶段的营销费用,从而降低了整个营销费用。

1.3 吸引潜在客户

IBM营销经理罗杰斯谈到自己成功之处时说:"大多数公司营销经理想的是争取新客户,但我们成功之处在于留住老客户,我们IBM为满足回头客,赴汤蹈火在所不辞。"通过这个例子我们可以看出IBM通过留住老客户吸引住了很多的回头客,所以获得了营销的成功。同时维护好现有客户还会获得正面的口碑效应,口碑效应在于:1个满意的客户会引发8笔潜在的生意,其中至少有1笔成交;1个不满意的客户至少会影响25个人的购买意向。由此可见,正面的口碑效应将吸引无数的潜在客户,这正是营销所需要的。

1.4 提升公司品牌

做过营销的人可能都知道,在与潜在客户沟通过程中,与现有客户的合作年限往往被列为评测依据,合作年限越长越能获得客户的信赖。这就说明了一个道理,维护好现有客户是提升公司品牌的关键。

② 维护客户关系的方法

2.1 一个中心

以客户需求为中心是营销的核心思想,即"帮客户买东西",而不是

"卖东西给客户"。还记得我们在本阶段"推销自己"章节中的老奶奶买橘子的故事吗？甲摊主没有做到以客户需求为中心，认为"包甜"的橘子一定是受人欢迎。乙摊主则认识到了这一点，认为会有人喜欢甜橘子，也会有人喜欢酸点的橘子。是的，实际客户的需求是多样的，正如故事中的老太太，一般人希望买到"包甜"的橘子，但她的需求是"酸点"的橘子，所以乙摊主成功地做成了生意。这个故事告诉我们，"以客户需求为中心"是指我们必须弄清楚客户到底需要的是什么，站在他们的立场去思考，并在此基础上推销（公司角度的话是设计并推销）适合客户的产品或服务，才能顺利促成销售。

在维护客户关系阶段，更需要我们"以客户需求为中心"。乙摊主通过老奶奶买"酸点"的橘子给儿媳妇吃猜到了需求的源头"儿媳妇怀孕了"并得到证实，从而发现了客户更多的需求"孕妇多吃富含维生素的水果好，苹果、香蕉都不错。"并且怀孕是一个持续较长时间的过程，而这位老奶奶是执行此需求的经办人，必须也要满足经办人个人的需求才能维护好客户关系，所以"大娘、天气热，送您一个梨子消消暑，欢迎下次再来啊"，从而得到了老奶奶的回应"好的，谢谢，一定常来"。从这个故事中我们可以看出乙摊主还是以客户需求为中心，通过不断挖掘客户的潜在需求，并满足客户本身和执行需求经办人的需求，从而维护好了客户关系。

2.2 2个基本方向

维护客户关系的过程一定是多维的。不是说我们的产品质量符合客户的要求，客户就一定会跟我们合作；也不是我们的服务提供得非常到位，客户就一定会跟我们合作；更不是我们跟客户的关系有多深入，客户就一定会跟我们合作，它是一个综合多维的过程，古人亦有云：成大事必须"天时""地利""人和"，所以说，维护客户关系到可持续发展，一定要将思维放宽，至少把握住以下两个基本方向。

2.2.1 满足硬需求

硬需求一般包括质量、价格、响应速度、付款条件等等。这些都是与客户开展合作的基本条件。很多时候，我们的竞争对手也能满意这些条件，那么我们要做到的是尽量比竞争对手更有优势地进入，同时在合作过程不断关注客户新的需求动向，提供没有最好只有更好的条件以不断满足客户的硬需求，追求客户关系的可持续发展。

2.2.2 满足软需求

前面讲到的硬需求实际上只能称之为必要条件，不能满足肯定不能跟客户合作，满足了也不一定能跟客户合作。因为在客户心目中还藏着一个更重要的需求——软需求。软需求是无形且多样化的，每个个体都不同，需要我们用敏锐的洞察力去发现。根据以往的经验来看，一般来说从客户单位本身角度来讲会关注的软需求有：是否能给单位带来品牌效应、是否能给予单位一定的优惠措施、是否值得培养为战略合作伙伴等等；从客户项目负责人角度来讲会关注的软需求有：是否对我足够尊重、是否对我的职业生涯有积极的作用等等。所以说我们要从这些角度去考虑并采取相应的解决方案，从而满足客户的这些软需求，追求客户关系的可持续发展。

同时满足了客户的硬需求和软需求，即基本上可称之为充分条件了，我们就可以骄傲地说这是我们的客户，我们有着深厚的合作关系。

2.3 三大法宝

有了明确的方向去维护客户关系，那么有什么方法去维护客户关系呢？客户关系既然是到了维护的阶段，基本上是属于已经签订过销售合同了，但是从事过营销工作的人员都知道，签订过销售合同并不代表已经建立了稳定的合作关系，甚至有着不会开展业务合作的情况发生，比如客户只是把我们作为一个备用供应商，当现有供应商不出现特殊情况时都不会启用或者是少业务份额的象征性使用，故事导读中的小张正是遇到了这样的情况。已签订的销售合同都不能称之为"万能票"，那么维护客户关系就显得格外重要了，下面我来简单介绍一下我以往采用过的方法，我称之为"三大法宝"，具体如下。

2.3.1 换位思考

曾经看到过一句话"让别人舒服的程度，决定你事业的高度"，它充分说明了换位思考的重要性，因为如果我们不换位思考，根本没有办法让人舒服。我们在营销的整个过程中都要记住"换位思考"，思考客户的需求、思考客户的心理、思考客户的难处、思考客户的潜在需求等等，然后从思考过的内容出发，结合我们自己想要的结果，再尽量地满足客户这些内容，就可以更快达到我们想要的效果。用这种方法维护的客户关系，是和谐和共赢的客户关系。

2.3.2 投其所好

投其所好的字面意思为迎合别人的喜好，运用到维护客户关系中，就是观察客户的喜好，比如穿衣类型、兴趣爱好、处事风格等等，然后让自己尽量培养这些喜好，培养得越接近，生活关系越深入，商务关系越稳固。

2.3.3 一如既往

在营销过程中，很多人也许都能认识到"换位思考"和"投其所好"的重要性，而且在建立客户关系阶段做得特别好，但是一旦建立了客户关系，就慢慢淡了，认为这些都不需要了。这是最不可取的，还不如没做过。客户会有很大的落差感，甚至反感，这会让前期的努力都付之东流，所以我们一定要牢牢记住四个字———一如既往。

还有一种情况是，即使因为某些客观原因跟客户没有持续合作成功，也要对客户具体负责人一如既往，因为我们需要的是跟客户真正的生活关系。生活关系在一定程度上是高于商务关系的，假设我们所在的是A公司，客户具体负责人所在的是B公司，商务关系只局限于A公司与B公司之间的关系，而生活关系则有更大的突破空间。比如客户具体负责人因为跟我们的生活关系深厚，转介绍了C公司、D公司，甚至更多公司，于是A公司与C公司、D公司等又纷纷建立了商务关系；又比如客户具体负责人由于主观或客观的原因离开B公司，而到了E公司工作，因为我们跟他（她）的生活关系深厚，A公司又与E公司建立了商务关系。所以说在这种情况下，一如既往是我们更加要坚持的。为了让这个法宝有效执行，我会协助我的团队根据客户的实际情况定下来每一个客户的拜访频率，有的是一周必须拜访一次，有的是一月必须拜访一次，特定时期频率更大或更小一些，总之是根据客户的实际综合要素，并用"客户跟进表"加以监控，以确保频率不偏离。

2.4 四大忌讳

不管是我前面跟大家推荐的"三大法宝"，还是大家自己总结的更加有效的维护客户关系的其他方法，最终的目的都是维护好客户关系，使客户关系稳固并持续。但无论是何种方法，到达目的地的路上都会有拦路虎，这就是我要跟大家介绍的"四大忌讳"。

2.4.1 言行失当

①语言表达不当

语言表达不当，是我们常会步入的误区。我曾经有过一个下属，他各方面的资质都非常不错，营销悟性也很高，但却得不到客户喜欢，成交的效率很低。为了弄清楚原因，我特意陪同他一同去拜访客户，才发现了问题所在：他说的话很多，也知道客户想要的是什么，但是就是表达不清楚，甚至表达后起到副作用。

举一个简单的例子，他想夸女生小王漂亮，随口便说："小王，变漂亮了哦！"原以为小王会高兴，谁知道小王脸一下就拉下来了："哦，难道我原来很丑吗？"为什么呢？因为她听到的潜台词是：我以前不漂亮，现在"变"漂亮了。这就是一个典型的语言表达不当的例子。实际上只需要换一个字就表达得当了："小王，更漂亮了哦。"她便会一脸笑容地回应："谢谢！"为什么呢？因为她听到的潜台词是：我以前很漂亮，现在"更"漂亮了。

上面例子只是语言表达不当例子中的九牛一毛，更可怕的是说的人很多情况下还意识不到。那么我们怎么去尽量杜绝呢？一是看到别人态度突然变差时想一想自己说过什么话，仔细分析别人可能听到的潜台词；二是常看一些关于谈话技巧方面的书籍，对照自己所说的话，总结不足之处。久而久之，就能逐渐减少因为语言表达不当造成的失误了。

②举止行为不当

举止行为不当一般也是在我们无意中发生的，大部分情况是举止行为与环境不匹配。比如，我们跟客户负责人A建立了深厚的关系，在私底称兄道弟没有问题，但是一到商务场合就要调整，因为负责人A并不想让大家知道我们的这层关系，尤其是在自己的上司面前。如果我们没有调整好，仍旧把私底下生活中的那一套，包括称呼、表情、动作都直接往商务场合一搬，那就大事不妙了。负责人A很可能就会"大义灭亲"，因为他不这样做，自己的职位就可能不稳了。所以我们要时刻注意这一点，做好各个场合的角色转换，同时也谅解对方因为场合不同所呈现的角色转换，记住，这样才能使彼此的关系越来越深入。

③缺乏团队精神

维护客户关系实际上靠个人的力量是不够的，作为营销人员做到与客户业务项目具体负责人关系深厚，虽然说这从建立业务关系的角度来讲非常重要，但是在维护客户关系阶段，业务项目具体负责人往往不是执行者或使用者，比如营销人员接触的客户业务项目具体负责人是采购部门的，而使用部门是生产部门，我们营销人员也不是具体的执行者或提供者（一般是由运营部门提供产品或服务），所以说在维护客户关系阶段，更多的接触会是客户的生产部门人员与我们的运营部门人员。

通过以上分析，作为营销人员，在维护客户关系阶段一定要具备团队精神，尽最大努力提供详细的客户信息给运营部门，让运营部门在与客户的合作过程中更加顺畅。同时遇到业务项目异常时，要主动担当协调者，切不可推卸责任，或只责怪他人，要以大局为重，提供切实可行的解决方案让业务项目继续进行才是最大目标。

2.4.2 趋炎附势

趋炎附势的意思为奉承和依附有权有势的人。这个词虽然不好听，但是却存在于很多人的行为当中，营销过程中更是，比如某一营销人员与A客户的某某高层有着很好的关系，便想做A客户的业务项目，但是依仗与某某高层关系好便不在乎与业务项目具体负责人的关系，最终没能获得业务项目；比如某一营销人员自认为与客户业务项目具体负责人的关系深厚，便不重视与其下属执行人员的关系，最终业务项目没能持续多久；比如因为业务项目具体负责人员职务调整，便将其放在一边，只关注现任业务项目具体负责人，最终失去了更大的业务项目……

举不胜举的例子告诉我们趋炎附势是不可取的，一是从道德上来说不是君子所为；二是它会是我们营销路上巨大的绊脚石，所以我们一定要杜绝，不能自食其果。

2.4.3　表里不一

表里不一在营销方面主要体现在当面一套，背后却是另一套。比如在A客户面前尊A客户为上宾，视为VIP客户，但在别的客户面前或许就把A客户说为只是小客户，不值一提。更有一些特别不应该的是会做一些人格上的诋毁，比如，有一营销人员碰到了一个特别聊得来的客户，酒过三巡后便大发感慨："还是您好啊，不像A客户负责人，一点都不好说话，跟他交流了很久都不搭理人，真是变态，不过最后还是被我拿下。"这样的例子还有很多，你也许感觉是在表扬和恭维现在面对的客户，而实际上客户并不见得会领情，甚至会在心里打一个问号：你是不是在别人面前也会这样说我？所以从此对你会更加提防，而且还可能告诉圈内人士。那么为什么会出现这样的状况呢？归根结底就一个原因，你不是真心真意对客户，只是为了做业务而跟客户建立"关系"，这样是做不好营销的。世间没有不透风的墙，好话不出门，坏话传千里，所以说我们所表现出的一切，迟早都会展现在当事人面前，久而久之，就丢失了在别人心目中的好印象，就像掉入了一个漩涡，越陷越深，无法自拔。

2.4.4　落井下石

落井下石比表里不一还要严重，它不是误区，它是错误，是道德的黑暗区，是我们万万不能触及的，无论是多大的利益诱惑。大家可能疑惑怎么在营销过程中还会有"落井下石"的阴暗面呢？确实会有，比如一家客户为了挤掉另一家竞争对手（恰好也是我们的客户）选择跟我们合作，并给我们很大的利益诱惑让我们做一些伤害他的另一家竞争对手的情况；比如我们所接触的业务项目具体负责人因为某些原因受到公司的排挤，有些营销人员怕失去客户，为了博得客户公司的好感，便也一起跟风挤兑业务项目具体负责人，甚至说一些夸大不符事实的话……这些都属于"落井下石"的行为，是我们必须杜绝的，特别是从事营销的人员。大家都知道，做营销，做的就是"个人品牌"+"公司品牌"，不要让品牌上有这样的污点。

第六章 处理客户异常情况

本章要点

- ◆ 何为客户异常情况
- ◆ 面对客户异常情况的心理
- ◆ 如何处理客户异常情况

导 读

"异常"带来的幸福

"是CC公司的小杨吗？我这里是JW公司，我公司近期有个物流招标项目，不知道你们公司有没有兴趣？"一大早，小杨就接到了JW公司打来的电话。

"有兴趣，有兴趣，当然有兴趣，您是？"

"哦，是这样的，我们张总叫我打电话给您的，他交代如果您有兴趣就来我公司一趟。"

"好的，您看我几点过去合适？"小杨简直不敢相信自己的耳朵，JW公司是知名的企业，他一直在通过各渠道寻找该公司的业务项目具体负责人的联系方式，这次竟然直接接到该司负责人的主动要约。

"我们张总上午十点至十点半有半小时可以安排。"

"好的，我会准时到，谢谢您。"小杨挂了电话，便拿上公文包往JW公司赶去。

小杨到了JW公司，前台把他带到了张总的办公室。

"张总，您好，我是CC公司的小杨，很高兴认识您。"小杨看到了笑容可搁的张总，礼貌地递上了自己的名片。

"请坐，请坐。"张总接过名片，示意小杨坐下后说："小杨，一定感觉到非常意外吧？"

"是的，真没想到您会主动约我，真是荣幸之至。"

"小伙子不错，怪不得DG公司的李总一直夸你。"

"DG公司李总……"小杨心里一怔，暗自发呆，"这下可不妙了，上周，DG公司的货因为公司装卸不妥当出现了货损，赔偿了五千多。虽然情况不算严重，但却是本月最严重的一次客户异常情况。JW公司张总如果知道这个情况，恐怕不会选择我们吧。"但他马上调整一下情绪说："哦……我……是这样的……"

"小杨，你是想说上周刚给他们货造成货损的事吧？"

"嗯。"小杨脸红了说，"都是我们装卸不力，所以给客户造成了损失。"

"小伙子，我就欣赏你这种态度，及时发现问题，主动承担责任。如果换作是别人，可能就直接出口到DG的客户那边了，那造成的损失将无法估量。"

"是的，我们作为物流公司，就是我们所服务客户的一分子，不仅要维护所服务客户的形象，还要杜绝所服务客户的一切风险。所以我在发现异常后第一时间跟DG进行了汇报，并采取了应急处理措施，最后对客户进行了赔偿。"

"嗯，就是你们这种精神打动了我，实不相瞒，我最近一直在物色好的物流供应商。我跟DG公司的李总是同学，昨天晚上一起喝酒，他给我推荐了你们公司，推荐了你。"

"谢谢你们的信任，我们将全力以赴提供更好的服务。"

"好，那我们现在就来谈谈我们公司的物流招标项目。"

……

故事中的小杨因为一次异常情况处理得当，赢得了客户的信任，甚至是获得了客户的转介绍，而且这个被转介绍来的客户还是小杨一直梦寐以求的。这突如其来的幸福让小杨更加自信，也更加坚信自己处理客户异常情况的态度和处理方式是对的。那么客户异常情况包括哪些呢？如何处理呢？下面的章节即是围绕这个问题展开的。

① 何谓客户异常情况

客户异常情况是指在与客户合作的过程中偏离正常轨道的情况。这种情况的发生对双方的合作有可能带来正面影响，也有可能带来负面影响，所以我们必须认真对待并正确处理。客户异常情况我归纳为以下四种。

1.1 客户表扬

客户表扬在与客户合作的过程中一般不常发生，因为客户习惯我们提供优质的服务和产品，除非是我们解决了超出客户预期的问题或创造了超出客户业务项目之外的价值。

1.2 客户投诉

客户投诉是我们最常见的一种客户异常情况，同时也是最值得我们关注和重视的一种异常情况，它涉及的内容可能是产品质量、可能是服务质量、也可能是其他，总之就是三个字——不满意。

1.3 客户人事变动

客户业务项目具体负责人的人事变动在业务合作过程中时有发生，而且也是极具杀伤力的一种客户异常情况，处理得好能稳定业务甚至获得更多业务，处理得不好可能减少业务份额，甚至终止合作关系。

1.4 客户平稳

客户平稳是我们最容易忽视的一种客户异常情况。它的状态是业务额稳定，无表扬、无投诉、无人事变动。在职场，有一种说法"稳即是不稳，不稳即是稳"，所以说客户平稳也属于一种客户异常情况，在后面内容中我们将详细分析。

② 面对客户异常情况的心理

当客户异常情况来临时，我们该以什么样的心理去面对呢？遇到客户表扬是欣喜吗？遇到客户投诉是沮丧吗？遇到客户平稳是安慰吗？遇到客户人事变动是焦虑吗？不，都不准确。我们应该保持的心理是淡定，准确判断异常情况产生的原因，然后根据真正原因采取不同的解决方案。机会往往蕴藏在异常情况中，淡然处理，收获无限。

③ 如何处理客户异常情况

3.1 客户表扬情况下

遇到客户表扬时，一定要第一时间判断：是真正表扬还是糖衣炮弹。这两种情况我们所采取的解决方案是不一样的。

3.1.1 真正表扬的情况

如果是真正的表扬，我们营销人员心里应该是有数的，即所谓的"事出有因"，在这种情况下，我们的表现应该是谦逊，并让客户感觉到更满意，同时应该抓住这个机会增进与客户的关系，并挖掘客户新的需求。

3.1.2 糖衣炮弹的情况

如果营销人员找不到被表扬的事情，而且客户说的理由又牵强，这个时候就要考虑是否是糖衣炮弹了。糖衣炮弹一般有两个方向：一是想从我们身上获取更大的利益，先投一个糖衣炮弹再提出自己的条件；二是用糖衣炮弹降低我们的警惕，实际上对方另有打算，所谓的"骄兵必败"。

无论糖衣炮弹是哪个方向，我们的表现都应该是谨慎，并变被动为主动：如果客户是想从我们身上获取更大的利益，我们要眼光敏锐，在客户提出之前主动提出来，这样的处理结果会更佳，当然是在综合考虑公司整体利益的前提下；如果客户是另有打算，就更加要谨慎了，要主动想尽一切办法消除客户的这种想法。

3.2 客户投诉情况

客户投诉是客户"不满意"的一种体现,这种异常情况是我们必须要重视的,因为一旦客户不满意就有可能减少业务份额或终止合作。因为这种客户异常是比较常发生的,所以我们重点分析一下如何处理。

3.2.1 快速响应

快速响应是指在知道了客户投诉后要马上做出响应,如果客户只进行了口头投诉,那么就要把它解决在口头投诉阶段,千万不要因为不知如何应对,迟迟不响应,让客户以为我们不重视,便发了很严肃的书面投诉文件;如果客户一开始就发了书面投诉文件,我们更加应该要积极响应,因为这种邮件一般都是抄送多个部门、多个级别的,我们如果不积极响应,纵使跟客户业务项目具体负责人关系再好,也很难挡得住多方面的势力,就很有可能发生我们不想要的结果。

说到这里,大家了解了快速响应的重要性,但是都会有一个困惑,涉及客户投诉的事情一般都不小,哪有那么容易就快速给出答复啊!没错,确实不容易。所以我们在这里用的是"快速响应"四个字,这里的响应不是指马上给出解决方案,而是指给出我们已经收到投诉文件非常重视并已安排项目小组进行分析、整理、制定解决方案的信息。

故事导读中的小杨面对客户异常情况,不光做到了快速响应,而且是做到了主动响应,所以获得了客户的信任,这是非常值得我们学习的。

3.2.2 积极处理

在快速响应之后一定要积极处理,切不可看到投诉文件就只顾追究哪个部门的责任并发生争吵,特别不应该的是追究与客户孰是孰非,而是应该积极面对、积极处理。以先解决异常问题即提供应急措施为第一目标,然后再积极分析异常过程、挖掘异常原因、制定解决方案以杜绝异常再次发生。故事导读中的CC公司正是因为对异常情况进行了积极的处理,将问题解决在当下,所以把客户的损失降到了最低。

3.2.3 紧密跟进

在处理异常的过程中,我们营销人员作为处理异常的主导人需紧密跟进整个过程。处理投诉异常的过程一般包括8个步骤，即8D。8D又称团队导向问题解决方法、8D问题求解法（8D Problem Solving），它是福特公司处理问题的一种方法，亦适用于制程能力指数低于其应有值时有关问题的解决，它提供了一套符合逻辑的解决问题的方法。它所包括的过程如下。

1. 成立改善小组（Form the Team）：由议题之相关人员组成，通常是跨功能性的，说明团队成员间的彼此分工方式或担任的责任与角色。

2. 描述问题（Describe the Problem）：将问题尽可能量化而清楚地表达，并能解决中长期的问题而不只是眼前的问题。

3. 实施及确认暂时性的对策（Contain the Problem）：确定解决D2立即而短期行动，避免问题扩大或持续恶化，包含清查库存、缩短PM时间、加派人力等。

4. 原因分析及验证真因（Identify the Root Cause）：发生 D2 问题的真正原因、说明分析方法、工具（品质工具）的应用。

5. 选定及确认长期改善行动效果（Formulate and Verify Corrective Actions）：拟订改善计划、列出可能解决方案、选定与执行长期对策、验证改善措施，清除D4发生的真正原因，通常以一个步骤一个步骤的方式说明长期改善的对策，可以应用专案计划甘特图（Gantt Chart）。

6. 改善问题并确认最终效果（Correct the Problem and Confirm the Effects）：执行 D5 后的结果与成效验证。

7. 预防再发生及标准化（Prevent the Problem）：确保 D4 问题不会再次发生的后续行动方案，如人员教育训练、改善案例分享（Fan out）、作业标准化、产出BKM、执行FCN、分享知识和经验等。

8. 恭贺小组及规划未来方向（Congratulate the Team）：若上述步骤完成后问题已改善，肯定改善小组的努力，并规划未来改善方向。

3.2.4 柳暗花明

危机中往往蕴含商机，人与人"不打不相识"的情谊往往是最深的，与客户间的合作关系也一样。处理客户投诉异常情况看似对合作不利，但如果处理得好，却只有正面影响。相对来说，客户更喜欢善于解决任何困难的合作伙伴，而且，在解决困难的过程中业务专业度将不断提升。所以说一定要妥善处理好投诉异常情况，转危为安、柳暗花明。故事导读中的小杨，就因为对客户异常情况处理得当，所以赢得了客户的信任并获得了客户的转介绍，这就是柳暗花明。

3.3 客户人事变动情况

客户业务项目具体负责人更换往往会让营销人员非常头痛，觉得好不容易建立的商务关系可能又要从零开始。但是当这种异常情况发生时，积极处理是必须的，而且一旦处理得好，还能对业务开展起到正面的作用。具体处理流程如下。

3.3.1 及时交接

当得知客户人事变动的异常信息时，一定要主动并及时进行交接拜访。正常情况下对于客户业务具体负责人变更，客户单位都会安排相应的交接拜访，但也不排除不安排。作为营销人员一定要提前做好最坏打算，即都要假设客户单位不会主动安排，所以一定要建立好与客户业务项目具体负责人的关系同时把握好拜访跟进频率，这样我们一般就能提前知道此异常信息而进行相应的准备，比如新的业务项目具体负责人的背景了解、交接拜访的时机安排、后期跟进方案调整等等。这样我们就能做到及时交接，应对有数。

3.3.2 培养新关系

针对新的业务项目具体负责人，我们要以最快速度培养新关系，具体方法可参考前面的"敲开客户的门""建立客户关系""维护客户关系"章节。

3.3.3 莫忘老关系

培养新关系我们都能做到，但是莫忘老关系很多人却会忽视，这是非常不应该的，相反我们应该付出更多的关心和关注。"冷庙烧烧香，自有贵人帮"，这句话是非常有道理的，真正的生活关系应该是卸下了任何职务头衔之后的单纯关系，这样的关系才持续长久。换一个角度来分析，营销的最大资源是人脉，老的客户业务项目具体负责人作为职业经理，一般还会活跃于同一个行业内，所以对我们开拓新的客户资源有很大帮助。

3.4 客户平稳情况

客户平稳是指业务额稳定、无表扬、无投诉、无人事变动，这种情况下很难被人们视为客户异常。而实际上这也是一种异常，为什么这样说呢？至少说明了以下几种情况。

①业务份额无提升。

②与客户具体负责人关系不温不火。

③客户单位对我们没有特别印象。

这三种情况都说明了一个问题：我们的营销工作没做到位。正常来说，我们跟一个客户建立了合作关系后一定要想办法维护关系得当，从而获得更多的业务份额，甚至获得客户的转介绍，这样不仅能增加业务份额，而且能获得客户忠诚。所以出现客户平稳的情况实际上说明我们的维护客户关系工作没有做到最好，跟客户只是保持了不温不火的关系。在这种情况下一旦出现投诉异常情况，竞争对手就可能乘虚而入替代我们。所以说客户平稳是一种有潜在危险的客户异常情况。

那么我们该如何处理这种异常情况呢？究其原因，只有通过我们营销人员做好客户关系维护工作，定期拜访，追求不稳中的稳，才能保证客户对我们关注有加并过渡到深度信任，天平的倾斜自然带来业务份额的不断上涨。

第七章　获得客户转介绍

本章要点

本章主要介绍获得客户转介绍的前提条件，这些条件一旦达到，客户转介绍就自然形成了。

- ◆ 保证质量
- ◆ 提升客户满意
- ◆ 客户角色转变
- ◆ 搭建交流平台

导　读

获得客户转介绍是营销成功的关键所在，因为光靠自己个人的精力去做营销，成交是有限的，而客户转介绍就像是细胞的裂变，无限扩张，很快就能织好一张无边的营销网。我们在买衣服时，卖衣服的老板娘总是会在我们买好衣服离开店时说："穿得好再来哦，介绍小姐妹过来买哦！"这就是典型的想获得客户转介绍的要约。我们在营销过程也一定要学会运用。除了这句非常有价值的说话技巧外，我们还应该做好以下几个方面，让客户主动提供转介绍。

① 保证质量

质量包括硬质量和软质量，硬质量即产品质量，软质量即服务质量。两种质量缺一不可，过分地侧重或忽视哪一种都是不可取的，正确的做法是要根据公司的性质和要求对两者进行均衡,具体如下。

1.1 产品质量

产品质量是指公司提供产品的物理质量,包括其外形和功能。一般都有相关的标准参数,如行业标准、客户标准、自我标准等等。在商业环境中,一般以客户标准为最低要求,是我们必须保证的,做到物有所值。如果是以技术为核心竞争力的企业,则相对侧重产品质量,一定要做到物超所值,才能一传十,十传百,受到更多客户的青睐。

1.2 服务质量

服务是指为促成易物交易而采取的相关活动,包括售前、售中、售后三个阶段,其质量的好坏标准为客户的感知。不同层次、不同需求的客户感知虽然看似相同的,但要求却大不相同,当然他们也会根据自己的要求付出相应的成本。如果是以服务为核心竞争力的企业,则相对侧重服务质量,一定要做到超出客户的感知期望,才能使其成为长期客户并获得其转介绍。目前是产品"同质化"的时代,服务质量就显得更为重要,所以无论是以技术为核心竞争力的企业还是以服务为核心竞争力的企业都应将重点放在提升服务质量上面。

② 提升客户满意

提升客户满意的有效途径是进行客户满意管理,什么是客户满意管理及如何进行客户满意管理详见如下。

2.1 客户满意管理的含义

客户满意管理也称顾客满意管理(简称CS管理,CS是顾客满意"Customer Satisfaction"的缩写)是一种追求顾客满意的管理活动,它将追求顾客满意的理念融入企业经营管理活动中的每一个环节,将顾客的需求作为企业进行产品开发或服务设计的源头,从顾客的利益出发考虑产品功能设计、价格设定、分销促销环节建立等问题,建立完善的售后服务系统为顾客提供支持。

既然是CS管理,那么CS的概念是什么呢?GB/T 19000-2000标准给出了定义:"顾客对其要求已被满足的程度的感受。"同时,该标准又给出了进一步的注释。

➤ 顾客抱怨是一种满意程度低的最常见的表达方式,但没有抱怨并不一定表明顾客很满意。

➤ 即使规定的顾客要求符合顾客的愿望并得到满足,也不一定确保顾客很满意。

从这个定义中知道,CS是一种感知,当这种感知(实际使用)低于期望(公司宣传)时,就会产生客户抱怨或不满,具体详见图7-1。

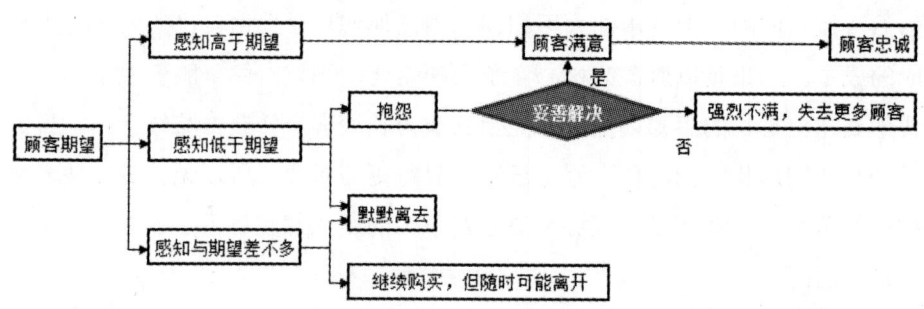

图7-1 顾客期望与顾客感知比较后的结果图

(资料来源:尤建新,陈强,鲍悦华. 顾客满意管理[M]. 北京师范大学出版社.2008)

2.2 客户满意管理的误区

客户满意管理的重要性是众所周知的,美国学者弗里德里克·里奇海尔的研究表明,重复购买的顾客在所有顾客中所占比例提高5%,企业的利润就会增加85%。美国拜恩咨询公司(BAIN)的调查研究也表明,顾客不履约率下降5%,公司利润率将上升25%-35%(根据行业不同而有所不同)。同时,该公司的调查研究还表明,开发一个顾客所花费的费用是保留住一个老顾客费用的6

倍左右。所以很多企业都把它当作企业事务的重中之重，因为它是企业营销工作更好开展的有力保障，但是却普遍存在着三大误区。

①客户仅限于外部客户，而忽视了内部客户。

②客户未抱怨就表明客户满意了。

③客户满意了就表明客户固化了。

2.3 如何进行客户满意管理

大家都能意识到客户满意的重要，也都会进行一般的客户满意管理，但是要想真正把客户满意管理做到一定的高度，则主要从以上所说的三大误区入手，一一解决。具体操作方法参考如下。

2.3.1 如何避免"客户仅限于外部客户，而忽视内部客户"误区

内部客户主要是指公司各部门所有员工，这是我们大家很容易忽视的，都认为只要服务好了外部客户就行了。当然服务好外部客户是我们的最终目的，因为有了外部客户，公司才有生意可做，才有可能赢利，赢利了才能保证员工的薪水及提供好的发展空间。但是服务好客户光靠一个人，甚至一个部门是不够的，需要各个部门通力合作才能服务好客户。作为营销人员，非常容易产生客户是我跑的我功劳最大，从而目空一切，不顾及同事的感受，影响了团结，甚至导致了同事的反感心理，在给客户提供服务时，同事把这种反感心理也传递出去，大大地降低了客户满意度。

通过上面的分析，我们知道了内部客户跟外部客户是息息相关的，所以我们绝对不能忽视，而要重视。作为营销人员，我们首先应该端正自己的态度，遇事不带情绪，哪怕是遇到客户投诉也不可斥责执行部门而要与他们共同协调解决问题；其次应该积极与其他各部门多沟通、多请教；最后多参加集体活动，增强凝聚力。通过这些行为，能够间接地提升客户满意，而且非常有成效。

2.3.2 如何避免"客户未抱怨就表明客户满意了"误区

客户未抱怨就满意了吗？非也。客户不总是满意的，未抱怨一般最主要是因为两个原因：一是积极方面原因：出现了小的异常情况，客户嫌投诉流程太麻烦或与供应商关系较好而未抱怨；二是消极方面原因：出现了小的异常情

况，暗自降低评分并考虑再寻找可替代供应商。无论是哪个原因的未抱怨，对我们都是不利的，第一种情况下，如果有竞争对手提供了更好的产品或服务，就有可能被替代；第二种情况下，客户会主动寻找可替代供应商。

通过上面的分析，我们知道了客户未抱怨也是值得我们警惕的，那么我们该如何避免这个误区的出现呢？主要是主动出击，比如我以前在工作就采取了双管齐下的方法：一种是把服务流程标准化（参考图样见图7-2），这样不会因为更换经办人员而导致服务有差别；一种是邀请客户填制"服务质量反馈表"（参考图样见图7-3），一般一个月一次。通过双管齐下的办法，我们能通过反馈情况不断提升自己的服务，客户也感觉他们非常受重视，所以客户满意度不断提升，获得了很多客户转介绍。我所说的方法只是其中的一种解决方式，仅供参考，并不代表所有情况都能适用，但是我想要跟大家分享的是一定不能忽视这个误区，根据企业自身的状况来避免这个误区，真正做到客户满意。

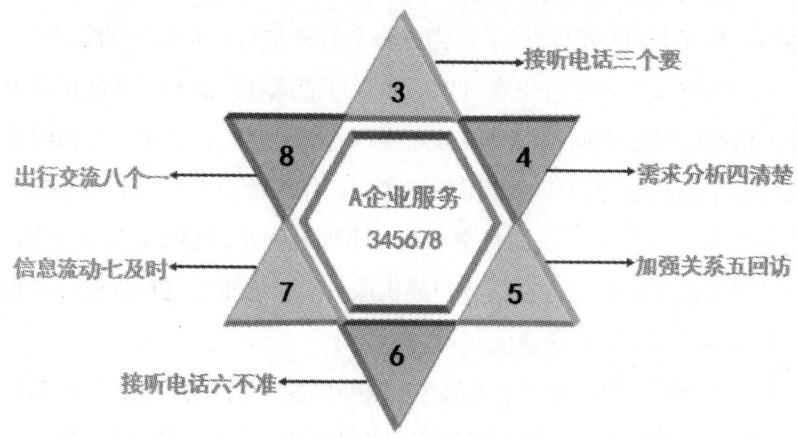

图7-2 服务标准化

客户名称			考核部门		考核人			考核月份	
考核项目	项目内容		总分值	评分标准				考核分值	说明
				优	良	中	差		
营销服务质量	信息反馈及时		10	9～10	6～8	3～5	1～2		
	报价按时处理		10	9～10	6～8	3～5	1～2		
	及时处理客户抱怨		10	9～10	6～8	3～5	1～2		
	准时核对费用并开具发档次		10	9～10	6～8	3～5	1～2		
	定期回访服务质量		10	9～10	6～8	3～5	1～2		

(续表)

客户名称			考核部门			考核人		考核月份	
运营服务质量	运输业务	按时并准确安排运输车辆	10	9~10	6~8	3~5	1~2		
		运营专员及驾驶员现场服务态度好	10	9~10	6~8	3~5	1~2		
		积极配合客户现场操作	10	9~10	6~8	3~5	1~2		
		运输途中无异常情况	10	9~10	6~8	3~5	1~2		
		异常情况处理快速有效	10	9~10	6~8	3~5	1~2		
		回单提供及时	10	9~10	6~8	3~5	1~2		
	仓储业务	按时并准确安排仓储服务	10	9~10	6~8	3~5	1~2		
		库存管理数据准确	10	9~10	6~8	3~5	1~2		
		半年过程中无异常情况	10	9~10	6~8	3~5	1~2		
		异常情况处理快速有效	10	9~10	6~8	3~5	1~2		
	国际业务	按时并准确办理进出口清关业务	10	9~10	6~8	3~5	1~2		
		国际业务数据准确	10	9~10	6~8	3~5	1~2		
		国际业务操作过程中无异常情况	10	9~10	6~8	3~5	1~2		
		异常情况处理快速有效	10	9~10	6~8	3~5	1~2		
重大异常情况说明									
客户建议									

图7-3 服务质量反馈表

2.3.3 如何避免"客户满意了就表明客户固化了"误区

客户满意了就表明客户固化了吗？非也。客户就算是满意了也只表示对已经发生的产品和服务满意，后面是否会满意他们自己也不清楚，因为未来的需要是不断升级和变化的。如果我们只认为客户对我们以往的产品和服务是满意的就不用担心客户流失，竞争对手就会乘虚而入提供高于我们的产品和服务，让客户倾向于他们，最严重的是导致客户流失，更别说获得客户转介绍。

通过上面的分析，我们知道了客户满意并不代表客户就固化了，那么我们该如何避免这种误区？主要从以下几个方面来入手：一方面要时刻关注客户所属行业的动态，带着创新思维去发现新需求，或给客户的现有需求升级，这样无形中给竞争对手筑下了很高的进入的壁垒，达到了客户固化的成效；另一方面要定期拜访客户业务项目具体负责人，这种定期拜访并不一定要带着某种目的，而是根据客户的实际情况设定拜访频率，前面的章节我们也介绍过的，看似闲聊，但这样不仅能增进与客户业务项目具体负责人的关系，而且能随时打听到客户新的需求和欲进入的竞争对手，以便采取相应的措施。通过这两个方面基本能避免这个误区，使客户真正固化，并获得客户的转介绍。

③ 客户角色转变

客户角色转变主要是针对客户业务项目具体负责人而言的。作为营销人员，客户业务项目具体负责人是提升客户满意的关键窗口，俗话说"客户是上帝"，我们不用把客户比喻成上帝，因为那样太虚幻，但至少应该做到"客户是朋友"，这就需要我们做到客户角色转变，主要从以下几个方面入手。

3.1 八小时外定律

有很多营销人员，一天工作非常繁忙，却成效很低，这是为什么呢？主要是因为他们把工作都定义在八小时工作时间内。其他岗位这样定义是合适的，营销岗位则不然，而要随时都是工作状态，"工作生活化，生活工作化"，客户什么时候需要我，我就什么时候出现。还有一个说法，你工作时间拜访客户，客户永远只把你们之间的关系定义为工作关系，这样关系就得不到深入，不利于业务开展，更别说客户满意了。所以作为营销人员，要善于利用八小时外的时间与客户多沟通，这样既不会影响客户工作，也能改变关系性质，增进客户关系。

3.2 你真的把客户当朋友了吗

我在一次营销案例分析会上问我的团队成员："你真的把客户当朋友了吗？"大家低头想了想，一半人回答说没有，一半人回答说有。然后我又问那一半回答了有的人:"你能知道客户的喜好吗?"于是又一半人回答说不知道,一半人回答说知道。然后我又问知道的那一半人:"客户碰到重要事情,无论是高兴的事还是不高兴的事,你有打电话问候过吗?"最后只剩下一个人说有,这个人就是我们团队的销售精英小王。

通过上面这个例子我们可以看出来,小王是因为真正把客户当朋友了,所以才成就了他的销售精英。所以作为营销人员的我们应该向小王学习,真正把客户当朋友。什么叫朋友?朋友是彼此心灵相通、嘘寒问暖,分享分担喜、怒、哀、乐的人。在客户心目中你是那个人吗?如果不是得赶紧调整,这样才能使你们的关系长青。

3.3 角色转变的方法

我们知道了把客户当成朋友的重要性,那么如何实现把"客户"角色变成"朋友"呢?上面我们讲过朋友是彼此心灵相通、嘘寒问暖,分享分担喜、怒、哀、乐的人。变成这种关系有如下两个最直观的方法。

3.3.1 提供帮助

作为营销人员,我们要时刻关注客户朋友有没有遇到什么困难,无论是工作上的还是生活上的困难,都要想尽一切办法去提供帮助。这个观念我相信大家都应该有的,但是有一个误区是很多忙我们可能帮不上于是不敢去问候,怕有负面影响。其实这是错误的,当客户朋友遇到困难时最希望有人在关心他们,不管能不能帮到他们。当然我们去问候的时候要真诚并表明一定想办法去解决,实在解决不了希望他们谅解。

3.3.2 寻求帮助

寻求客户朋友帮助,你有过吗?的确初一听来感觉不符合逻辑,因为作为营销人员按理应该处处想着帮助客户朋友才是。但是这才是客户角色转变的关键。你想一想,哪有朋友之间不是相互帮助的?所以说完全可以寻求客户朋友的帮助,这样他们才能真正把你当成朋友。寻求帮助也有一些窍门,一是刚开始时不要寻求超出客户朋友能力范围的事;二是得到帮助后要感恩并及时表示感谢;三是让寻求帮助成为一种习惯性动作,这样让客户朋友很有成就感。

角色转变让我们跟客户的关系有了实质性的变化，一旦成为朋友，通过自己的努力以及客户朋友的提示，客户满意必然提升，客户转介绍的概率也将大大提升。

④ 搭建交流平台

交流平台是指一群有着某些共同点的人在一个平台上交流，可以线上线下相结合，线上建立微信群、QQ群；线下成立交流俱乐部，在这个平台上，大家共同交流、共同成长。

作为营销人员可搭建这样的交流平台，以凝聚人气，并获得转介绍。

第八章 客户跟进管理

本章要点

◆ 为什么要做客户跟进管理
◆ 如何做好客户跟进管理

导　读

固执的小刘

林经理从烟盒里又拿出一支烟，点燃，缓慢走到窗户前，透过窗户玻璃看到刚从外面拜访客户回来的下属小刘，眉头锁得更紧了。

两个月前：

小刘是林经理业务团队的业务员，不得不说他是整个团队中最勤劳的一个，每天早出晚归，每次看到他都是汗流浃背、风尘仆仆。他拜访的客户数量也是最多的，但是奇怪的是成交率非常低。为找出其中的原因，林经理认真审查了一遍他的客户跟进表，发现小刘很多客户无客户跟进表，有客户跟进表的也很少如实登记。恍然大悟的林经理准备找小刘谈谈此事，下面是交流经过。

"小刘，到我办公室来一下。"

"好的，林经理，有事吗？"小刘仍旧是风尘仆仆，转头说："我还要出去拜访一下**客户。"

"先坐下再谈。"林经理示意小刘坐下后说，"我刚刚看了你的客户跟进表，发现你很少填制啊，有些客户甚至都没有。"

"哦，是这样的，我认为这些书面功夫没用，还是要跑，'跑'业务，'跑'

业务，业务不都是跑出来的吗？"小刘清了清嗓子说，"我就不相信以我的韧性，还跑不下来业务。"

林经理早就料到他会这样说，拍了拍他的肩膀说："是的，也许它并没有那么重要，但是事实是你现在客户的成交率非常低，离公司的要求差了一截，团队中其他的成员都完成得很好。"

"林经理，每个人有每个人的风格，您再给我段时间，我一定会跑出业务来的。"小刘仍旧固执地说。

"好吧，那就再给你两个月时间。如果再达不到公司要求，可能你就要被淘汰了。"

"好的。"

今天是两个月期限最后一天了，小刘仍旧没有达到公司要求，林经理看着他仍旧汗流浃背的身影，不得不再次拨通了小刘的内线电话……

客户跟进管理真的如故事导读中的小刘所认为的只是书面功夫没有用吗？且看下面章节中的详细分析。

① 为什么要做客户跟进管理

客户关系管理是大家熟知的，它的概念：客户关系管理（Customer relationship management 或简称 CRM），企业活动面向长期的客户关系，以求提升企业成功的管理方式，其目的之一是要协助企业管理销售循环：新客户的招徕、保留旧客户、提供客户服务及进一步提升企业和客户的关系，并运用市场营销工具，提供创新式的个性化的客户商谈和服务，辅以相应的信息系统或信息技术如数据挖掘和数据库营销来协调所有公司与顾客间在销售、营销以及服务上的交互。

那么客户跟进管理是什么呢？它属于客户关系管理的范畴但又更有针对性，实施者为营销人员，营销人员通过这种方式随时掌握自己所服务客户的详细情况，并根据此情况采取相应的营销对策。为了更有效地实施客户跟进管理，我这里推荐一下我常用的一种表格以供参考，详见表8-1。

表8-1 客户跟进表

客户区域			客户负责人	
公司名称			电话	
			传真	
地　　址			公司性质	
建立时间			投产时间	
规模及实力状况			品牌状况	
经营状况			财务状况信息	
重要联系人		联系方式	职位	采购权力约占比例（　　%）
主供产品种类		各占比例（　%）	主供产品种类	各占比例（　%）
主供产品产量		吨	主供产品产量	吨
主供产品名称		前年/去年/今年	主供产品名称	前年/去年/今年
几个友商公司名称		各占比例（　%）	几个友商公司名称	各占比例（　%）
我公司可供产品名称		预计量	我公司可供产品名称	预计量
竞争特点				
信誉度信息				
供应商付款情况				
供应商验证				
设备情况				
组织结构				
决策机制				
其他重要信息				
跟进情况	跟进日期	跟进情况		

填写说明：1. 根据客户信息如实填写。

2. 实时更新，并与周报一起提交。

从表8-1中我们可以看出，客户跟进表的内容非常丰富，很多人会觉得填制起来非常麻烦，大家也可以进行简化或填制部分内容，但是必须包括以下几部分内容：①客户基本情况；②客户已有供应商（跟自己公司提供一样的产品）情况；③客户跟进情况。

填制得越详细，越有利于业务的开展，它具有以下作用。

①提升自我绩效

提升自我绩效体现在：当我们根据每个客户的实际情况确定好了跟进频率后，我们可以在客户跟进情况中进行填制，通过填制的内容，我们可以检查自己的执行情况，随时进行纠正，从而达到提升自我绩效的效果。

②提高客户满意

提高客户满意体现在：当我们按照所制定的跟进频率对客户进行跟进后，每一个时间节点都没有落下，每一个时间节点如何进行跟进的都记录在表，每一个时间节点客户如何反应都记录在表，日积月累，客户满意自然而然就能得到很大的提升。

③稳固客户关系

稳固客户关系体现在：当客户满意度越来越高时，客户的忠诚度也随之提升，从而达到了稳固客户关系的效果。

从以上分析中，我们可以看出客户跟进管理对于营销人员来说非常重要，所以我把它定义为营销人员成长之道的三个关键点之一，另外两个关键点为报价学问、货款管理，在后面的章节中将一一跟大家进行探讨。

② 如何做好客户跟进管理

2.1 整理客户类别

ABC分类法是由意大利经济学家维尔弗雷多·帕累托首创的，是指将库存物资按照重要程度分为特别重要库存（A类物资）、一般重要物资（B类物资）和不重要物资（C类物资）三个等级，根据不同类型的物资进行分类管理和控制的方法。

同样ABC分类法也可运用到我们营销领域中，比如我们在对客户进行分析和管理时，可以根据客户的购买数量将客户分成A类客户、B类客户和C类客户。由于A类客户数量较少，购买量却占公司产品销售量的80%，我们一般会为A类客户建立专门的档案着重管理，提高跟进频率、增加跟进时间，并实时提供相应的增值服务等；而对数量众多，但购买量很小，分布分散的C类客户则只需采取一般的跟进管理，但不能让客户感觉到我们对其不重视，因为C类也有可能转为B类，甚至A类客户的；对于中间段的数量中等、购买量中等的B类客户则进行正常跟进管理即可。

2.2 确定跟进频率

跟进频率的确定是基于客户分类进行的。针对A类客户，跟进频率应该相对较高，一周至少安排一次，甚至几次，具体根据实际情况而定；针对B类客户，跟进频率应保持正常，一月至少安排两次，具体根据实际情况而定；针对C类客户，跟进频率应相对较低，一月安排一次即可，具体根据实际情况而定。

2.3 安排跟进时间

跟进时间包括大范围的时间，例如是工作时间还是生活时间；还包括小范围的时间，例如是简短会面还是促膝长谈。跟进时间的安排取决于自身时间与客户时间两大因素。其中以客户时间为主要因素：有的客户喜欢工作时间安排会面，有的客户喜欢生活时间安排会面；有的客户喜欢简短的会面，有的客户喜欢正式的会面。所以我们要根据这些因素再结合自身的时间来进行安排。

2.4 制定跟进表格

跟进表格可以根据自己的喜好、便利进行设计，只要达到效果即可。前面表8-1中即为我以前常用的一种表格，可供参考。

表格以EXCEL制作，跟进情况中可以进行无限制添加行数，我们可以根据自己的跟进情况如实进行填写更新，以便于自己对整个跟进情况的了解。

2.5 监督跟进效果

跟进效果的监督也采取表格填制的方式，在表格中去分析自己有没有根据拟定好的频率、时间去执行，如有偏离，原因是什么，并进行及时调整。

跟进效果的监督主体为自身及上司，其中以自身为主。为什么以自身监督为主呢？其一，自身对自身所负责的客户最为了解，能根据实际情况调整频率及时间；其二，上司的时间有限，面对的不止一个人，而是一群人，很多时候不能详细分析，所以本着业绩提升的最终目的，自身做好监督才是关键。

2.6 客户跟进管理示例参考

客户跟进管理示例参考（表8-2、表8-3、表8-4、表8-5、表8-6）。

第一步：整理客户类别

表8-2 客户类别表

客户名称	客户类别	跟进频率	跟进时间
A客户	C		
B客户	A		
C客户	B		
……	……		

第二步：确定跟进频率

表8-3 客户跟进频率表

客户名称	客户类别	跟进频率	跟进时间
A客户	C	一月拜访一次	
B客户	A	一周拜访一次	
C客户	B	一月拜访二次	
……	……	……	

第三步：安排跟进时间

表8-4　客户跟进时间表

客户名称	客户类别	跟进频率	跟进时间
A客户	C	一月拜访一次	工作时间会面为主，客户具体项目负责人偏好简短拜访
B客户	A	一周拜访一次	生活时间会面为主，客户具体项目负责人喜欢球类运动
C客户	B	一月拜访二次	生活时间会面为主，客户具体项目负责人喜欢钓鱼
……	……	……	……

第四步：制定跟进表格

表8-5　客户跟进表

跟进情况	跟进日期	跟进情况

第五步：监督跟进效果

表8-5　客户跟进效果表

		跟进日期	跟进情况
A客户	跟进情况	……	……
		2015-6-12	拜访××主管
		2015-7-17	拜访××主管，聊××项目事宜
		……	……
	监督情况	无偏离	

B客户	跟进情况	跟进日期	跟进情况
		……	……
		2015-7-5	与××经理打球
		2015-7-19	与××经理打球
		……	……
	监督情况	7月19日偏离：为何隔了两周？分析：××经理上周末出差，其他无异常	

C客户	跟进情况	跟进日期	跟进情况
		……	……
		2015-6-20	陪××课长钓鱼
		2015-7-18	陪××课长钓鱼
		……	……
	监督情况	7月18日偏离：为何隔了一月？分析：××课长拒绝，说已有约。可能存在异常，所约之人是否为竞争对手？需立即启动应急措施，创造机会沟通，挽回不利局面	

第九章　报价学问

本章要点

- ◆ 报价的概念
- ◆ 报价的误区
- ◆ 报价的技巧
- ◆ 报价的境界

导　读

丢单的困惑

"气死我了，单子又被B公司（同行）抢去了。"小王在办公室里发着牢骚："不知道怎么搞的，他们每次都比我们报价优惠一点。"

上司张经理见状便招手示意小王到自己办公室。

"来，喝杯茶消消气。"张经理缓缓地倒了一杯茶递给小王。

"老张，您是不知道，B公司也不知道施了什么法术，每次报价都能比咱优惠，让我连失了几个客户。气死我了，真气死我了。"

"别急，慢慢讲。"张经理拍了拍小王的肩膀说，"来，跟我说说你的报价过程，我来替你分析分析。"

"是这样的，上周二F公司来电询问**产品的价格，要求我们上周五下班前给出答复。我一听是非常兴奋啊，F公司我跟了很久，**产品的用量也非常大，况且我公司**产品价格也较有优势。于是我根据公司要求的底线价格立马给报了过去。心想怎么也要占到这个先机。可是刚刚打电话询问，他们回复我说价格没优势，已经确定用B公司的产品了。你说咱们公司**产品价格明显在市场是非常有优势的，B公司怎么可能还会比我们优惠呢？"小王如竹桶倒豆子般说了一通。

"原来如此，你同时步入了报价的两个误区：误区一：报价越低越好；误区二：报价越快越好。B公司的报价也未必真正就报得比我们优惠。"张经理喝了一口茶说。

"哦，为什么呢？"

"……"

"哦，原来是这样，吃一堑长一智，看来我以后要注意了。谢谢张经理指点。"

"不用客气的，咱们是一个团队，其实报价的学问还有很多，改天我再跟你仔细交流。你先去忙吧。"

小王怒气消了一半，一边回办公室一边暗自念叨着："原来报价还有那么大的学问。"

是的，报价的学问非常大。下面的章节中我们一起来探索一下其中的学问。

① 报价的概念

报价是指卖方通过考虑自己产品的成本，利润、市场竞争力等因素，公开向客户报出的可行价格。价格标准有一定的区间，但很少有一个准确的数额，工业品销售以及大批量的消费品销售一般都根据客户的不同要求给出不同的价格。价格的传递者一般为营销人员，制定者一般为公司指定的团队或个人，但是遇到紧急报价，营销人员就成了制定者，实事上规模小点的企业，营销人员就是价格的制定者（当然价格必须在公司制定的区间范围内），所以如何报价就成为营销人员必须掌握的技能。价格低了，公司利润没法确保；价格高了，客户又不一定会合作。那么如何报出合适的价格呢？下面我们就来分析一下报价的误区和技巧。

② 报价的误区

2.1 越低越好

很多营销人员认为给客户的报价越低越好，认为这样能提高客户的成交率。其实这是一个误区，原因如下。

①报价越低，给人的第一感觉并不是"物美价廉"，而只有"物廉"，这非常不利于公司品牌的建立。

②报价越低，客户的谈判空间就越少，谈判空间少，客户的成就感就越低，不利于交易的达成。

③报价越低，自己的谈判空间就越少，很容易就跌破底线无回旋的余地，不利于交易的达成。

2.2 越快越好

报价越快越好也是很多营销人员报价的一个误区，他们认为一定要抢得先机才能更早获得客户的认可。这也许是一种可能性，客户会认为你报价报得早很有积极性，有一定的好感，但并不代表在交易中获得优势，反而隐患更大。具体隐患如下：

①报价越快，留给自己核算价格的时间就少，有可能因为核算不准确而反悔，反而影响公司信誉；

②报价越快，自己的价格底牌就亮得越早，如果客户业务项目具体负责人跟竞争对手的关系更紧密，就有可能将我们的价格透露给他们，这样的情况下，我们与客户达成交易的概率几乎为零。

3 报价的技巧

3.1 设定底线

底线价格是指一个公司能提供的并达到它的利润目标的、最低的可接受价格，一般由公司战略层制定。营销人员一定要守住此底线价格，同时为了建立个人品牌，还要设定自己的底线价格。营销人员定的底线价格可以比公司的底线价格略高，这样可以留给客户讲价的空间更大，客户业务项目具体负责人将更有成就感，同时觉得我们个人的诚意更多，有利于成交，但是得注意只能比公司定的底线略高；特殊情况下，营销人员定的底线价格也可以比公司的底线价格略低，这样留给客户的诚意更多，成交的概率也更高，但是值得注意的是这个底线价格必须跟公司提出申请，这种报价就是我们所谓的战略报价，以与客户建立合作关系为首要任务。

3.2 伺机而报

有了价格底线之后并不能急于报价，而要寻找合适的时间伺机而报。对于有正式项目的报价：具体项目运作之前，我们只能报参考价，不可作正式报价；具体项目运作之时，客户会限定相应的时间区间，我们应该在这个区间内报，但不宜报得靠前，宜靠后，一为避免价格外泄，二为考虑时间长更准确；具体项目运作之后，如果客户要求二次报价则可报，没有要求一般不会再次报价。对于零散报价则根据客户具体负责人的心情伺机而报。

3.3 重视试探

试探性报价是我们营销人员必须掌握的，对于不太熟悉的客户，我们可提出一个跟行情价格相差不大的价格，再观察其表情来判断报价的高低；对于熟悉的客户，我们可直接进行试探询问，比如："*经理，您看这次我们报**元如何？"如果关系深厚，他会提出相应的建议，我们再根据其建议来报价成交的概率就更高了；对于完全陌生的客户，我们可以采取报价单试探的方式来进行试探，比如我们在报价单中备注一句话"此报价仅供参考，具体运作时另行报价"。这种情况下客户都会有所反应，我们可根据其反应来判断报价高低。

3.4 报价严谨

报价一定要严谨，单位、账期、付款方式等都是我们考虑报价高低与否的因素，所以要特别注意，不要搬了石头砸到自己的脚。比如我们报一样产品，报的价格是每公斤30元，而这个价格是在现金支付的前提条件下的，但是我们没有注意，习惯性打成了月结30天账期，甚至忘记了打账期，将会非常被动，甚至给公司造成损失；再比如我们报一样产品，明明价格每件50元（账期月结30天）可做，我们却不小心报成了现金支付，让客户认为价格不具备优势，丧失了成交的机会。还有一种情况，如果我们销售的产品价格波动较大，比如某些化工产品随着石油价格的波动而波动、运输费用也随着石油价格的波动而波动等等，这种情况下我们更应该报价严谨，在报价单中要体现"本产品随着石油价格的波动而波动"等类似字样，以便于随时调整价格。

④ 报价的境界

4.1 低境界——见人就报

前面我们介绍过了报价"越快越好、越低越好"是误区，"见人就报"则是大忌。初入行的营销人员，只要一听到有人询价眼睛就发亮，认为机会来了一定不能错过，于是兴致勃勃地立刻报价，但是基本上都石沉大海。这是为什么呢？原因如下。

①没有弄清楚别人询价的意图，询价的意图因人而异，有的是客户进行市场调查，有的是同行进行价格试探，总之必须先弄清楚意图再作是否报价决定。

②即便别人询价意图正常，是真实的客户业务项目具体负责人在进行询

价，我们见人就报也是不负责任的，因为会显得太过草率，让人觉得无信任感，总之必须先弄清楚对方的需求，包括公司需求及其个人需求再进行报价为妥。

4.2 中境界——跟人而报

熟练的营销人员知道盲目自行报价一般成功的概率很低，所以都会想办法找到客户业务项目具体负责人进行攻关并套取同行价格说："*经理，反正我们比A公司（同行）报的低**元，您看呢？"这种报价方法成功的概率相对比较高，因为价格会比较有优势。

4.3 高境界——几乎不报

优秀的营销人员在面对询价要求时，往往采取"几乎不报"的形式，什么叫"几乎不报"？那就是自己不提供报价数额，而让客户业务项目具体负责人自己帮忙做决定。当然达到这种炉火纯青的地步必须有个前提条件是跟这个业务项目具体负责人的关系非常好，前面章节中我们介绍了很多方法和技巧来建立、维护客户关系，这些都是优秀营销人员必备的技能。"几乎不报"在现实中常常体现的话为："兄弟，你看咱们这个产品底价是××元，如何报价你老兄说了算，咱们利益共享、共同进步。"这时候对方自然会明白你的意思，主动给出一个参考价格，既满足了公司需求，又满足了个人需求，最终完美成交。"不战而胜"是战争的最高境界，"几乎不报"的报价也相当于"不战而胜"，所以不愧为报价的最高境界。

第十章 货款管理

本章要点

◆ 货款管理的概念
◆ 货款管理所包含的内容
◆ 货款管理的误区
◆ 货款管理的方法

导　读

司徒的绝招

司徒是西南地区一家很大的饲料公司的销售人员，辖区中有很多养殖场，95%是私营企业，货款回收一直是个棘手的问题。好又多养殖场的老板姓孙，是2007年司徒新发展的客户。孙老板在该县是大户，有些势力。2008年1月司徒来到孙老板的公司催收10万元的欠款。按照以往的经验，司徒判断这笔拖欠时间不长的货款不可能一次收回，这是行业现状。他给自己定的目标是5万元，但告诫自己到时不要先开口提金额。

经过一阵寒暄后，司徒说明自己来收款的意图，尤其强调年底公司资金紧张，希望孙老板多多支持，付清全部货款。司徒深知"开价要高于期望价"的策略。

当孙老板清楚了司徒来要款的事实后，提出先还7万元。

"啊……"司徒情不自禁地发出这样的声音。其实司徒心里没有想到今天有这样的好运，孙老板这么一说，使他很有些意外。

片刻的宁静。

孙老板看看司徒，沉思了一会，说道："好吧，这次我付清全部欠款。"

货款催收是货款管理的内容之一，上面故事中的司徒可谓深谙催款之道，运用了"故作惊讶"的催款技巧成功催收了好又多养殖场的货款。作为营销人员，货款催收是家常便饭的事，但货款催收也是一门学问，下面就让我们共同来探讨学习一下。

① 货款管理的概念

货款管理是指为了促进销售货款的回收，确保销售货款的安全和及时结转公司财务处，保证公司正常生产经营资金的需要而对销售货款进行的管理。它是公司对营销人员绩效考核指标之一，是营销人员必须具备的技能。

② 货款管理所包含的内容

2.1 明确账期及支付方式

货款的账期及支付方式在合同订立之时就应该明确，而且由营销人员主导。实际上此工作在报价阶段就已经在进行，但随时可能调整，直到合同订立之时才完全确定。账期是指公司向客户供货后，直至客户付款的这段时间周期，分为现金方式、月结方式（月结天数不定）、信用证（一般信用证为45天）等等。支付方式有现金、电汇、票付等方式，外贸出口主要分为三种：信用证L/C（Letter of Credit）、电汇T/T（Telegraphic Transfer）、付款交单D/P（Document against Payment），其中L/C用得最多，T/T其次，D/P较少。

2.2 跟进货款支付情况

货款的支付情况，营销人员必须及时跟进。营销人员应对每个客户建立相应的支付档案，定期与财务部门进行核对，以确保跟进及时有效。

2.3 催收到期、逾期货款

账期已到或逾期的货款必须进行催收，以避免形成呆账、坏账。但是收款难是企业普遍遇到的问题，"求人不如求己"，与其寄希望于司法机关对赖账的处罚，不如自己努力学习一下催款的技巧，这也是营销人员必须要掌握的技巧之一，后面的章节中将详细介绍。

③ 货款管理的误区

3.1 账期及支付方式对价格的影响不大

初入行的营销人员由于对价格、账期、支付方式间的内在关系还不太了解，所以认为账期及支付方式对价格的影响不大，其实不然，详见以下示例表10-1：

表10-1 产品A定价方案

产品A定价方案			
方案	价格	账期	支付方式
A	1000元/个	无账期	现金
B	1200元/个	月结30天	电汇
C	1500元/个	月结60天	承兑
D	1400元/个	月结90天	电汇

注：数字为虚构，仅供参考

3.2 营销部门的客户支付档案是画蛇添足

很多营销人员认为制作客户支付档案应该是财务部门的事情，其实这也是一个误区。财务部门制作每个客户的支付档案自然是应该，但是作为营销人员也应该有自己的客户支付档案，哪怕这个档案是我们复制了财务部门的，为什么这么说呢？因为只有这样我们才能随时掌握每个客户收款的情况，对于支付时间上出现的异常也能很快地做出响应，以最大程度避免呆账、坏账的产生。

3.3 货款的催收会影响与客户的合作

很多营销人员不好意思催款，认为客户是上帝，找客户催款是让上帝为难的事情，可能会让客户指定的付款联系人员不高兴，从而影响正常的合作，这也是一个误区。其一，货款的产生是公司与公司之间的事情，是在公平合理原则下产生的交易，货发了，款收回是天经地义的事情。其二，你不催款，一般客户指定的付款联系人员是不会主动提出付款的，越积越多之后，反而因为怕你催款而选择从别处订货，这才真正影响了与客户的合作。其三，很多次的不好意思催之后，日积月累，从一个小数额累积成了一个大数额，你再去催，客户的支付压力就会大，公司给我们的催款压力也会大，两边压力一相遇就会导致双方情绪失控，很有可能出现不愉快的场面，对后期合作的影响就可想而知了。

④ 货款管理的方法

4.1 运用报价技巧控制账期及支付方式

在跟客户合作的过程中，经常会碰到客户的议价要求，这时作为营销人员的我们，就应该灵活运用报价技巧来控制账期及支付方式。以表9-1为例，当客户要求降价，而公司现金流又比较紧张的情况下，我们就推荐A方案；当客户要求延长账期，而公司资金情况又不错的情况下，我们就推荐B或D方案；当客户要求延长账期，而公司现金又充裕的情况下，我们就推荐C方案。具体推荐方式见表10-2：

表10-2　定价方案推荐表

产品A定价方案				推荐前提条件
方案	价格	账期	支付方式	
A	1000元/个	无账期	现金	当客户要求降价，而公司现金流又比较紧张的情况下
B	1200元/个	月结30天	电汇	当客户要求延长账期，而公司资金情况又不错的情况下
C	1500元/个	月结60天	承兑	当客户要求延长账期，而公司现金又充裕的情况下
D	1400元/个	月结90天	电汇	当客户要求延长账期，而公司资金情况又不错的情况下

注：数字为虚构，仅供参考

4.2　做好客户支付档案

前面我们介绍过了支付档案的重要性，在这里我们再探讨一下适用于营销人员的客户支付档案如何做。参考范本见表10-3。

表10-3　客户支付档案

客户名称	合同账期	评测指数	支付方式	应收账款（单位：元）	月平均营业额（单位：元）	实际指数	评测结果	备注
A	无账期	0	现金	0	10000	0	正常	
B	月结30天	1	电汇	156000	80000	1.95	异常	多拖欠了近一个月，需抓紧催收。
C	月结60天	2	电汇	570000	150000	3.8	异常	多拖欠了近两个月，需抓紧催收。
D	月结90天	3	电汇	600000	200000	3	正常	
……	……	……	……	……	……	……	……	……
……	……	……	……	……	……	……	……	……

备注：1. 月平均营业额计算方式：最近六个月的营业额除以6。

2. 实际指数计算方式：应收账款除以月平均营业额。

3. 评测结果用实际指数减去评测指数，所得之数等于0表示结果正常，等于其他任何数字都表示异常，一般情况下多几点就多拖欠了几个月货款。

4.3　货款催收的技巧

4.3.1　勤于核对

勤于核对是指要定期跟客户进行对账，一般至少一个月核对一次，有的营销人员嫌麻烦不能及时核对，想核对时又错过了客户对账期，这样无形中就增加了账期。所以，为了避免这种情况，营销人员一定要勤于核对货款，这样有如下几个好处：

①避免由于自身原因增加了账期。

②勤于核对也给客户形成了一定的心理压力，促进及时付款。

③核对好货款才能及时完善客户支付档案，有利于催款。

4.3.2 以礼相催

客户面对催款时难免会表现出不耐烦的状态，有时甚至会发火或恶言相向或嘲笑个人能力。作为营销人员的我们，无论面对什么样的情况都要有礼貌，记住我们只有一个目的，即收回货款。

4.3.3 天时地利人和

天时地利人和技巧是指去找客户收款时一定要选对时间、地点及人。地点一般是在工作场所更为合适，当采取特殊方法（比如想通过一些攻关手法通过客户业务项目具体负责人帮忙催款的时候）时则根据具体需要而定地点。时间点则以下午为主，切忌上午一开始上班就催款，因为一方面很多公司对一大早就"出财"比较忌讳，另一方面上午一开始上班是客户指定的付款联系人员工作精力最集中最忙的时间段不便于被人打扰；同时根据一周的工作时间段来看，周四、周五更适合催款，因为这时客户指定的付款联系人员的心情相对较好（因马上要迎来双休日）；还有一个时间段是比较合适的，那就是通过相关途径得知客户近日进了一大笔现金的三日内。选对人是指找到客户指定的付款联系人，一般就是业务项目具体负责人或财务人员，当指定的付款联系人不在时则需另行再约。时间、地点、人选择正确即达到了"天时地利人和"，用好了这个技巧能最大程度上提升催款的成功率。

4.3.4 巧妙施压

①从个人角度施压

从个人角度施压是指在催款过程中向客户指定付款联系人员表达自己的难处，以博得对方的同情，一般这样说："×经理，您好！按照合同的约定，贵公司的货款已拖欠两个月，金额×××元。如果此货款不收回，我的岗位就难保了，真的拜托您帮忙一下。"如果表达得情真意切，营销人员又跟对方的关系不错，这招会很奏效。

②从公司角度施压

从公司角度施压是指在催款过程中向客户指定付款联系人员表达公司的难处，以博得对方的理解，一般这样说："×经理，您好，按照合同的约定，贵公司的货款已拖欠两个月，金额×××元。根据公司内部规定，如果货款超过××期限未收回，仓管部将停止发货，直至货款正常为止。"如果我们的产品质量过硬、供应正常，这种情况下客户为了避免更大的损失（比如因为缺料生产线断线）就很快会妥协。

4.3.5 黑白配合

黑白配合是商务谈判中惯用的技巧，同样也适用于货款催收，因为它本身就是商务谈判中一种。黑白配合即软硬兼施，一个人扮白脸（软）一个人扮黑脸（硬），两人一唱一和来共同谈判。电视剧里也常会出现这样的场景：在审讯的开始，主事人会派自己的手下对犯人大声呵斥，拳打脚踢，威胁着再不从实招来就会殃及全家。等手下一番恐吓后，主事人反而会很和气地说："×××，你这样守着秘密又是何必呢？只要你说出来，就不用再受这牢狱之苦了。"犯人会感觉比较意外："看这主事人和和气气的样子，说不定还有一条生路呢。"在情绪的波动下，犯人可能会经历更强烈的思想挣扎，更可能透露秘密。在货款催收过程中我们也可以采取这种技巧，营销人员是黑脸，寸步不让催款，毫无商量余地；主管是白脸，给客户一定的台阶下，同意对方分阶段支付。实际上这个支付方案是事先商定好的，如果直接提出，客户不一定会接受，但运用这种黑白配合的技巧，接受的概率就会大得多。

4.3.6 故作惊讶

故作惊讶是指对客户提出的支付方案故意做出惊讶状态，以给对方造成强大的心理压力从而主动更改自己的支付方案。故作惊讶技巧常用于采购领域，比如当有销售人员向你推荐某产品时，采购的第一反应就是："这也太贵了吧！"然后摆出无兴趣的表情，销售人员求成心切马上就会说："您如果真想要，我是可以优惠点的。"在货款催收工作中也同样适用，开篇的故事导读中司徒即是采用了此技巧。

4.3.7 沟通良好

客户往往会提出各种借口来拒绝付款，营销人员应该具备识别各种借口的能力，支持有利原因，反驳无理借口，否则会轻易地被客户的无理借口打发走。例如，客户常常会这样回答："我们已经付款给你们了，支票已经寄出。"千万不要高兴，这可能只是一个借口。有经验的营销人员可能会这样应对："谢谢您。请您告诉我支票的号码和汇出的日期好吗？如果我们没有收到，我会再打电话给您。"营销人员应该具有很强的心理承受能力。很多情况下，收款实际上是债务人和债权人心理之间的较量。特别是遇到恶意欠款的人，营销人员往往会被对方的态度吓住，放弃了收款的努力。营销人员要保持不卑不亢的态度，要保持平静的心态，这样给债务人的压力反而比随意动怒要大得多。

4.3.8 维护关系

为了收回旧欠款，弄得彼此恩断义绝，这是商场大忌，绝非明智之举。俗话说"和气生财"，又说"人情留一线，日后好相见"。如果对方是公司持续往来的重点客户，催收时小心应对，务必要适时对客户情真意切地表达尊重、关心，不要单纯为了收回旧款而伤了彼此多年的商场情谊，因小失大。如果同意债务人提出的偿还方案，最好能够落实到书面上，电话过后，用传真的方式做进一步确认，同时继续追踪他的行动，直到对方完全偿还为止。善加维护与客户的商业合作关系，不但可以化解先前的种种不愉快，还能确保彼此间的友好合作。

第十一章　提升营销理论知识
（针对成长篇）

本章要点

- 认识营销的发展过程及发展原因
- 了解推式推销和拉式推销
- 重视自我营销
- 提高客户满意度

导　读

到了成长阶段，我们就该掌握更多的营销理论知识了，因为：其一，这时候的我们对营销有了一定的了解，不会觉得营销知识是空洞的，而且也能很好地理论结合实际去操作；其二，接触的人员层次也越来越高，层次越高，对我们自身素质的要求也越来越高了。下面我们就来看看处于成长阶段的我们，需要掌握哪些营销理论知识。

① 认识营销的发展过程及发展原因

1.1　4Ps

杰罗姆·麦卡锡（E. Jerome McCarthy）于1960年在其《基础营销》（Basic Marketing）一书中第一次将企业的营销要素归结四个基本策略的组合，即著名的"4Ps"理论：产品（Product）、价格（Price）、渠道（Place）、促销（Promotion），由于这四个词的英文字头都是P，再加上策略（Strategy），所以简称为"4Ps"。

1967年，菲利普·科特勒在其畅销书《营销管理：分析、规划与控制》（第一版）进一步确认了以4Ps为核心的营销组合方法，即：

产品（Product）：注重开发的功能，要求产品有独特的卖点，把产品的功能诉求放在第一位。

价格（Price）：根据不同的市场定位，制定不同的价格策略，产品的定价依据是企业的品牌战略，注重品牌的含金量。

分销（Place）：企业并不直接面对消费者，而是注重经销商的培育和销售网络的建立，企业与消费者的联系是通过分销商来进行的。

促销（Promotion）：企业注重销售行为的改变来刺激消费者，以短期的行为（如让利，买一送一，营销现场气氛等等）促成消费的增长，吸引其他品牌的消费者或导致提前消费来促进销售的增长。

1.2 4Cs

4Cs营销理论（The Marketing Theory of 4Cs），也称"4Cs营销理论"，是由美国营销专家劳特朋教授在1990年提出的，与传统营销的4Ps相对应的4Cs理论。它以消费者需求为导向，重新设定了市场营销组合的四个基本要素：即消费者（Consumer）、成本（Cost）、便利（Convenience）和沟通（Communication）。它强调企业首先应该把追求顾客满意放在第一位，其次是努力降低顾客的购买成本，然后要充分注意到顾客购买过程中的便利性，而不是从企业的角度来决定销售渠道策略，最后还应以消费者为中心实施有效的营销沟通。

1.3 7Ps

布姆斯（Booms）和比特纳（Bitner）将下面3个P增加到了原有的4P（产品、价格、促销、渠道）营销组合中，包括产品、价格、渠道、促销、人员、有形展示和服务过程等7个要素。

人员（People）：所有的人都直接或间接地被卷入某种服务的消费过程中，这是7P营销组合很重要的一个观点。知识工作者、白领雇员、管理人员以及部分消费者将额外的价值增加到了既有的社会总产品或服务的供给中，这部分价值往往非常显著。

过程（Process）：服务通过一定的程序、机制以及活动得以实现的过程（亦即消费者管理流程），是市场营销战略的一个关键要素。

物质环境（Physical Environment）：包括服务供给得以顺利传送的服务环境，有形商品承载和表达服务的能力，当前消费者的无形消费体验，以及向潜在顾客传递消费满足感的能力。

1.4 10Ps

10Ps是一个比较完整的营销管理理论框架。

考虑到除最具特色的目标集团之外的公众主张，科特勒（Kotler）于1986年提出了两个附加的P：政治权力（Political Power）和公共关系（Public Relation），认为除了给顾客和中间商（如代理商、分销商和经纪人）提供利益外，同样应包括政府、工会和可以阻碍企业进入某市场以获利的其他利益集团。政治权力是指为了进入和在目标市场上经营，向产业官员、立法人员和政府官僚们提出自己的主张，为了获得其他利益集团的预期反应和关注，运用审慎的院外活动和谈判技巧；公共关系则在于影响公众的观点，在公众心目中树立良好的产品和企业形象，这主要是通过大众性的沟通技术来实现。他进一步将加入此两个要素的营销称之为"大营销"，意思是说营销是在市场特征之上的，即不仅仅是要考虑市场环境因素，还要考虑政治和社会因素。营销者必须借助政治技巧和公共关系技巧，以便在全球市场上有效地开展工作。这即是我们所说的6Ps。

同时，随着对营销战略计划过程的重视，科特勒又提出了战略营销计划过程必须优先于战术营销组合（即4Ps）的制定，战略营销计划过程也可以用4P来表示。

(1) 探查（Probing）。Probing（探查或研究）是一个医学用语，本意是指医生对病人进行深入细致的彻底的检查。在营销学上，Probing实际上就是市场营销调研（Marketing Research），其含义是在市场营销观念的指导下，以满足消费者需求为中心，用科学的方法，系统地收集、记录、整理与分析有关市场营销的情报资料，比如市场由哪些人组成，市场是如何细分的，都需要些什么，竞争对手是谁以及怎样才能使竞争更有效等，从而提出解决问题的建议，确保营销活动顺利进行。市场营销调研是市场营销的出发点。"真正的市场营销人员所采取的第一个步骤，总是要进行市场营销调研"（科特勒，1986）。

(2) 分割（Partitioning）。实际上就是市场细分（Market Segmentation），其含义就是根据消费者需要的差异性，运用系统的方法，把整体市场划分为若干个消费者群的过程。每一个细分市场都是具有类似需求倾向的消费者构成的群体，因此，分属不同细分市场的消费者对同一产品的需求有着明显的差异，而属于同一细分市场的消费者的需求具有相似性。

(3) 优先（Prioritizing）。就是对目标市场的选择，即在市场细分的基础上，企业要进入的那部分市场，或要优先最大限度地满足的那部分消费者。企业资源的有限性和消费者需求的多样性决定了企业不能经营所有的产品并满足所有消费者的需求。任何企业只能根据自己的资源优势和消费者的需求，经营一定的产品，满足消费者的部分需要。

(4) 定位（Positioning）。即市场定位，其含义是根据竞争者在市场上所处的位置，针对消费者对产品的重视程度，强有力地塑造出本企业产品与众不同的、给人印象鲜明的个性或形象，从而使产品在市场上、企业在行业中确定适当的位置。

科特勒认为，只有在搞好战略营销计划的基础上，战术性营销组合的制定才能顺利进行。因此，为了更好地满足消费者的需要，并取得最佳的营销效益，营销人员必须精通产品（Product）、地点（Place）、价格（Price）和促销（Promotion）四种营销战术；为了做到这一点，营销人员必须事先做好探查（Probing）、分割（Partitioning）、优先（Prioritizing）和定位（Positioning）四种营销战略；同时还要求营销人员必须具备灵活运用公共关系（Public Relations）和政治权力（Politics Power）两种营销技巧的能力。这就是科特勒的10Ps理论。

1.5 4Rs

4R营销理论（The Marketing Theory of 4Rs）是由美国整合营销传播理论的鼻祖唐·舒尔茨（Don E. Schuhz）在4C营销理论的基础上提出的新营销理论（详见图8-5）。4R分别指代Relevance（关联）、Reaction（反应）、Relationship（关系）和Reward（回报）。该营销理论认为，随着市场的发展，企业需要从更高层次上以更有效的方式在企业与顾客之间建立起有别于传统的新型的主动性关系。

4Rs理论的营销四要素：

第一，关联（Relevancy），即认为企业与顾客是一个命运共同体。建立并发展与顾客之间的长期关系是企业经营的核心理念和最重要的内容。

第二，反映（Reaction），在相互影响的市场中，对经营者来说最现实的问题不在于如何控制、制定和实施计划，而在于如何站在顾客的角度及时地倾听和从推测性商业模式转移成为高度回应需求的商业模式。

第三，关系（Relation），在企业与客户的关系发生了本质性变化的市场环境中，抢占市场的关键已转变为与顾客建立长期而稳固的关系。与此相适应产生了5个转向：从一次性交易转向强调建立长期友好合作关系；从着眼于短期利益转向重视长期利益；从顾客被动适应企业单一销售转向顾客主动参与到生产过程中来；从相互的利益冲突转向共同的和谐发展；从管理营销组合转向管理企业与顾客的互动关系。

第四，回报（Reward），任何交易与合作关系的巩固和发展，都是经济利益问题。因此，一定的合理回报既是正确处理营销活动中各种矛盾的出发点，也是营销的落脚点。

4Rs营销的特点：

（1）4R营销以竞争为导向，在新的层次上提出了营销新思路

根据市场日趋激烈的竞争形势，4R营销着眼于企业与顾客建立互动与双

赢的关系，不仅积极地满足顾客的需求，而且主动地创造需求，通过关联、关系、反应等形式建立与它独特的关系，把企业与顾客联系在一起，形成了独特竞争优势。

（2）4R营销真正体现并落实了关系营销的思想

4R营销提出了如何建立关系、长期拥有客户、保证长期利益的具体操作方式，这是关系营销史上的一个很大的进步。

（3）4R营销是实现互动与双赢的保证

4R营销的反应机制为建立企业与顾客关联、互动与双赢的关系提供了基础和保证，同时也延伸和升华了营销便利性。

（4）4R营销的回报使企业兼顾到成本和双赢两方面的内容

为了追求利润，企业必然实施低成本战略，充分考虑顾客愿意支付的成本，实现成本的最小化，并在此基础上获得更多的顾客份额，形成规模效益。这样一来，企业为顾客提供的产品和追求回报就会最终融合，相互促进，从而达到双赢的目的。

② 推式推销和拉式推销

2.1 推式推销

推式推销是指生产者将产品积极推到批发商手中，批发商又积极地将产品推到零售商，零售商又积极地将产品推向客户的一种推销方式。营销人员对于生产者、批发商或零售商都是以积极的方式向客户推销，用通俗的语言来解释就是"卖东西给客户"。

2.2 拉式推销

拉式推销是指为了吸引客户购买某种产品，厂商根据客户的需求生产好产品并利用广告宣传提高知名度，引起消费者对品牌的忠诚性，使消费者自主性地购买某种产品的一种推销方式。营销人员更多表现为传递产品价值和品牌价值，吸引客户购买，用通俗的语言来解释就是"帮客户买东西"。

2.3 推式推销和拉式推销的区别

推式推销和拉式推销各有利弊，外在表现为推式推销见效速度要快一点，而且适应的行业范围广，但是拉式推销却更具有营销观念，它把重点放在了前期的工作，通过调查客户需求来生产合适的产品，并注重价值的传递，这是"营"，价值传递的方式即为"销"。所以说拉式推销相对来讲会更有生命力，因为这种方式下成交的客户忠诚度高，但是由于前期工作比较多，所以见效速度慢。所以营销人员可以根据自己及自己所在公司的情况选择合适的推销方式。

3 重视自我营销

3.1 自我营销的概念

公司营销是为了建立公司品牌，个人营销是为了建立个人品牌。这两者相辅相成，当一个公司里的人员自我营销都做得很好时，那么这个公司的公司营销一定也是非常卓越的。比如任正非与他的团队人员、马云与他的团队人员、董明珠与她的团队人员、程维和他的团队人员等等，这些人都非常注重自我营销，所以才有了今天的华为、阿里巴巴、格力、滴滴。所以自我营销的概念可归纳为以自身个体为出发点，在个人成长过程中，完成自我定位、设计发展规划、形成核心竞争力，最终建立个人品牌，从而实现自己价值的一种营销方式。

3.2 营销人员自我营销的重要性

对于营销人员而言，自我营销更显得尤为重要，在成功推销产品或服务之前，一定要确保成功地推销自己，我想这就是自我营销逐渐被大家重视的原因之一。在本书第二部分第二章《推销自己》中我们详细介绍了在推销产品前如何先推销自己，这只是自我营销中的一小部分内容，自我营销更注重自我提升，而不是仅仅凭借销售技巧将自己推销出去。营销的目的就是让销售成为多余，正因如此，自我营销的目标就是塑造出一个有核心竞争力、有正能量、有独特社会需求的自己。

3.3 自我营销的过程

自我营销是一个日积月累、厚积薄发的过程，主要体现在以下几个步骤：

（1）个人品牌定位

个人品牌的定位其实从我们呱呱落地时就开始了，父母为了让我们成为他们的骄傲往往会给我们取一个有特殊意义的名字。比如本人的名字"龙凤铭"，父母希望我成为人中龙凤，并且让人铭记于心。确实是产生了一些效应的，每到一个陌生的环境，我的名字总会引来别人的关注，从此我也为了不愧对这个名字而努力。还记得三国时的诸葛亮和庞统吗？他们自号"卧龙"与"凤雏"，并传颂"卧龙，凤雏，得一可安天下。"于是乎有了三顾茅庐。可见个人品牌的定位是非常重要的，作家有笔名，明星有艺名，也都是因为如此。所以我们不妨也给自己一个个人品牌定位。

（2）个人品牌提升

明确自己的定位后，一定要强化"个人品牌"的内功修炼，内功修炼来自"学习力"的提高。学习一般分为书本学习和实践学习，如果定位要成为某个领域的专家，则需精读此领域的书籍，并将书中所悟与自己的实际工作相结合以达到实践学习的目的。学习力被称为人的第一竞争力，可想而知它在个人品牌建立中的举足轻重的地位。

（3）个人品牌宣传

作为营销人员，要有很强的自我推销能力，善于在不同的场合、人群进行自我推销。自我推销方式详见本书第二部分第二章《推销自己》。与此同时还可以通过撰文、个人网站、人脉转介绍、演讲等方式进行自我"促销"，扩大自己的影响面，推动"个人品牌"的发展，灵活运用"推"、"拉"等方式进行自我"促销"宣传，扩大自己的知名度。细数现今卓越的企业家，如王石、任正非、牛根生、乔布斯、张瑞敏等等，哪一个没有一本属于自己的书？这只是其中一种宣传方式，我们可以根据自身情况选择适合自己的方式。

（4）个人品牌实现

如何更好地实现个人品牌，即在寻求自我定位和建立"个人品牌"的过程的同时要做好职业生涯规划，职业生涯规划是指组织或者个人把个人发展与组织发展相结合，对决定个人职业生涯的个人因素、组织因素和社会因素等进行分析，制定个人在事业发展上的战略设想与计划安排。在良好的职业规划过程中保持清晰的个人品牌定位，是塑造成功人生的基础！记住一句话"个人的发展离不开组织"，所以一定要把个人的职业规划与所在平台的实际情况相结合，才能更有成效。

④ 提高客户满意度

满意是指一个人通过对一种产品或服务的可感知的效果（或结果）与他或她的期望值相比较后，所形成的愉悦或失望的感觉状态。而顾客不总是满意的，因为我们的竞争对手都在想尽一切办法提高顾客满意度，所以当客户的满意达不到他们心里的期望值时，只要是不如竞争对手所提供的满意，那么我们就很可能被替代。即使不被代替，也会受到各种各样的阻碍和限制。

但是我们最大的误区是不能正确识别自己的客户，那究竟哪些是我们的客户呢？商场上的客户是我们的客户，因为我们只有提升了他们的满意度才能得到更多的订单；老板也是我们的客户，我们只有提高了他的满意度才有可能得到晋升；同事也是我们的客户，我们只有提高了他们的满意度才能团结一致，共同进取；朋友、亲人也是我们的客户，我们只有提高了他们的满意度才能和谐共处，相互关照；我们自己本身也是我们的客户，我们只有提高了自己的满意度才能真正得到提升，从而体现出自己的价值。

当我们知道了哪些是我们的客户后，接下来要做的就是如何提高客户满意度，这部分内容详见本书第一部分第七章《提高客户满意度》及第二部分第七章《获得客户转介绍》中所介绍的客户满意管理。

第十二章 成长篇总结

本章要点

- 成长阶段在职业提升趋势图中的位置
- 成就营销梦想系列营销人员成长之道
- 本篇知识点总结
- 寄语成长阶段的小伙伴

成长阶段在职业提升趋势图中的位置

成长阶段是继启蒙阶段后的另一个阶段（详见图12-1），这个阶段是我们个人能力提升的关键时期，一般来讲度过这个阶段至少要一两年，也有的人会在此阶段停留很长时间。如何缩短这个阶段待的时间？只有两个字：坚韧。通

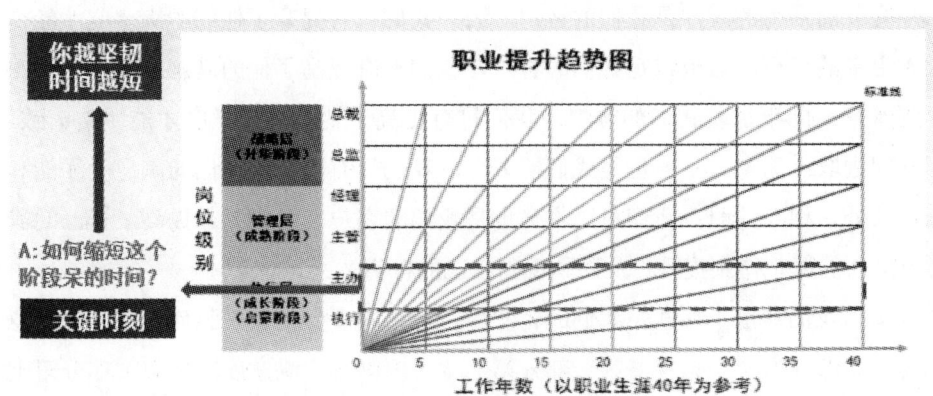

图12-1 成长阶段在职业提升趋势图中的位置

第二部分　成长篇

过前面章节的内容我们也可以感受到需要学习的知识及技巧非常多，而且特别注重实践，实践中碰到的情况也是五花八门，稍有动摇就不能坚持下去。

② 成就营销梦想系列营销人员成长之道

营销人员成长之路，无速成之说，但并不代表无道可循，营销之道即是用"心"，用心提升自己、用心经营客户，就能通向成就营销梦想的阳光大道。为了便于大家理解和记忆，我从"心"字出发给大家总结了营销人员成长之道的一套总流程和三个关键点，并把每一个章节的标题都列入其中，这样大家只要一看到"心"字就能从"心"出发并联想到在此阶段要学习和掌握的知识和技巧。成就营销梦想系列营销人员成长之道图示详见图12-2、图12-3、图12-4。

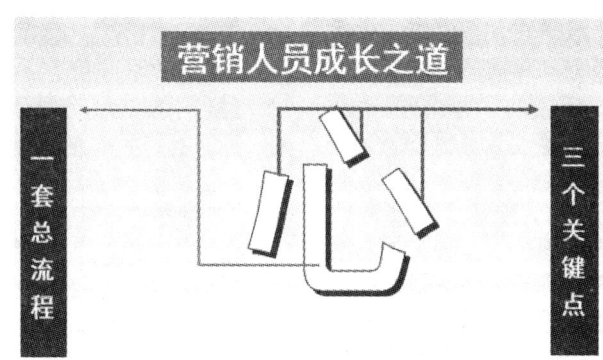

图12-2　营销人员成长之道总结构图

图12-3　营销人员成长之道：一套总流程图

图12-4 营销人员成长之道：三个关键点图

③ 本篇知识点总结

　　成长篇共十二章，包括培养营销兴趣、推销自己、敲开客户的门、建立客户关系、维护客户关系、处理客户异常、获得客户转介绍、客户跟进管理、报价学问、货款管理、提升营销理论知识、成长篇总结。十二章中包含的知识点非常丰富，其中我们必须掌握的知识点整理如下（图12-5）：

1	一个正确认识	11	客户异常四现象、四对策
2	DISC模型	12	提升客户满意三误区、三对策
3	第一印象六字诀	13	客户角色转变两问一答
4	敲开客户心门四递进	14	客户跟进五步曲、一张表
5	工具沟通四法宝	15	报价学问两误区、四技巧、三境界
6	商务拜访两难点	16	货款管理三误区、一张表
7	关系建立四步曲	17	货款催收八技巧
8	建立商务关系四诀窍	18	营销发展4Ps、4Cs、7Ps、10Ps、4Rs
9	建立生活关系	19	了解推式推销和拉式推销
10	维护关系一个中心、两个基本方向、三大法宝、四大忌讳	20	自我营销四过程

图12-5 成就营销梦想系列成长篇知识点总结图

④ 寄语成长阶段的小伙伴

　　营销人员成长的道路崎岖不平，需要非同寻常的毅力，在此我赠诗一首给成长阶段的小伙伴们。

道　路

山间小路
都是在荆棘中踩踏而来
起初困难重重
或是刺破了鞋底
或是刮坏了衣裳
但是
踏着，踏着
路成了
人多了

城市道路
都是在汗水中堆砌而成
起初埋怨多多
或是荒废了农田
或是影响了工业
但是
砌着，砌着
路宽了
人富了

生活之道
都是在风雨后飘摇而至
起初疑惑处处
或是质疑亲情
或是高估了爱情
但是
摇着，摇着

道明了

人亮了

学业，事业

各种所需之道

亦为先苦后甜

借用大师所言

我不去想是否能够成功

既然选择了远方

便只顾风雨兼程

只要热爱生命

一切，都在意料之中

道路，一切都在意料之中

第三部分
成熟篇 Part 3

到了成熟阶段，我们就真正进入了营销管理者的行列，是从"律己"到"律己并且律他"的过渡。在这个过程中，我们会发现，"个人"的作用越来越微小，"小团队（意指本部门）"、"大团队（意指本公司）"、"大组织（意指上下游）"、"大供应链（意指整个生态环境）"的作用则变得越来越清晰，越来越强大。所以这一篇的内容，我们则是从如何合作入手，共同探讨如何组建团队、管理团队，同时需要运用一些实用的管理表格、工具，以及掌握更深层次的营销理论知识，以利于更好地带领团队、协助团队成长，达到共赢，并成为一名合格的营销管理者。

成熟阶段的我们，什么最重要？那就是"合作"：与团队成员合作，与客户单位合作，与大供应链合作。

注：第三部分成熟篇适用于营销经理（或营销主管）。

第一章　如何合作

本章要点

◆ 合作的对象
◆ 如何开展合作
◆ 合作案例分析

导　读

天时不如地利，地利不如人和。

——孟子

能用众力，则无敌于天下矣；能用众智，则无畏于圣人矣。

——孙权

一个人像一块砖砌在大礼堂的墙里，是谁也动不得的；但是丢在路上，挡人走路是要被人一脚踢开的。

——艾思奇

人心齐，泰山移。

——中国谚语

不管努力的目标是什么，不管他干什么，他单枪匹马总是没有力量的。合群永远是一切善良思想的人的最高需要。

——歌德

以上古今中外的名言都说明了一个道理：一个人的力量是有限的，而一个集体的力量是无限的，就如中国有名的谚语所说"人心齐，泰山移"。所以我们无论是做任何工作都要注重合作，尤其是营销人员。下面就让我们来详细探讨一下关于合作的话题吧！

① 合作的对象

一谈到合作，我们营销人员第一反应都是与客户单位合作，而实际上我们该合作的对象远不止这些，我们顺利地度过了启蒙阶段和成长阶段，表明我们步入了营销行业，并具备了做营销的相关理论知识及实践技巧，已经完全能胜任一个营销主办的职务，但是这只能算走到执行层的一个高级执行者，如果想步入管理层甚至高级管理层，我们会发现，"个人"的作用越来越微小，"小团队（意指本部门）"、"大团队（意指本公司）""大组织（意指上下游）""大供应链（意指整个生态环境）"的作用则变得越来越清晰，越来越强大。所以合作还应该包括以下对象。

1.1 本部门

本部门的员工是我们朝夕相处的，抬头不见低头见，所以本部门的合作非常重要。其一，如果关系处不好会影响工作情绪，从而降低工作效率；其二，营销工作注重合作，很多时候需要营销组合。在本书第二部分第一章《培养营销兴趣》中我们介绍过DISC性格模型将人按不同性格分为四个象限，每个象限都有不同的性格特征，不同的性格特征喜欢的事不同，喜欢的人也不同。所以当发现客户是属于某一种类型的，而自己又不属于那一类型的，就可寻求本部门同事（属于客户同一类型的同事）合作；其三，很多时候争取一个客户需要上下联动，就是我们常说的层次对应，一一攻关。执行层对执行层，管理层对管理层，分别得到认可才能促成交易，这就更离不开本部门的合作。

1.2 跨部门

营销部门只是公司与客户的衔接窗口，每一个业务项目的真正执行者是运营部门，同时人事部门、财务部门等都是协助这个项目完成的部门，所以要想把一个项目做好，部门间的合作非常重要，这就是我们所谓的"项目化操作"。项目化操作是指为了更好地完成客户业务项目，由营销部门相关人员牵头，各个部门相关负责人参与，共同组成项目小组，并由此来整体协调、操作、监控整个客户业务项目的完成的一种操作模式。

1.3 客户单位

企业的生存和发展离不开与客户单位的合作，这是大家都熟知的，但是我们可能在这方面存在短视，那就是追求短期的利益交易，而不是追求长期的战略合作。该如何避免这种短视，详见下面章节中的"如何开展合作"。

1.4 协作商

放眼过去，凡是做得好的企业基本上都是专而精的。这也说明了一个道理，那就是每一个企业都有自己的拳头产品或核心竞争力，对于这些拳头产品或核心竞争力之外的未必是自己擅长的。客户现在的要求越来越高，为追求高效及综合成本低都希望供应商能提供一体化的解决方案，作为供应商的我们又不想失去跟客户合作的机会，就只能采取与协作商合作的方式来争取跟客户的合作。事实证明这种强强联合的方式更容易争取到与客户的合作。

1.5 竞争对手

很多营销人员把竞争对手当成敌人，这也难怪，因为客户与竞争对手一合作，就有可能砸了我们的饭碗。但是常言道"没有永远的敌人"，敌人很多时候会变成朋友，道理同前面1.4所述。退一步从营销人员自身分析，天下没有不散的宴席，一辈子在一个企业工作的可能性不是很大，说不定哪一时刻就有可能到竞争对手单位工作。所以无论是从公司层面还是个人层面,都建议大家不要把竞争对手当作敌人,在适当的时候还要争取合作。

根据以上对各合作对象的介绍,我们发现他们的性质与作用各有不同,它们是如何分布在我们周围的呢?我在此粗略绘制合作对象分布图如下(见图1-1)。

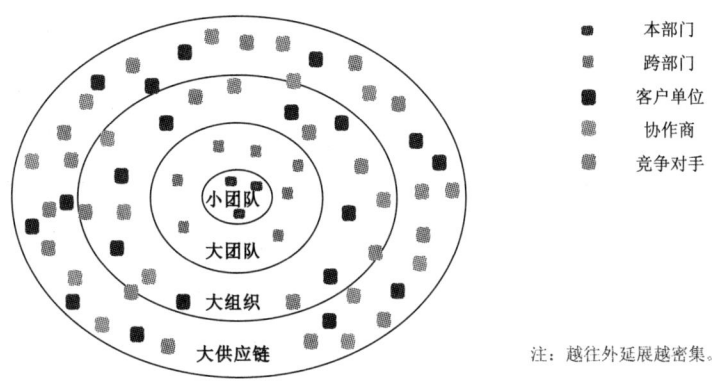

图1-1 合作对象分布图

② 如何开展合作

如何开展合作?我们分为四个步骤来开展:理思维、定态度、明目标、重执行。

2.1 理思维

一是分工合作的思维。分工合作的意思是:众人各司其职,共同从事工作。无论是在"小团队(意指本部门)""大团队(意指本公司)"里,还是"大组织(意指上下游)""大供应链(意指整个生态环境)"里,每一个个体都是非常小的一分子,为了完成一个共同目标就必须各司其职,分工且合作。

二是合作共赢的思维。合作共赢的意思是:通过合作后获得可观的收益,这份收益由合作者共享。合作一定要以共赢为基础,这样才能让合作团队中的每一分子全力以赴,更有利于完成共同目标。

2.2 定态度

当我们有了合作的思维,那么该用什么样的态度去合作呢?

与同事合作:"在人之上,视人为人;在人之下,视己为人。"意思是地位比别人高时不要看不起别人,要有平等意识;地位比别人低时不要看不起自己,要看到别人的优势,自己也有自己的优势。也就是告诉我们要用平等和积极的态度来面对工作和生活。

与客户、协作商、竞争对手合作:"友好处之,纵横有时。"意思是对客户我们都能做到友好相处,但对协作商、竞争对手可能很多人很难做到,特别是竞争对手,有时还会针锋相对,这样就需要调整,一定要友好相处,不可树敌,因为说不定哪个时候就有可能联手合作,资源共享。

2.3 明目标

合作的目标只有八个字"共创价值、共享利益"。

2.4 重执行

俗话说"光说不练假把式",我们理了思维,定了态度,明了目标,接下来就是合作最关键的一环:执行。我们在第一部篇第六章《磨砺执行力》中对执行做了重点介绍,我们可通过此章的学习对自身的执行力进行培养和监测。同时在此再送大家一句话:"简单事情重复做,复杂事情坚持克服。"

③ 合作案例分析

3.1 案例背景

卓越公司为一家第三方物流企业,客户企业A对2015年度物流供应商进行招标,服务项目包括运输、仓储两大块,要求自他公司发出邀标函25日内提供我公司的物流系统化解决方案（里面包含报价信息）。

3.1 案例展现

3.1.1 理思维

根据案例背景，采取的是大团队（意指本公司）分工合作思维，所以根据实际情况，成立项目小组。

3.1.2 定态度

以积极、平等的态度去看待项目小组中的每一个成员，对其共同的行为进行监控和优化。

3.1.3 明目标

根据案例背景，短期目标为25日内提供我司的物流系统化解决方案（里面包含报价信息）。长期目标为跟客户企业A建立战略合作伙伴关系。

3.1.4 重执行

理清思维、定好态度、明确目标后我公司执行的操作流程如下。

第一步：成立项目小组（项目小组成员表详见表1-1）

表1-1 项目小组成员表

项目职责	姓名	职务	电话	邮箱	备注
项目负责		业务经理			
运输需求分析		调度经理			
运输价格核算		核价主管（运输）			
仓储需求分析		仓储经理			
仓储价格核算		核价主管（仓储）			
方案制作		业务经理			
方案完善（报价信息）		核价经理（运输）			
		核价经理（仓储）			
方案审核		营销总监			

第二步：分配任务（项目任务表详见表1-2）

表1-2 项目任务表

任务	描述	时间（天）	紧前工序	责任人
START		0		
A	根据客户标书进行需求分析并分发到各负责部门	3		张三
B	运输部门进行运输需求分析（路线整理、车型安排、频次计划）	3	A	李四
C	仓储部门进行仓储需求分析（仓储面积、库位安排、设施安排）	3	A	王五
D	运输价格测算（路线繁多，工作量大）	8	B	赵六
E	物流系统化方案初稿	5	B、C	钱七
F	仓储价格测算（仓储费、装卸费、搬运费等）	4	C	马八
G	物流系统化方案初稿完善（运输价格部分）	4	D、E	周九
H	物流系统化方案初稿完善（仓储价格部分）	2	E、F	朱十
I	物流系统化方案审核并装订成正稿	2	H、G	孙二
FINISH		0	I	

第三步：任务监控（任务监控双代号网络图详见图1-2）

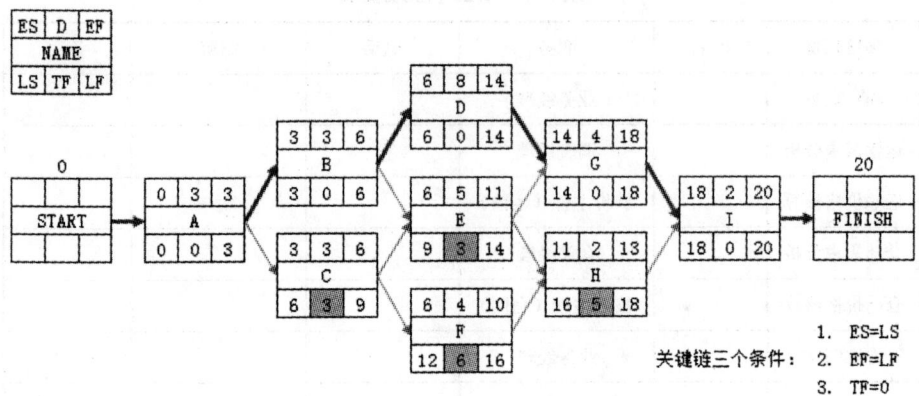

图1-2 任务监控双代号网络图

第四步：任务优化

任务优化是通过任务监控双代号网络图来发现的。从图中可以看出。

从任务开始到任务结束的最短时间为20天,根据客户要求的25天提供方案,拥有机动时间可调控;关键步骤为A、B、D、G、I,由此形成了关键路线图,这几个任务非常关键,所以说这几个任务的负责人非常关键,必须全心全力按计划执行任务,而且安排候补人员,即使有特殊情况发生,也要安排在总要求时间内机动;在最短时间内还拥有机动时间的任务为C、E、F、H,机动时间详见双代号网络图中的相对应的TF值,因此可以对这几个任务的时间结合实际情况进行优化,以降低成本、提高效率。

第五步:任务完成

通过各职能部门的通力合作,公司在客户企业A规定的时间内准时提供了系统化的物流解决方案,成功实现短期目标,同时吸引了客户、获得了客户的初步信任,为与其成为战略合作伙伴的长期目标打下了良好的基础。

第二章　组建团队

本章要点

◆ 团队架构了解
◆ 团队人员挑选
◆ 团队潜能激发
◆ 团队分工合作

① 团队架构了解

1.1 营销团队一般组织架构概述

企业性质不同，营销团队的组织架构也不同。但是一般来说营销部门都应该包括三个主要职能部门：一是市场部，主要职责是市场调查、配合产品设计、配合营销策划；二是销售部（也可称营销部，因为做销售如果不具备营销思维是做不好营销的），主要职责是市场开拓、客户维护；三是客服部，主要职责是文案支持、客户服务（普遍型营销部门组织架构图详见图2-1）。当然有的公司可能会把营销部和客服部合并，有的公司可能会把市场部和营销部合并，但是里面的职务还是相似的。因为市场部和客服部团队相对简单和稳定，所以我们不做探讨，下面内容只针对市场开拓型营销团队进行重点介绍。

第三部分 成熟篇

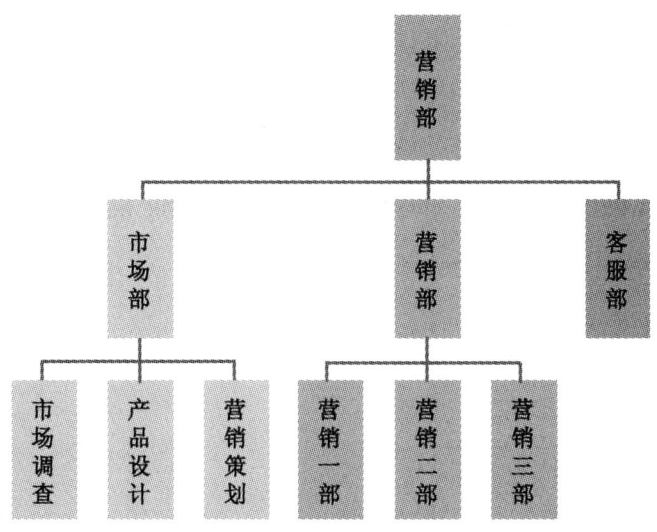

图2-1 普遍型营销部门组织架构图

1.2 市场开拓型营销团队组织架构概述

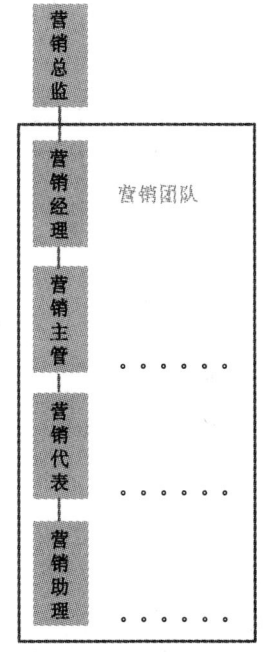

市场开拓型营销团队的组织架构横向结构单一，但也有特殊情况，比如有的企业可能会设置营销一部、营销二部……营销N部以此增加竞争机制；有的企业可能会设置东区营销部、南区营销部、西区营销部、北区营销部等以利于管理。纵向结构相对较多，根据级别从下至上一般设置为：营销助理——营销代表（主办）——营销主管——营销经理——营销总监——营销总经理，其中直接带团队的主要为营销主管和营销经理两个岗位（市场开拓型团队组织架构图详见图2-2），很多企业会把有效团队成员个数也作为绩效考核指标，所以我们下面探讨的主要是营销经理或主管如何组建营销代表（主办）和营销助理团队。

图2-2 市场开拓型营销团队组织架构图

② 团队人员挑选

2.1 人员额度评测

在组织团队之前要先进行团队人员额度评测。评测的依据取决于几个要素。

①准团队所需承担的业绩目标。

②自己能实现的业绩。

③已有成员能实现的业绩。

④客户平均开发周期。

⑤客户平均业绩。

⑥员工培训周期。

⑦员工留用概率。

⑧公司相关制度（营销制度、人员招聘制度等）。

有了这些要素，我们就可以进行人员额度评测，示例见图2-3。

评测要素	案例一	案例二	案例三
所定业绩目标	300万	500万	350万
自我实现业绩	100万	100万	80万
已有成员业绩	2人共50万	3人100万	1人60万
客户开发周期	半年/客户	半年/客户	一年/客户
客户平均业绩	平均50万/年	平均60万/年	平均50万/年
员工培训周期	2个月	3个月	4个月
员工留用概率	80%	70%	65%
公司相关制度	有经验无经验都可招	有经验无经验都可招	有经验无经验都可招
人员额度评测	营销代表：无经验4人，淘汰1人 营销助理：1人	营销代表：无经验7人，淘汰2人 营销助理：2人	营销代表：无经验3人，淘汰1人 有经验2人（免培训） 营销助理：2人

图2-3 人员额度参考示例图

2.2 人员挑选标准

2.2.1 一般标准

一般标准是指性别、学历、工作经验等方面对所招人员的最基本的要求。一般标准通常在招聘表中就会体现，用来做人员简历的筛选。

2.2.2 价值观

价值观是指个人对客观事物（包括人、物、事）及对自己的行为结果的意义、作用、效果和重要性的总体评价，是对什么是好的、是应该的总看法，是推动并指引一个人采取决定和行动的原则、标准，是个性心理结构的核心因素之一。它使人的行为带有稳定的倾向性。价值观是人用于区别好坏，分辨是非及其重要性的心理倾向体系。人们的生活和教育经历互不相同，因此价值观也多种多样。由于个人的身心条件、年龄阅历、教育状况、家庭影响、兴趣爱好等方面的不同，人们对各种职业有着不同的主观评价。价值观是一种内心尺度。它凌驾于整个人性当中，支配着人的行为、态度、观察、信念、理解等，支配着人认识世界、明白事物对自己的意义和自我了解、自我定向、自我设计等；也为人自认为正当的行为提供充足的理由。我们这里考察的职业价值观，不是看人们如何看待"职业价值"的本质，而是注重探讨人们在职业选择和职业生活中，在众多的价值取向里，优先考虑哪种价值。假设企业的价值观是共赢至上，而所来应聘员工是自身利益最大化，那么他就不合适；再假设企业的价值观是仁孝至上，而所来应聘员工却很少去为家里付出，那么他也是不合适的。所以在挑选员工时，价值观都是我们不能忽视的，所以将此值也作为一个挑选标准。

员工的价值观一定要符合企业文化和团队文化，如果不匹配，于双方都不利。我们一般在员工进行初次面试时就可以通过当面提问或笔试能得知其价值观是否与团队的价值观匹配。

2.2.3 态度能力

团队目标的完成靠的是个人执行力，个人执行力的强弱取决于两个要素——个人能力和工作态度，能力是基础，态度是关键。所以我们在挑选和培养人才时，这两个要素也是最重要的考核指标，态度能力模型见图2-4。

从上图我们可以看出在挑选和培养人才时，对工作态度和工作能力都是非常在意的，特别是对态度的要求更

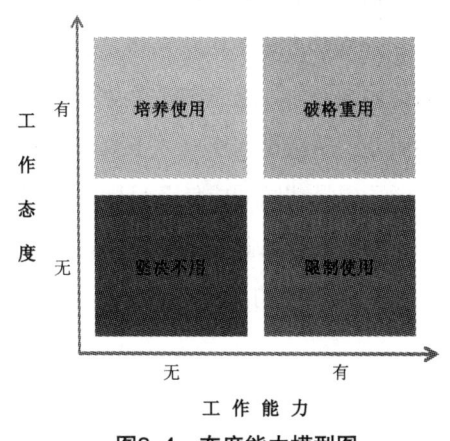

图2-4 态度能力模型图

高，当一个员工既有工作态度又有工作能力时，企业将破格重用；当一个员工有工作态度但无工作能力时，企业将培养使用；当一个员工无工作态度但有工作能力时，企业将限制使用；当一个员工无工作态度也无工作能力时，企业将坚决不用。假设我们招的都是无经验的员工，那么就表明他们暂时还不具备做营销的能力，这个不要紧，我们可以通过培训让他们具备这方面的能力，但是态度的调整就不是那么简单的事情了。

从西方《三个工匠》的故事可以发现，从上面这个故事中，我们可以看出来，态度决定了事情的结果。的确如此，态度是一个人对待一件事情的第一个环节，它分为两种情况：一种是积极的，一种是消极的。消极的人在面对工作时觉得工作是一种"负担"，比如我们经常会听到工作中有人会说"这个事情我不会做，找别人去。"、"烦死了，这么多事情要做。"、"真讨厌，又要加班。"、"**怎么回事啊？害我又犯错误了。""事情这么多，我怎么做得完？"；积极的人在面对工作时觉得是一种"享受"，比如我们经常会听到相对应的"这个事情我没做过，但我愿意尝试一下。"、"这么多事情，正好锻炼一下。"、"加班是因为生意好，我要认真做，将会获得更多的晋升机会。"、"这个环节我怎么老是出状况呢？看来我要好好反省一下避免下次犯错误。"从以上两种对比中，我们就能很显而易见地感受到哪种态度对我们团队更有利。

态度和能力对岗位非常重要，所以它是挑选团队人员的重要标准，其中态度尤其重要。我们在员工试用期间要重点考察这两个方面。

2.2.4 团队精神

管理学术语中团队精神是指大局意识、协作精神和服务精神的集中体现，核心是协同合作，反映的是个体利益和整体利益的统一，并进而保证组织的高效率运转。团队精神的形成并不要求团队成员牺牲自我，相反，挥洒个性、表现特长保证了成员共同完成任务目标，而明确的协作意愿和协作方式则产生了真正的内心动力。所以我们在挑选团队成员时一定要将团队精神作为挑选标准之一。

团队精神的考察也可在员工试用期间进行，害群之马是坚决不能留用的。

3 团队潜能激发

3.1 培养兴趣

世界十大杰出物理学家之一，现代物理学的开创者、集大成者和奠基人爱因斯坦曾说道：我认为对于一切情况，只有"热爱"才是最好的老师。要想做营销，只有"热爱"营销才能真正成为营销高手。在本书第二部分成长篇即把《培养营销兴趣》放在第一章，在此章节中详细介绍了从个人角度如何去培养营销兴趣。那么如果是从企业角度或团队负责人的角度如何去培养团队的营销兴趣呢？我推荐从以下几个方面入手。

（1）营造积极的工作气氛。

（2）制定趣味的营销游戏。

（3）分享营销的趣味案例。

（4）协助团队成员的成长。

3.2 潜能激发

团队成员的潜能激发主要是从"软"入手，软的方面包括员工心理、员工态度、员工工作习惯等等。这方面主要通过内部培训和外部培训双管齐下进行激发。要坚持"每天进步一点"，见图2-5。

$$1.01^{365}=37.8$$
$$0.99^{365}=0.03$$

图2-5 每天进步一点和退步一点结果对比图

很多人认为一天的生活在我们生命中看起来毫不起眼，何况还是每天进步一点点，其实人与人的差别就在这一点点。

3.3 "5A"精神

"5A"精神是我在工作中总结出来的，来自于我学习英语时的一个故事。英语学习当时对我来说是一大难点。为了培养自己对英语的兴趣，我就尝试在学习每一个单词时把它所有的释义联系起来编成一个故事以便于记忆。当学到"Appreciate"这个单词时，发现它有五个意思：一是欣赏；二是感谢；

三是升值；三是理解；五是评估。如此复杂的意思让我编故事时着实很费脑筋。后来，脑子灵机一动将几个意思稍微做了一下调整和排序"一是评估；二是欣赏；三是感谢；四是理解；五是升值"，竟然发现非常适合作为团队的文化，即我们要"评估"自己的目标——我们要"欣赏"自己的决定——我们要"感谢"队友的帮助——我们要"理解"所学的技能——我们要"升值"团队的能力。由于其都是由单词"Appreciate"阐发而来，所以我将其取名为"5A"精神（见图2-6）

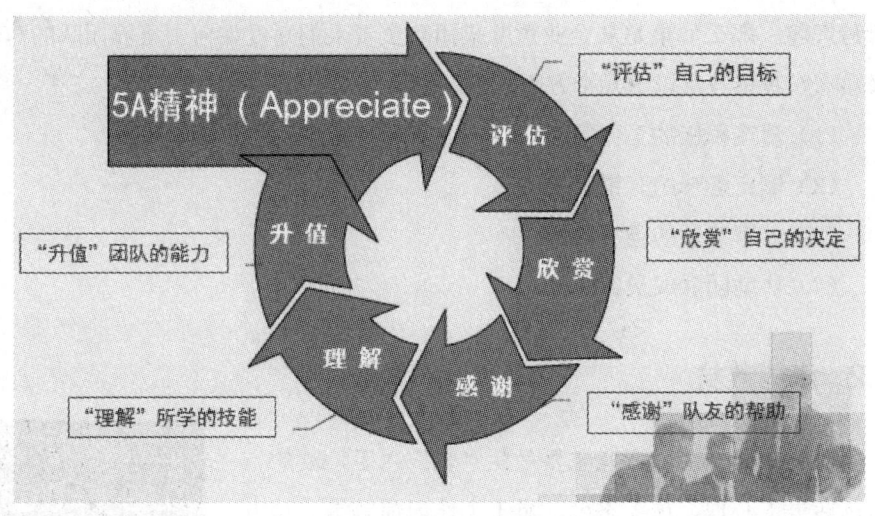

图2-6 "5A"精神图

4 团队分工合作

4.1 正确认识分工合作

分工合作的意思是：众人各司其职，共同从事工作。作为团队负责人一定要正确认识并理解其含义。团队中的成员论资历有老员工、新员工；论级别有营销经理、营销主管、营销代表、营销助理；论关系有竞争、有合作；论年龄有老、有少；论性别有男、有女，如何将他们拧成一根绳朝一个方向使劲非常关键。

4.2 分工合作的方法

营销团队中分工是必要的，体现在不同员工负责不同的客户上；还体现在营销助理负责内部文案，营销代表负责外勤开拓上；也体现在执行层（营销代表、营销助理）负责具体事宜，管理层（营销主管、营销经理）负责管理和协助上。

走到成熟阶段的营销人员至少是营销主管级别，已具备管理职能，所以团队的合作安排重任就落在大家身上，如何合作，在此我向大家推荐以下几种方式。

4.2.1 提倡组合

组合方式有：

（1）老新配——老员工带新员工。

（2）互补配——根据客户业务项目具体负责人的性格配备合适的人员协同跟进。

（3）上下配——针对客户组织架构较复杂，而一个层级又不能做决策的时候需要上下出动，执行层对执行层、管理层对管理层来进行客户攻关。

（4）项目配——针对客户业务项目复杂，公司成立项目小组来进行应对。营销团队中抽出一人或多人参加项目小组。

4.2.2 制度协助

合作如果建立在利益共享的基础上效果将更佳。如何共享利益取决于公司制度，比如在营销制度中注明营销组合可以共同享受业绩，又比如营销经理或营销主管所直接带的团队的业绩中有一部分属于营销经理或营销主管，还比如只要是参加项目的人员都享受一定的津贴等等。虽然说公司制度无法由个人左右，但是作为团队的负责人站在公司大局利益着想是可以提出这方面的建议的。

第三章　管理团队

本章要点

- 统一价值
- 规范流程
- 定期培训
- 案例分析
- 客户跟进
- 个案协助
- 奖罚分明

导　读

IBM公司销售人员的培训

IBM公司追求卓越，特别是在人才培训、造就销售人才方面取得了成功的经验。具体地说，IBM公司决不让一名未经培训或者未经全面培训的人到销售第一线去。销售人员说些什么、做些什么及怎样说和怎样做，都对公司的形象和信用影响极大。如果准备不足就仓促上阵，会使一个很有潜力的销售人员天折，因此该公司用于培训的资金充足，计划严密，结构合理。经过全面的培训，学员就可以有足够的技能，满怀信心地同用户打交道。近年来，该公司更换的第一线销售人员低于3%。从公司的角度看，招工和培训工作是成功的。

IBM公司的销售人员接受为期12个月的初步培训，主要采用现场实习和课堂讲授相结合的教学方法。其中75%的时间是在各地分公司中度过的；25%的时间在公司的教育中心学习。分公司负责培训工作的中层干部将检查该公司学员的教学大纲，这个大纲包括该公司中学员的素养、价值观念、信念原则到整个生产过程中的基本知识等方面的内容。学员们利用一定时间与市场营销人员一起访问用户，从实际工作中得到体会。

此外，公司还经常让新学员在分公司的会议上，在经验丰富的营销代表前，进行他们的第一次成果演习。IBM公司从来不会派一名不合格的代表会见用户，也不会送一名不合格的学员去接受培训，因为这样做就不符合优秀企业的理念。

销售培训的第一期课程包括IBM公司经营方针的很多内容，如销售政策、市场营销实践以及计算机概念和IBM公司的产品介绍。第二期课程主要是学习如何销售。在课程上，该公司的学员了解了公司后勤系统以及怎样利用这个系统。他们研究竞争和发展一般业务的技能。学员们在逐渐成为一个合格的销售代表或系统工程师的过程中，始终坚持理论联系实际的学习方法。学员们在分公司可以看到他们在课堂上学到的知识的实际部分。

现场实习之后，再进行一段长时间的理论学习，紧张的学习从早上8点到晚上6点，而附加的课外作业常常需要学员们熬到半夜。

学员们还要进行模拟销售学习，这是一项具有很高价值和收益的活动。一个用户判断一个销售人员的能力时，只能从他如何表达自己的意思来判断其能力的高低，商业界就是一个自我表现的世界，销售人员必须做好准备去适应这个世界。其实，在公司第一年的全部培训课程中，没有一天不涉及这个问题，并始终强调要保证学习或介绍的客观性，包括为什么要到某处推销和希望达到新目的。

学员们对产品的特点、性能以及可能带来的效益也要进行详尽的学习。他们要学习问和听的技巧，以及如何达到目标和寻求订货等等。假如用户认为产品的价钱太高的话，就必须先看看是否是一个有意义的项目；如果其他因素并不适合这个项目的话，单靠合理价格的建议并不能使你得到订货。

IBM公司采取的模拟销售角色的方法是：学员们在课堂上扮演销售角色，教员扮演用户，向学员提出各种问题，以检查他们接受问题的能力。这种上课接近于一种测验，可以对每个学员的优点和缺点两方面进行评判。另外，还在一些关键的领域内对学员进行评价和衡量，如联络技巧、介绍与学习技能、与用户的交流能力以及一般企业经营知识等。对于学员们扮演的每一个销售角色和介绍产品的演习，教员们都给出评判。

特别值得提出的是IBM公司为销售培训发展所具有代表性、最复杂的技巧之一：阿姆斯特朗案例练习。它集中考虑一种假设的，由饭店网络、海洋运输、零售批发、制造业和体育用品等部门组成的，具有复杂的国际业务联系。由教员扮演阿姆斯特朗案例人员，从而创造了一个非常逼真的环境。在这个组织中，学员们需要对各种人员完成一系列错综复杂的拜访。面对众多的问题，他们必须接触这个组织中几乎所有的人员，从普通接待人员到董事会成员。这种演练就是组织一次向用户介绍发现的问题，提出该公司的解决方案和争取订货的模拟用户会议。

以上案例为IBM公司销售人员的培训，非常值得我们学习。培训在营销团队管理中占了举足轻重的位置。

优秀的企业之所以优秀是因为有这些优秀的基因，完善的培训机制就是优秀基因之一。我们要想成为一个优秀的营销经理就必须有一个优秀的营销团队。除团队培训外，我们在管理团队的过程还有许多工作要做，下面我们来探讨一下如何全方位管理营销团队。

① 统一价值观

在本书第二部分第二章"组建团队"中，我们就介绍了价值观，价值观是指个人对客观事物（包括人、物、事）及对自己的行为结果的意义、作用、效果和重要性的总体评价，是对什么是好的、是应该的总的看法，是推动并指引一个人采取决定和行动的原则、标准，是个性心理结构的核心因素之一。在"组建团队"章节中我们主要是重点介绍在挑选团队成员时要把价值观作为一个挑选标准，所挑选的团队成员一定要符合企业价值观和团队价值观。同样在本章如何管理团队中，我们仍旧把价值观的统一放在第一位。

我们在挑选团队成员时已经确保了团队成员价值观大方向一致，但是如何把团队价值观落实到位，建议还需要在行动上采取必要的统一措施。比如公司之歌、团队之歌。我曾经写给团队的团队之歌《我们在一起》。

我们在一起

我们在一起，
是言语，
集思广益。

我们在一起，
是行动，
取长补短。

我们在一起，
是信念，
共享未来。

我们在一起，
是乐趣，
和谐美满。

② 规范流程

　　流程标准化不仅是提升我们工作效率的关键，也是我们保证服务质量的关键。海尔一直是大家熟知和喜欢的品牌，为何它会如此受消费者的欢迎？主要是因为其生产规范、服务规范。那么它的这些规范是怎么产生的呢？据说是通过一个营销事故"王老太丢空调"产生的，此营销事故发生了，海尔开始了规范流程之旅。从1994年推出的"无搬动服务"到2002年的"全程管理365"，其中以1997年"五个一服务"最为有名，不仅深入了消费者的心，也搬上了MBA案例学习的讲台。海尔规范流程历史图见图3-1，"五个一服务"图见图3-2。

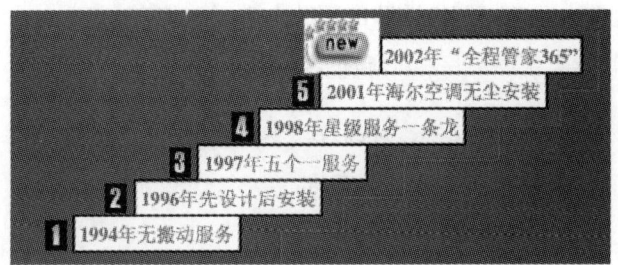

图3-1 海尔规范流程历史图

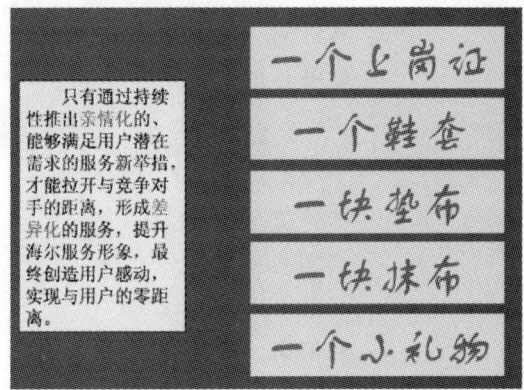

图3-2 海尔"五个一服务"图

从海尔的标准化案例我们可以看出一个企业健康稳定离不开标准化。同理,一个团队(部门)的健康稳定发展也离不开标准化。那么作为营销团队负责人的我们,该如何走好标准化这条路呢?可以从以下几个方面入手。

2.1 规范营销流程

营销流程是指我们每天工作的流程,很多人会说营销还有什么流程,不就是天天出去跑客户吗?跑到客户才是真正的赢家。营销人员可以这样想,但是作为成熟阶段的我们不可这样想,要想一个团队集体前进,规范流程是少不了的,善于"把无形的事物变为有形的规律"正是管理者最应具备的能力。我以前所在的公司为一家第三方物流企业,专门为客户提供第三方物流服务。根据我的总结,营销的流程包括:寻找潜力客户、拜访前准备、拜访中把握、拜访后深入、方案实施前探讨、方案实施中完善、方案实施后完美、获得客户认可并转介绍八个步骤，于是我将其规范化（规范流程图详见图3-3），新进的营销人员在经过营销岗位培训后，从事营销工作时就有了一个向导，与客户交谈便有了主线思维，可以很从容地应对拜访过程中的交谈。

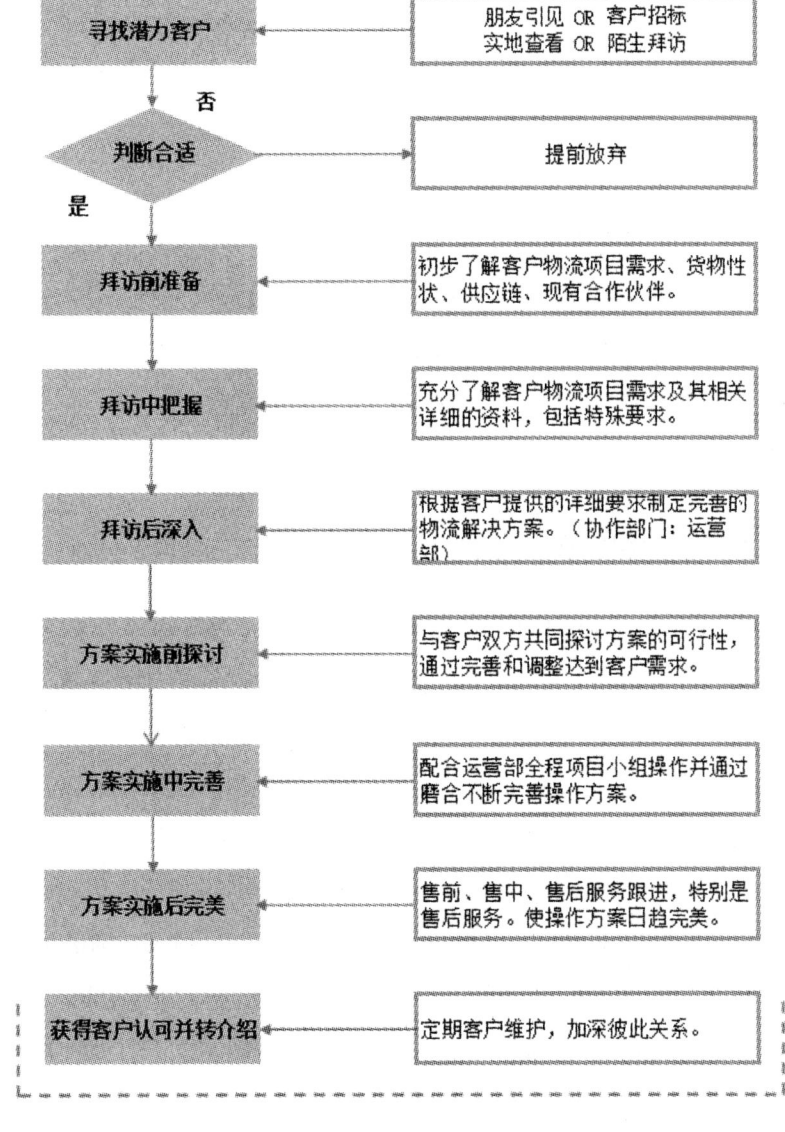

图3-3 营销流程示例图

2.2 规范汇报流程

营销团队不同于其他部门，工作并非单一性，在本书第三部分第一章《如何合作》、第二章《组建团队》中都谈到了合作，合作的方式也多种多样，所以注定了它的复杂性。复杂的工作要想做得好，关键在于节点管理。什么叫节点管理？节点管理就是用节点把每一项工作分割细化，让员工知道身处哪个节点，职责是什么，目标是什么，该怎么做。节点管理对提高人员素质和工作责任心，实现管理流程化、标准化、规范化发挥重要作用。每一个节点就有一个汇报动作，让具体负责人员对其进行监督和检查。如果这个汇报动作不规范好，很多人，特别是无经验的人员就会忽视这个动作的重要性，甚至按照自己的想法往下一个节点进展，那后果将不堪设想，有一句谚语"一粒老鼠屎坏了一锅汤"是非常形象的比喻。所以作为管理者必须杜绝这种失误，以确保团队的绩效。

2.3 规范异常处理流程

两个人谈恋爱，只有生病时才能知道对方是不是真心。公司运作也一样，异常处理能力才是真正体现企业实力的能力，因为异常的处理体现了一个企业的责任心及专业度；同理，异常处理能力也能体现营销团队责任心和专业度。因其重要性，团队负责人一定不能在这个环节出现问题，所以建议将其流程进行规范。根据以往经验，建议采取8D改善行动报告。

8D的原名叫作8 Disciplines，又称团队导向问题解决方法，是由福特公司始创，全球化品质管理及改善的特殊必备方法，之后又成为QS9000/ISO TS16949以及福特公司的特殊要求。凡是做福特的零件，必须采用8D作为品质改善的需求。因其有效性，后来各个行业的企业都竞相模仿。为了便于大家理解其中的逻辑，现将8D步骤整理如下（详见图3-4）。

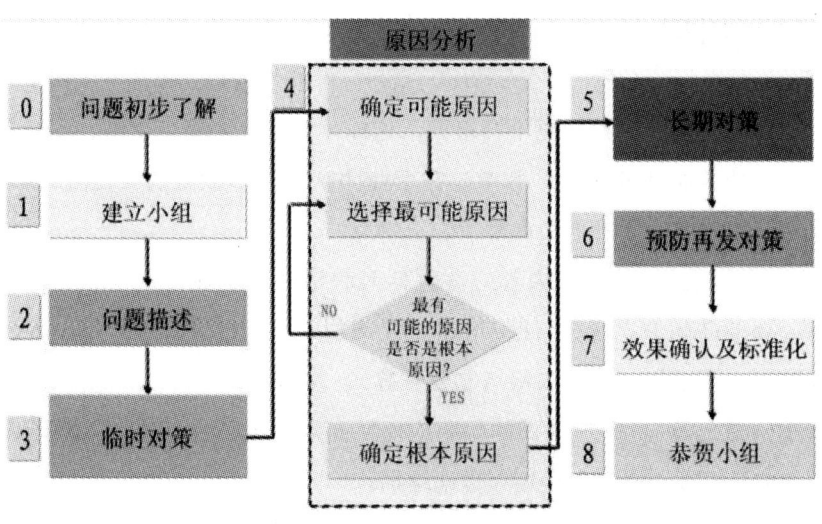

图3-4　8D步骤图

2.4　规范流程中所涉及的表格

咱们规范了流程还不够，为了使流程进行更加顺畅和高效，还应该将其中所涉及的表格都要进行规范，比如营销流程中的需求确认表、客户跟进表、报价单、解决方案、服务质量反馈表等；比如汇报流程中的日绩效考核表、周报表、月报表、节点控制表、费用报销申请表等；比如异常情况处理流程中的8D改善行动报告、项目会议记录表等，还有营销团队绩效考核用的表格，比如营销代表绩效考核表、营销助理绩效考核表等。这些表格在本书中部分已经提供参考范本，如果要真正使用于工作中，还需要根据所在企业的具体情况进行调整和完善。具体参考范本将在本书第二部分第四章《制作营销各类报表》中详细介绍。

很多人看到这里会说："不是创新才是企业（团队）发展之道吗？"没有错，的确创新是发展之道，但是创新一定是建立在标准化的基础上的。有旧才有新，就比如一条旧的流水线生产效率不高，我们可以首先在旧的基础上进行优化，甚至彻底推翻它进行革新。所以这也告诉我们既要规范流程，也要定期进行优化和创新，这样才能使企业（团队）具有顽强的生命力。

③ 定期培训

一个企业团队的发展离不开培训，这样才能保证在新老交替、团队拓展的情况下不影响企业的发展。其中，在企业团队中营销团队的人员流动率最高，所以定期的培训就显得更加重要了。

营销团队定期培训的内容应该包括入职培训（企业简介信息、行业相关信息、企业产品信息等）、岗位培训（营销制度、营销流程、汇报流程、异常处理流程、营销部门相关表格填制要求等）、营销培训（营销理论及实战技巧、营销案例演习等）。一般培训的频率应保持两周一次，在新员工入职阶段，培训频率应该更高，有时甚至连续性地培训。

同时，为了确保培训效果，培训过后必须要进行学习考评，考评方式有很多种，常见的有提供培训者出具的培训试卷、案例演习；还有营销团队成员自己做的学习总结。培训试卷与我们考试的试卷近似，案例演习以我们实际工作中的案例为基础进行改编和升华后让学员参与其中模拟练习。

④ 案例分析

案例分析是营销团队管理中的必修课，因为通过这种方法团队成员能成长得更快。案例分析可以放到培训中进行，也可以放在营销会议中进行，也可以单独进行。具体如何实施可结合大家所在企业的实际情况而设定，比如，我在以前的工作中就采取了案例分析在营销会议中进行。为了使营销会议高效，我将会议设定成了三个部分：第一个部分为解决问题部分，即让营销团队成员将所遇到的困难作为案例提出来，让大家分析、解答，我再做最后总结；第二部分为分享快乐部分，即让营销团队成员将在工作中处理得好的案例分享给大家学习探讨；第三部分为安排计划部分，即由我布置下阶段的详细营销计划，这样前后衔接，确保执行高效。会议最后我还会随机指定会议记录人员（不提前指定，这样能确保全员都认真开会）进行会议记录整理，整理过后经过审批，审批过后的正式版本在营销QQ群或微信群中进行共享。

⑤ 客户跟进

在本书第二部分第八章《客户跟进管理》中我们详细分析了为什么要做客户跟进管理及如何做好客户跟进管理。但此章是在站在营销人员角度来分析，那么站营销团队管理者的角度该如何来做呢？

第一，我们一定要设定客户跟进管理工作并规范客户跟进管理的表格。

第二，我们一定要在培训时向下传达客户跟进管理的意义并指导成员如何做客户跟进管理。

第三，团队成员在提交客户跟进表格时要进行审批并指出不合理部分及提供建议，以确保客户跟进真实有效。

⑥ 个案协助

在进行营销团队管理时，经过了本章上面几个部分的工作，营销团队成员应该基本上能独当一面了。但是在实际操作中并没有那么理想化，会碰到各种各样的挑战，作为团队负责人这时就应该进行协助和指导，帮助团队成员渡过难关，这就是我们所谓的个案协助。这个动作是非常必要的，一是能保持团队成员的营销兴趣；二是团队成员可以在我们协助的过程中提升更快；三是能提高员工的忠诚度及团队凝聚力；四是能确保团队业绩。

⑦ 奖罚分明

只要谈到管理就离不开奖罚，营销团队的管理也不例外。奖励的设置能提高团队的积极性，惩罚的设置能避免团队的后进。虽然说奖罚设置对团队管理有这么大的好处，但是设置得不好却会适得其反，因为人们总是对奖励和惩罚的尺度不满意。如何运用好奖罚设置，在此我向大家讲几个要点。

7.1 扬善于公堂，规过于私室

曾国藩有一句名言：扬善于公堂，规过于私室。意思是批评别人，最好在私人的密室里进行；表扬别人最好在公众场合进行。为什么要这样呢？当众批评一个人，那个人会觉得你不给他面子。轻者，他表面上可能不说什么，但他心里肯定难过；稍重者，他会当场表示不满，使你难以下台；重者，他会从内心痛恨你，产生破罐子破摔的心理。而当众表扬一个人，那个人会觉得你给他的面子，对你不但心存感激，以后还会继续发扬受到表扬的某种美德。因为每个人都希望得到多数人的认可、称赞。作为团队管理者，做到这一点是很有必要的，也是人文管理的一个重要法宝。如果有些问题必须在大会上讲，那最好不点名，只说有个别人怎么怎么样，引起所有人的警觉，起到敲山震虎的作用。

7.2 奖励方式由管理者设定

奖励方式一般由管理者确定，设定时要以公司政策为依据，并根据马斯洛需求原理（马斯洛需求层次理论是行为科学的理论之一，由美国心理学家亚伯拉罕·马斯洛在1943年在《人类激励理论》论文中所提出。书中将人类需求像阶梯一样从低到高按层次分为五种，分别是生理需求、安全需求、社交需求、尊重需求和自我实现需求，详见图3-5。由此可以看出不同的阶层所需要的奖励诉求是不一样的）进行设定。口头奖励也要讲究方式，有的人喜欢大肆渲染，有的人喜欢一带而过，所以要根据团队成员的性格不同而采取不同的方式。

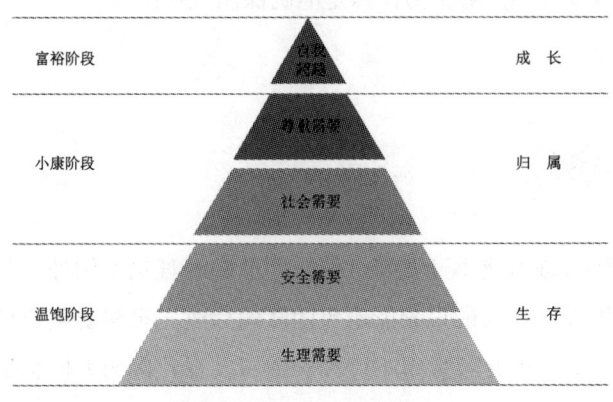

图3-5 马斯洛需求层次图

7.3 惩罚方式由团队成员设定

惩罚方式是最容易让人有争议的，是轻是重很难把握。如何让人心服口服，有一个很好的建议是惩罚方式由团队成员自己设定，设定过后进行公示，如果没有实现目标或没有完成任务则按自己公示过的惩罚方式进行惩罚。我以前在进行团队管理时就采用了此法，取得了非常好的效果。

7.4 杜绝朝令夕改，但可定期更新

有很多团队管理者有一个误区，认为有不合理之处就立马调整，从表面上看是不存在什么问题，但是仔细分析后就会发现弊端。弊端有：丧失团队制度的持续性；丧失管理者的威信；丧失团队成员的稳定性，这是非常可怕的，当团队成员不知道自己所面临的未来是什么样子时，就会迷茫、退缩，所以坚决杜绝朝令夕改。

但是杜绝朝令夕改并不意味着不能更新，为了使制度更加合理化，适时更新也是必须存在的。一般一个企业制度的更新都以年为节点，比如规定一年当中某一个月为制度优化月，所以我们一旦对制度有什么好的建议可以平时先登记下来，等到制度更新期间再提出来，以便于企业制度的优化。

第四章　制作营销各类报表

本章要点

- 营销各类报表种类
- 关键营销报表及其作用
- 关键营销报表制作方法
- 关键营销报表参考样本

① 营销各类报表种类

一般来说营销部门都应该包括三个主要职能部门：一是市场部，主要职责是市场调查、配合产品设计、配合营销策划；二是营销部（市场开拓型），主要职责是市场开拓、客户维护；三是客服部，主要职责是文案支持、客户服务。按照这个思路，营销部门的表格都是围绕这三个职能部门展开的。

1.1　市场部门所涉及的报表

①市场调研计划表

②市场巡回调查日报表

③市场巡回调查月报表

④市场开拓可行性调查表

⑤市场开拓可行性分析表

⑥其他

1.2 营销部（市场开拓型）所涉及的报表

①需求确认表

②客户跟进表

③报价单

④解决方案

⑤服务质量反馈表

（以上都包含在营销流程中）

⑥日绩效考核表

⑦周报表

⑧月报表

⑨节点控制表

⑩费用报销申请表

（以上都包含在汇报流程中）

⑪8D改善行动报告

⑫项目会议记录表

（以上都包含在异常情况处理流程中）

⑬营销代表绩效考核表

⑭营销助理绩效考核表

⑮其他

1.3 客服部所涉及的报表

①客户档案表

②客户信用明细表

③客户购买数量分析表

④畅销商品登记表

⑤滞销商品登记表

⑥产品使用情况调查表

⑦同类产品竞争厂商调查表

⑧其他

② 关键营销报表及其作用

上节中我们对营销报表按种类进行了罗列，虽不全面但基本上涵盖了营销的整个环节，不同的企业会有不同的表现形式。处于营销成熟阶段的我们，是营销团队的管理者，需要着重了解营销部（市场开拓型）所涉及的报表。其中关键营销报表及其作用介绍如下。

①需求确认表——便于跟客户进行需求确认

②客户跟进表——便于维护客户关系

③报价单——便于向客户传递书面产品价格

④解决方案——便于向客户展示整个项目解决过程及服务保障

⑤服务质量反馈表——便于随时掌握自身企业服务状况

⑥日绩效考核表——便于营销团队成员高效工作

⑦周报表——便于营销团队成员工作更有计划性及随时给出指导意见

⑧月报表——便于月度绩效考核

⑨节点控制表——便于让每一个节点都有效

⑩费用报销申请表——便于营销人员报销营销费用

⑪8D改善行动报告——便于处理异常情况

⑫项目会议记录表——便于项目会议更高效有价值

⑬营销代表绩效考核表——便于对营销代表进行绩效考核

⑭营销助理绩效考核表——便于对营销助理进行绩效考核

③ 关键营销报表制作方法

3.1 需求确认表

《需求确认表》一般在拜访客户过后根据拜访笔记所整理（也可以提前设计好的《需求调查表》的形式在拜访时问询使用，但是鉴于其效果不太建议使用，因为这会让客户业务项目具体负责人有强大的心理压力，反而得到的信息更少），并以邮件或其他书面的形式跟客户进行确认，其目的是明确客户的需求，以确保在制作解决方案时更加精准。一般来说该表的主要要素为：

A. 客户名称及相关信息

B. 需求选项及详细说明

C. 客户对应需求详细信息

D. 双方签名确认

3.2 客户跟进表

客户跟进表是维护客户关系的法宝，是营销人员成长之道中的三个关键点之一。具体内容已在本书第二部分第八章《客户跟进管理》中重点介绍。一般来说该表的主要要素为：

A. 客户名称及相关信息

B. 客户实时跟进情况

C. 主管及经理审批

3.3 报价单

报价单是企业向客户提供价格的书面清单。报价的重要性及相关技巧已经在本书第二部分第九章《报价学问》中重点介绍。一般来说该表的主要要素为：

A. 客户名称及联系方式

B. 报价信息（项目、单价、单位等）

C. 报价说明（结算方式、特殊条款、报价有效期等）

D. 企业信息（名称、印章、日期等）

3.4 解决方案

解决方案又称项目营销方案，项目营销方案是指根据客户业务项目的需求制作的企业解决方案，里面包括的内容非常多，具体制作方法及要素在本部分第五章《制作项目营销方案》中详细阐述。

3.5 服务质量反馈表

服务质量反馈表是提供给客户填制,以了解我们自身所在企业的服务质量的表格。在这个表格里应该包括自身所在企业所有的服务项目及项目负责部门,这样才能准确了解自身所在企业的服务质量。一般来说该表的主要要素为:

A. 填制客户企业名称

B. 服务项目及负责部门

C. 评分标准及评分

D. 填制要求

E. 客户签章

3.6 日绩效考核表

日绩效考核表是由营销团队成员填制,营销主管或经理定期检查的一种绩效考核表格。此表格设定的目的是让营销团队成员把握好每一天。一般来说该表的主要要素为:

A. 每日需做工作罗列

B. 评分标准及评分

C. 自我签名

3.7 周报表

周报表也是由营销团队成员填制,每周定点提交给营销主管或经理的一种工作汇报表格。此表格设定的目的是让营销团队成员更有计划地完成工作。一般来说该表的主要要素为:

A. 填制人及所属部门

B. 本周工作汇报(包括事项及完成情况、总结等)

C. 下周工作计划

D. 领导审批

3.8 月报表

月报表也是由营销团队成员填制，每月定点提交给营销主管或经理的一种工作汇报表格。此表格设定的目的为协助进行月度绩效考核。一般来说该表的主要要素为：

A. 填制人及所属部门

B. 潜在客户情况

C. 成交客户情况

D. 拜访成功率

E. 客户投诉率

F. 客户支付比率

G. 其他

3.9 节点控制表

节点控制表是指在项目操作过程中由项目小组各个成员填制的一种控制表格。此表格设定的目的为让项目按照计划正常进行，如果出现偏差及时纠偏。一般来说该表的主要要素为：

A. 项目名称及目标

B. 项目进程总规划

C. 项目节点罗列及时间计划

D. 节点结果汇报

E. 领导审批

F. 纠偏措施

3.10 费用报销申请表

费用报销申请表是指营销团队成员填制的用于申请外出跑业务所产生的差旅费、交际应酬费等费用的清单。一般来说该表的主要要素为：

A. 申请人及所在部门

B. 费用使用情况（使用项目、金额等）

C. 领导审批

3.11　8D 改善行动报告

8D改善行动报告是指发生客户异常情况（客户异常情况种类详见本书第二部分第六章"处理客户异常情况"）时由改善小组人员填制的一种行动报告。此表格的设定非常有意义，一是规范了我们处理客户异常情况的行为；二是保证了改善行动的有效性。一般来说该表的主要要素为：

A. 客户名称

B. 异常情况具体描述

C. D0-D8的解决情况

D. 结案情况

3.12　项目会议记录表

项目会议记录表是指在企业进行项目操作时用于记录项目讨论会内容的一种记录表。该表格设定的目的为备忘会议内容，以利于整理和分析，从而推动项目的顺利进行。一般来说该表的主要要素为：

A. 会议名称及开会日期

B. 参会人员及来自部门

C. 会议主旨及结构

D. 会议详细情况

E. 会议记录审批

3.13　营销代表绩效考核表

营销代表绩效考核表是用于对营销代表进行绩效考核的表格。该表格设定的目的为定期对营销代表进行绩效考核。一般来说该表的主要要素为：

A. 考核对象及职务

B. 考核项目及分值

C. 评分标准

D. 考核评分（自评和他评）

E. 签名

3.14 营销助理绩效考核表

营销代表绩效考核表是用于对营销助理进行绩效考核的表格。该表格设定的目的为定期对营销助理进行绩效考核。一般来说该表的主要要素同营销代表绩效考核表，只有考核项目及分值会有所区别。

④ 关键营销报表参考样本

由于相关参考范本篇幅较大，不方便于本书中一一展示。（如果有需要可添加本文作者微信"angel_lfm"进行咨询交流，谢谢！）

第五章　制作项目营销方案

本章要点

◆ 项目营销方案的概念

◆ 项目营销方案的作用

◆ 项目营销方案的制作

◆ 优质项目营销方案的特点

赢在方案

小张经理和小朱经理同时坐在A公司会议室，准备迎接即将到来的无形的血雨腥风。A公司的会议室今天显得格外严肃，顺着投影仪的光看到投影墙上写着一排大字"欢迎参加A公司**项目招标会"。

除了小张经理和小朱经理之外，来参加投标的还有一家B公司，他们坐下没一会儿，B公司的项目负责人也走了进来，微笑示意过后坐在了有自己名称的座位前，并熟练地打开电脑。看他西装革履、温文尔雅的样子，小张和小朱感觉到一阵惊奇。要说小朱和小张，因为在同一城，彼此又交手多年，所以相互都比较熟悉，但是对于今天旁边B公司的这位不速之客却是深感意外。

"好！大家都到齐啦！那我们现在开始本次的招标会。"A公司王经理站在会议讲台开始主持会议。"本次会议的流程如下：一是本公司招标项目简介；二是各供应商投标方案汇报；三是评标及宣布……，下面开始第一个议程。"

第一个议程过后马上进入了供应商投标方案汇报议程，小张和小朱都按照以往的习惯进行了投标方案汇报，两个眼睛齐刷刷地盯着B公司项目负责人进行汇报。只见他不慌不忙地走向讲台，手握着投影笔，笑容可掬地介绍道："大家好！我是来自B公司营销部门的李**，今天非常高兴代表B公司来参考A公司项目招标会。根据A公司的项目要求，我司提供了两套方案，下面我来介绍一下第一套方案……，第二套方案是……，我的汇报到此结束，谢谢大家！"

语罢，台下响起了掌声，小张和小朱也在不由自主鼓起了掌。

"下面我宣布本项目中标者为：B公司，中标理由：一是方案完善并具有可行性；二是……；三是……，恭喜！也非常感谢其他公司的参考，希望下次有机会再合作。"

其实在小张和小朱心中这样的结果早已预料到，同时在他们心中产生的想法还有"B公司的方案做得真没的说，值得我们学习啊"。

从上面这个案例中我们看到，B公司能赢得此标的第一个理由即是方案完善并具有可行性，真可谓是"赢在方案"啊！的确，在现实营销中有很多这样的例子，项目营销方案的制作已经成为公司的另一竞争力。如何提升这一竞争力即是身为营销经理的我们应该学习的。

① 项目营销方案的概念

项目营销方案又称项目解决方案，是公司向客户推介产品或服务的系统性文件。与公司其他的推介产品或服务的文件（如广告宣传单、公司宣传册、公司网站等）相比，它具有如下的特性。

1.1 针对性

项目营销方案是专门针对某个项目制作的解决方案，它的一切内容都是围绕这个项目展开的，由于每个项目的目的不同，要求也不同，所以一般不具备通用性，有很强的针对性。

1.2 时限性

项目营销方案是专门针对某个项目制作的解决方案，它的一切内容都是围绕这个项目展开的，一般来说每个项目都不是无休止的，而是有起止时间的，所以它有很强的时限性。

1.3 系统性

项目营销方案是专门针对某个项目制作的解决方案，它的一切内容都是围绕这个项目展开的，其中包括了人、财、物的配备；项目总流程及各个分项目的流程及节点控制；服务保障等等。其是一个一环套一环的系统过程，非常具有系统性。

② 项目营销方案的作用

虽然有很多公司都存在营销部门，但并不是每个公司都有项目营销方案，更不是每个营销经理都能制作出一份优质的项目营销方案。正因为如此，项目营销方案体现出它非凡的作用，具体体现如下。

2.1 项目营销方案能体现制作本人的能力

一份优质的项目营销方案如果排版合理、逻辑清晰、主次分明、图文并茂，可行性强，需要制作人有很高的素养，不光需要丰富的理论知识，而且也需要丰富的实战经验，同时文件的严谨、有条理又需要制作人严谨求实的态度。所以说项目营销方案能体现方案制作人的工作能力，一般也会作为绩效考核的依据。

2.2 项目营销方案能体现公司的专业度

一份优质的项目营销方案一定会是逻辑清晰、数据丰富、案例可行，这些并非只是制作者个人能力所左右的，更大程度上因为公司本身，如服务了很多客户、积累了很多经验、储存了很多数据、提供了很多培训，所以才能使方案丰满有效。同时，参加项目小组的成员都是公司的中流砥柱，方案是他们探讨、分析后的结果，方案如果做得优质也体现出公司团队团结、高效、专业。所以说项目营销方案能体现公司的专业度。

2.3 项目营销方案能获得客户的信任

一个客户为什么会选择与我们合作，主要取决于两个条件：一个条件是营销衔接人员获得了客户的认可；另一个条件是企业本身也获得了客户的认可。按照2.1和2.2两个小节内容分析，可以说项目营销方案同时满足了这两个条件，获得了客户的信任。所以说项目营销方案也有获得客户信任的作用。

2.4 项目营销方案能提升双方工作效率

前面介绍了项目营销方案的系统性，因为它考虑全面，包括项目操作的总流程、分项目的流程都清晰在册，并且都进行了详细的说明。如此一来，当进行项目汇报时，客我双方都能快速地了解其精髓，提高了双方的工作效率。

③ 项目营销方案的制作

3.1 确定方案制作人员

3.1.1 制作主导人

制作主导人为业务项目的具体负责人，可以是营销代表，也可以是营销经理。但是因为营销代表实战经验尚不丰富，所以大多数都是由营销经理来主导完成，营销代表来辅助完成。

3.1.2 制作团队

项目营销方案的制作是一个系统过程,涉及的不只是一个部门,所以在制作之前都会根据项目需求成立一个项目小组,项目小组就是制作团队。以我以前所在公司为例,根据客户的物流需求,公司成立了项目小组,详见表5-1。

表5-1 项目小组样式表

项目职责	姓名	职务	电话	邮箱	备注
项目负责		业务经理			
运输需求分析		调度经理			
运输价格核算		核价主管(运输)			
仓储需求分析		仓储经理			
仓储价格核算		核价主管(仓储)			
方案制作		业务经理			
方案完善(报价信息)		核价经理(运输)			
		核价经理(仓储)			
方案审核		营销总监			

3.2 拟订方案制作框架

方案制作框架一般包括以下几个方面:

(1)项目概述

方案里面包括项目单位介绍、项目背景、项目设计原则等内容。

(2)项目需求分析

方案里面包括项目的详细情况,即前面第四章中我们介绍过的"需求确认表"里的全部内容。

(3)项目方案设计

方案里面包括自身所在企业根据客户的需求情况所提供的相应解决方案。建议涉及流程的都用图片展示。比如提供企业形象策划项目,参考操作流程图见图5-1),涉及数据的都用图表显示,这样图文并茂更让人容易理解。

第三部分　成熟篇

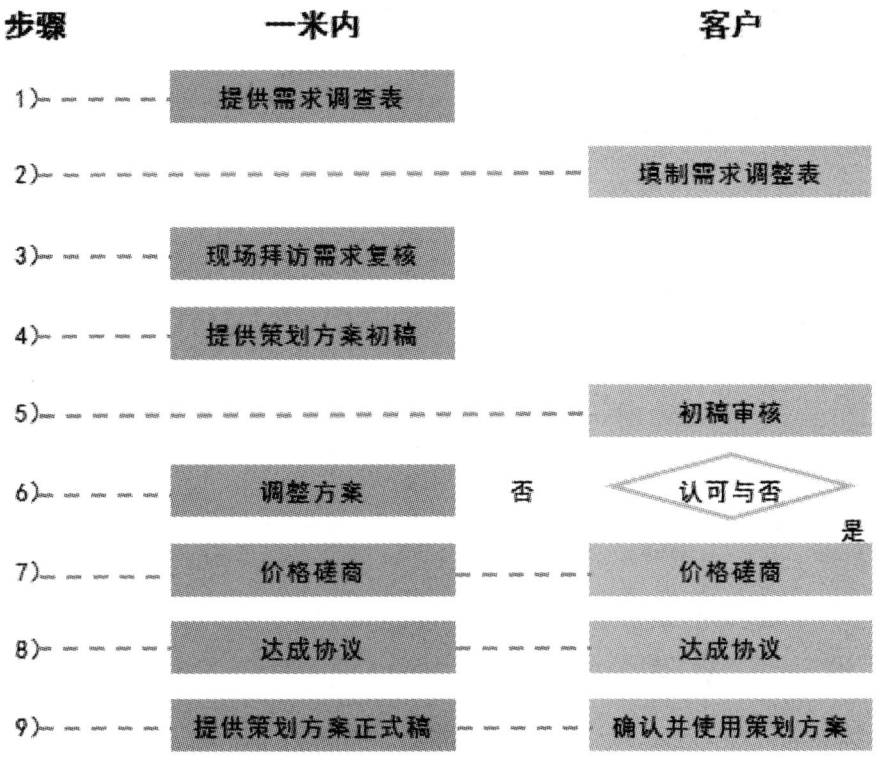

图5-1　形象策划项目流程图

（4）项目风险控制

做任何一个项目时都必须考虑其操作的风险，我们应设置相应的应急措施将其控制在最小，并在方案中详细传达给客户，未雨绸缪往往更能获得客户的信任。

（5）项目服务保障

在同质化的时代，服务看似与项目关系不大，但是它却是获得项目的杀手锏，所以一定要在方案中详细给客户展示出来。

（6）其他内容

如有的方案需要提供详细的费用预算、预使用表格范本等内容。

以上为项目营销方案的大概框架，仅供参考，在现实操作中需根据客户项目的实际情况进行设置，比如有一家做安防的企业所制作的项目营销方案框架，详见图5-2。

目录

第一章 概述 3
第二章 系统设计原则、依据 5
 一、设计原则 5
 二、设计规范和依据 6
第三章 方案设计要求和目标 7
 一、客户需求分析 7
 二、系统主要功能 7
第四章 总体方案设计 8
 一、总体系统构成 8
 二、视频监控系统方案设计 10
  1、系统构成 10
  2、前端设备 10
  3、传输系统 12
  4、控制系统 13
  5、后端设备 14
第五章 设备选型 16
第六章 设备报价清单 21
第七章 售后服务体系 21

图5-2 项目营销方案框架

3.3 根据框架分配任务

项目营销方案框架一定，就可以根据框架将各个任务分配下去，大家精诚合作来完成，以确保项目的可行性。项目任务分配表参考范本见表5-2。

表5-2 项目任务分配表

任务	描述	时间（天）	紧前工序	责任人
START		0		
A	根据客户标书进行需求分析并分发到各负责部门	3		张三
B	运输部门进行运输需求分析（路线整理、车型安排、频次计划）	3	A	李四
C	仓储部门进行仓储需求分析（仓储面积、库位安排、设施安排）	3	A	王五

任务	描述	时间（天）	紧前工序	责任人
D	运输价格测算（路线繁多，工作量大）	8	B	赵六
E	物流系统化方案初稿	5	B, C	钱七
F	仓储价格测算（仓储费、装卸费、搬运费等）	4	C	马八
G	物流系统化方案初稿完善（运输价格部分）	4	D, E	周九
H	物流系统化方案初稿完善（仓储价格部分）	2	E, F	朱十
I	物流系统化方案审核并装订成正稿	2	H, G	孙二
FINISH		0	I	

3.4 任务完成监控

项目任务分配好后需要对项目任务完成情况进行监控，监控方式有很多种，有著名的甘特表即甘特图（Gantt chart）又称为横道图、条状图（Bar chart）。以提出者亨利·L.甘特先生的名字命名。甘特图内在思想简单，即以图示的方式通过活动列表和时间刻度形象地表示出任何特定项目的活动顺序与持续时间。双代号网络图是应用较为普遍的一种网络计划形式。它是以箭线及其两端节点的编号表示工作的网络图，其更适应于复杂的关系及进行工作优化，所以更推荐使用（详见示例图5-2）。在监控的同时要实时对任务进行优化。

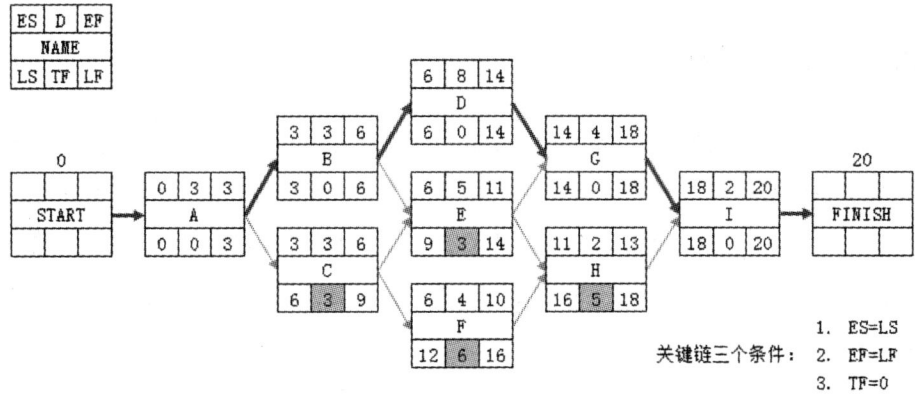

图5-2 任务完成监控双代号网络图

任务优化是通过任务监控双代号网络图来体现的。从图中可以看出。

（1）从任务开始到任务结束的最短时间为20天，根据客户要求的25天提供方案，拥有机动时间可调控。

（2）关键步骤为A、B、D、G、I，由此形成了关键路线图，这几个任务非常关键，所以说这几个任务的负责人非常关键，必须全心全力按计划执行任务，而且安排候补人员，即使有特殊情况发生，也要安排在总要求时间内。

（3）在最短时间内还拥有机动时间的任务为C、E、F、H，机动时间详见双代号网络图中的相对应的TF值（标注绿色字样），因此可以对这几个任务的时间结合实际情况进行优化，以降低成本、提高效率。

3.5 应急处理措施

项目营销方案的应急处理措施应该分为两方面内容：一方面为确保在规定时间内完成项目营销方案而必须设置的应急处理措施，如双代号网络图中提到的关键路线部分任务非常关键，为防止意外就应采取相应的应急处理措施，比如安排候补人员；另一方面为确保项目顺利进行而必须设置的应急处理措施，这种情况需根据项目的实际情况而设置，比如假设我们做的是物流外包的项目，那么针对货物在运输途中如果出现异常情况我们该采取什么样的应急措施（第一步：……；第二步：……；第N步：……）。

3.6 方案完成及提交

项目营销方案如期完成，下面要做的事情就是如何提交给客户。有的会采取纸质装订的形式，有的采取电子版提交的形式，有的是两者兼具。不管是采取什么形式，都要特别注意的一点是：签订保密条款。因为项目营销方案里面包含了我们自身所在企业的商业机密，所以需要签订保密条款进行保护，以避免资料泄漏至竞争对手。

④ 优质项目营销方案的特点

我们刚刚介绍了很多制作项目营销方案的方法，那么怎样才能算优质的项目营销方案呢？其优质性主要体现在以下几个方面。

（1）框架完整有条理

（2）内容全面不重复

（3）逻辑清晰易理解

（4）图文并茂彰水平

（5）排版合理显美感

（6）量身定做细考虑

（7）保密条款不含糊

（8）备选方案不可少

总之，一份优质的项目营销方案，是公司的脸面也是方案制作人的脸面，一字一句都非常重要，相信大家都能通过实践做得非常出色。

第六章 成熟阶段的营销控制[①]

本章要点

- ◆ 营销控制的概念
- ◆ 营销控制的作用
- ◆ 营销控制的程序
- ◆ 营销控制所包含的内容
- ◆ 成熟阶段的营销控制

导 读

科诺公司的营销控制[②]

武汉科诺公司是由武汉东湖高新集团、武汉东湖高新农业生物工程有限公司和湖北省植保总站于1999年5月共同组建的一家高科技企业，注册资本8000万元人民币，主要从事生物农药及其他高效、低毒、无公害农药的研发、生产、销售和推广。

截止到2000年5月，科诺公司共有员工1033名，其中有601名销售人员，这些销售人员直接分布在全国各市场片区。这充分体现出营销工作在科诺公司的重心地位，同时也反映出营销工作的成败直接影响了科诺公司的生存和发展。科诺公司的营销管理工作主要有以下几个特点。

---

① 本章部分内容选自《市场总监实战操典》（程爱学总主编．北京大学出版社，2013.1）及 MBA 智库（http://wiki.mbalib.com/wiki/%E8%90%A5%E9%94%80%E6%8E%A7%E5%88%B6）。

② 本案例选自陈昀、贺远琼的《我国企业营销控制模式研究》，《商业研究》2006 年 8 期。

第三部分 成熟篇

1. 公司正处于生命周期的导入期，开拓市场、销售额最大化是公司的首要目标。

2. 公司的主要产品是生物农药，属于有形产品，销售业绩目标的可量化程度较高。

3. 销售区域分布广，销售过程透明度不高，公司总部对各片区销售人员行为的可控性较低，因此销售人员有可能"粉饰"销售业绩，并牺牲公司长期发展而获取个人短期利益。

4. 生物农药产品直接面对的是农村市场，销售人员主要是与农民消费者打交道，大多数销售人员是在当地市场直接招募的，因此综合素质不高。

因此，公司在市场部设置了督办部，设计了一种"双回路"的营销控制模式，并且这种营销控制模式对公司早期的快速成长以及规范销售人员的行为发挥了重要的作用。"双回路"营销控制模式主要强调工作计划与督办落实两条腿走路，一方面要求销售人员做出详细的工作计划，包括具体的销售业绩目标，另一方面派出督办人员不定期地到市场一线去检查工作计划的完成情况，并及时反馈检查的结果。督办人员的工作目的不是为了"挑刺"，找出销售人员工作中的不规范行为，而是帮助销售人员解决工作中的困难，及时"纠偏"，从而顺利完成销售目标。

科诺公司的这种营销控制模式实际上是将结果控制、过程控制以及他人控制等几种类型的营销控制有机地结合起来了（见图6-1），而且在每种类型的营销控制中设计和运用的具体方法和流程之间也是相互联系，相互支撑的。因此该种整合的营销控制模式较好地弥补了单个控制模式的不足之处，并使其发挥了"1+1>2"的作用。

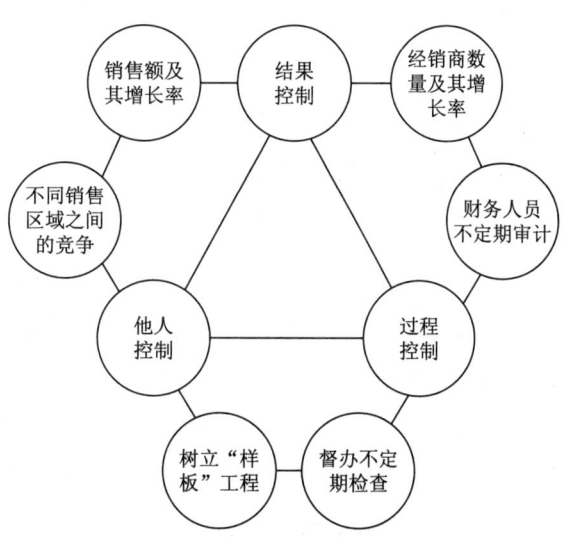

图6-1 科诺公司营销控制模式图

从以上案例及分析中，我们可以看出营销控制对公司的成长非常重要，科诺公司正是通过一种"双回路"的营销控制模式规范了销售人员的行为，达到了公司快速成长的目的。那么营销控制是什么？如何进行营销控制？下面章节中将跟大家一一介绍。

① 营销控制的概念

所谓营销控制是指衡量和评估营销策略与计划的成果，以及采取纠正措施以确保营销目标的完成。营销不是无节制、不计成本的活动。营销活动脱离营销计划而行，营销目标就不切实际，利用公司有限的资源投入到无利可获的营销活动中，销售队伍占有公司巨额的资源而贡献甚小等等，这些种种失控表现对于公司意味着成本的增加。营销总监必须加强对市场营销的控制，确保公司活动按计划规定的预期目标运行，跟踪公司营销活动的每一个环节并加以管理，以确保其按计划运行，使营销业绩与预期目标一致。营销总监进行的营销控制主要有年度计划控制、盈利能力控制和营销效率控制等。本章我们探讨的是成熟阶段的营销控制，将主要集中在销售额与费用比分析和营销团队效率两部分。

② 营销控制的作用

实行营销控制的最根本原因在于，计划通常是建立在事先对众多不确定因素的某种假定基础上的，而在计划实施过程中遇到的现实并不总与事先的假定相一致，即难免会遇到各种意料之外的事，或者现实发展超出事先假定，或者计划并不能保证目标实现，这时就需要通过营销控制及早发现问题，并对计划或计划的实施方式做出必要的调整。营销控制的作用主要体现在以下三个方面。

（1）调整差距，保证计划

这是营销控制最基本的作用，也是实行营销控制最主要的原因。

(2)发现问题,避免事故

营销控制作为企业管理的一个过程应贯穿于企业市场营销活动的始终,并跟踪营销活动的每一个环节,这样有助于及早发现问题,采取有效措施,避免可能的事故。

(3)监督激励,提高效率

通过营销控制可以发现哪些部门工作完成得好,哪些员工的工作效率比较高。如果企业能建立相应的奖惩制度,就可以极大地调动员工积极性,激励他们更加努力地去实现企业的营销目标。

③ 营销控制的程序

有效的营销控制共有七个步骤:确定控制对象、设置控制目标、建立衡量尺度、确立控制标准、比较绩效与标准、分析偏差原因、采取改进措施。操作流程见图6-2。

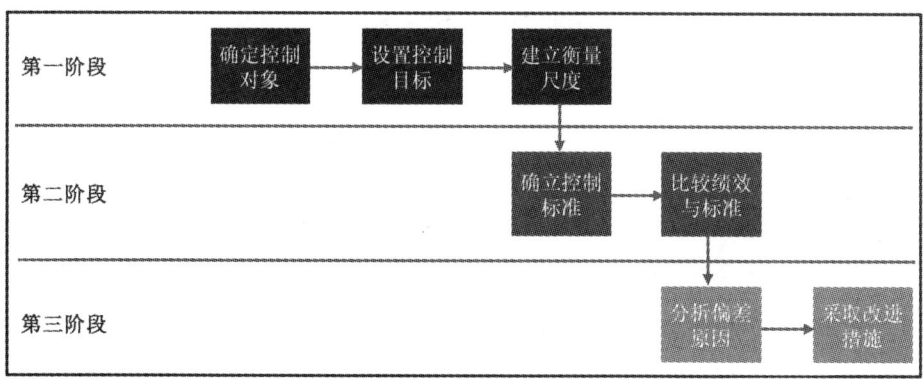

图6-2 营销控制流程图

④ 营销控制所包含的内容

4.1 年度计划控制

4.1.1 销售差异分析

衡量并评估企业的实际销售额与计划销售额之间的差异情况。

譬如，某公司在苏州、无锡、常州三个地区的计划销售量分别是2000件、1500件、1000件，总计4500件，而实际总销量是3800件，三个地区分别是1200件、1400件、1200件，与计划的差距分别为-40%，-6.7%，+20%。通过分析可知，苏州是造成困境的主要原因。因而应进一步查明苏州地区销量减少的原因。

4.1.2 市场占有率分析

衡量并评估企业的市场占有率情况。根据企业选择的比较范围不同，市场占有率一般分为3种：

（1）全部市场占有率：企业的销售额（量）占行业销售额（量）的百分比。

（2）目标市场占有率：企业的销售额（量）占其目标市场总销售额（量）的百分比。

（3）相对市场占有率：企业的销售额（量）和几个最大竞争者的销售额（量）的百分比。

4.1.3 营销费用率分析

衡量并评估企业的营销费用对销售额的比率，还可进一步细分为人力推销费用率、广告费用率、销售促进费用率、市场营销调研费用率、销售管理费用率等。

4.1.4 顾客态度追踪

企业通过设置顾客抱怨和建议系统、建立固定的顾客样本或者通过顾客调查等方式，了解顾客对本企业及其产品的态度变化情况，进行衡量并评估。

4.2 盈利能力控制

盈利能力控制一般由财务部门负责，旨在测定企业不同产品、不同销售地区、不同顾客群、不同销售渠道以及不同规模订单的盈利情况的控制活动。

盈利能力指标包括资产收益率、销售利润率和资产周转率、现金周转率、存货周转率和应收账款周转率、净资产报酬率等。

企业要取得较高的盈利和较好的经济效益，一定要对直接推销费用、促销费用、仓储费用、折旧费、运输费用、其他营销费用，以及生产产品的材料费、人工费和制造费用进行有效控制，全面降低支出水平。

4.3 营销效率控制

假如盈利分析发现公司在某些产品、地区或市场方面的赢利不佳，那接下来要解决的问题是寻找更有效的方法来管理销售队伍、广告、促销和分销。

4.3.1 销售团队效率

各销售经理可用这些指标考核和管理销售队伍，以提高销售人员的工作效率。

（1）销售人员日均拜访客户的次数。

（2）每次访问平均所需时间。

（3）每次访问的平均收益。

（4）每次访问的平均成本。

（5）每百次销售访问预定购的百分比。

（6）每月新增客户数目。

（7）每月流失客户数目。

（8）销售团队成本对总销售额的百分比。

4.3.2 广告效率

为提高广告宣传的效率，经理应掌握这些统计资料：

（1）每种媒体接触每千名顾客所花费的广告成本。

（2）注意阅读广告的人在其受众中所占的比率。

（3）顾客对广告内容和效果的评价。

（4）广告前后顾客态度的变化。

（5）由广告激发的询问次数。

4.3.3 营业推广效率

为了提高促销效率，企业应注意的统计资料有：

(1) 优惠销售所占的百分比。
(2) 每一单位销售额中所包含的陈列成本。
(3) 赠券回收率。
(4) 因示范引起的询问次数。

4.3.4 分销效率

主要是对分销渠道的业绩、企业存货控制、仓库位置和运输方式的效率进行分析和改进,提高分销的效率。

5 成熟阶段的营销控制

营销控制一般由营销部负责人(营销总监或副总)来进行主导,部分由营销经理或主管来进行主导,整个营销团队进行配合完成。其中,由营销部负责人(营销总监或副总)进行主导的营销控制项目将于本书第四部分介绍,本章我们重点介绍一下由成熟阶段(营销经理或主管)来进行主导的营销控制项目。

5.1 营销费用率分析

衡量并评估企业的营销费用对销售额的比率,还可进一步细分为人力推销费用率、广告费用率、销售促进费用率、市场营销调研费用率、销售管理费用率等。

例如,假定某家公司的费用与销售额比率为25%,即每销售100元货物,支出营销费用30元。又假定营销费用由五部分构成:人力推销费用占10元,广告费用占7元,销售促销费用占4元,市场营销调研费用占1元,销售管理费用占3元。那么它们与销售额的比率就分别为10%、7%、4%、1%、3%。

当然这些比率在实际操作时会发生细微的变化,于是我们在进行营销控制时都会设定一定的区间,通常也允许存在一个正常的偏差值。但当波动超过正常的范围时,就应引起关注。我们以广告费为例来分析一下,假定广告费用与销售额比的正常波动区间为6%~10%,用跟踪波动情况的控制图来分析,如图6-3所示:

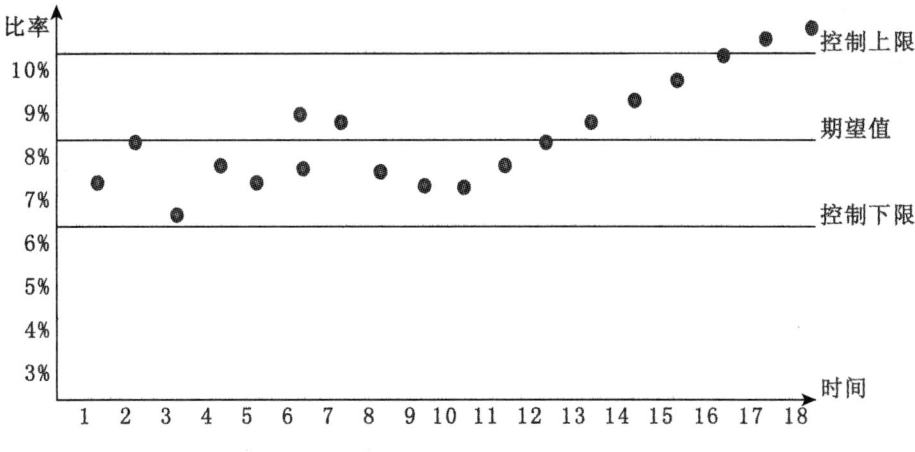

图6-3 广告费用与销售额比率控制图模型

通过上图我们可以看出有两个异常点值得我们重视：

（1）从第10期开始，比值呈持续上升状态。在独立事件影响下，遇到六次连续上升的概率只有$(1/2)^6=1/64$，故这个不寻常的情况应迟早引起注意。

（2）连续上升最终在第16期达到控制上限，并于第17、18期超出允许范围，须立即进行调查并采取措施。

其他营销费用率分析方法同此法，此外，还有一种营销费用率分析方法值得推荐，它采取的是偏差图的形式，可用来评价不同地区或不同产品达到的销售额与费用目标的比较，方法见图6-4所示。

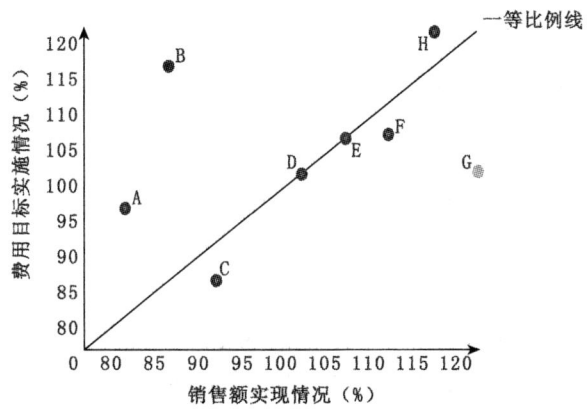

图6-4 费用销售额偏差图

通过上图我们可以看出，区域D达到的销售额目标与费用目标成等比，区域E超额完成了销售额（105％），费用也相应超出了部分（105％），这两种状态是符合标准的。

区域A完成了销售额80％，费用却高达95％，区域B完成了销售额85％，费用却高达115％，区域H虽然超额完成了销售额115％，费用却高达120％，这三个区域则低于标准，不可取，其中最糟糕的是区域B；区域C完成了销售额90％，费用为85％，虽然费用控制得比较好，但是销售额却没达到目标。区域F超额完成了销售额达到110％，费用为105％；区域G超额完成了销售额120％，费用为100％，这两个区域非常优秀，不但超额完成了销售目标，而且费用控制得也非常好，其中以区域G最为优秀。

下面一步就是个案分析，树立区域G、区域F为学习典型，让其他区域向其学习。

同时把一等比例线以上的几家偏差很大的区域资料、数据进行收集，并专题讨论、分析其偏差原因，再根据其原因进行改善。

5.2 销售团队效率

各销售经理可用这些指标考核和管理销售队伍，提高销售人员的工作效率。

（1）销售人员日均拜访客户的次数。

（2）每次访问平均所需时间。

（3）每次访问的平均收益。

（4）每次访问的平均成本。

（5）每百次销售访问预定购的百分比。

（6）每月新增客户数目。

（7）每月流失客户数目。

（8）销售团队成本对总销售额的百分比。

以上指标都是处于成熟阶段的我们必须掌握的，算法非常简单，只要在日常工作中登记仔细，确保数据不要有误。而且每个企业因为其客户群体不同、产品不同，对数据标准的要求也不同，所以说没有固定的标准。当我们开始进行此项营销控制时，要用计算出来的数据与本公司的要求数据标准做对比，如果发现偏差大的要及时采取措施。比如当通用电气公司在做此项营销控制时，如果发现销售代表访问顾客的次数过于频繁时，公司方面就能够缩小它某个事业部的销售队伍规模，而不减少销售量；一个大型航空公司在做此项营销售控制时发现，它的销售员既搞销售又搞服务，于是公司就将服务工作转交给客服团队去做，以确保销售效率。又比如，如果在我们在做此项营销控制时发现其中有一月客户流失率超出标准范围，这时就应该引起警觉，调查分析看看究竟是外部的原因还是营销团队内部的原因，并及时采取措施。

第七章　运用简单的营销工具[1]

本章要点

- ◆ 甘特图
- ◆ 单代号网络图
- ◆ 双代号网络图

导读

为什么要掌握以下这几个工具，原因是要想做好营销，特别是高层营销，项目化操作是非常必要的，这样才能不折不扣保证服务的质量、提高团队的绩效以及提升自身的逻辑思维，为早日步入营销升华阶段打下良好基础。

① 甘特图

1.1 甘特图的概念

甘特图（Gantt chart）又称为横道图、条状图（Bar chart）。以提出者亨利·L.甘特先生的名字命名。

甘特图内在思想简单，即以图示的方式通过活动列表和时间刻度形象地表示出任何特定项目的活动顺序与持续时间。基本是一条线条图，横轴表示时

---

[1] 本章有部分内容摘录于百度百科。

间，纵轴表示活动（项目），线条表示在整个期间上计划和实际的活动完成情况。它直观地表明任务计划在什么时候进行，及实际进展与计划要求的对比。管理者由此可便利地弄清一项任务（项目）还剩下哪些工作要做，并可评估工作进度。

1.2 甘特图的含义

（1）以图形或表格的形式显示活动

（2）一种通用的显示进度的方法

（3）构造时应包括实际日历天数和持续时间，并且不要将周末和节假日算在进度之内

甘特图具有简单、醒目和便于编制等特点，在企业管理工作中被广泛应用。甘特图按反映的内容不同，可分为计划图表、负荷图表、机器闲置图表、人员闲置图表和进度表等五种形式。

1.3 甘特图的优劣势

1.3.1 优势

（1）通俗易懂：图形化概要，通用技术，易于理解。

（2）运用普遍：中小型项目一般不超过30项活动。

（3）使用方便：有专业软件支持，无须担心复杂计算和分析。

1.3.2 劣势

（1）功能较单一：甘特图事实上仅仅部分地反映了项目管理的三重约束（时间、成本和范围），因为它主要关注进程管理（时间）。

（2）使用受局限：尽管能够通过项目管理软件描绘出项目活动的内在关系，但是如果关系过多，纷繁芜杂的线图必将增加甘特图的阅读难度。

1.4 甘特图的绘制步骤

1.4.1 明确项目内容

项目内容包括项目名称（包括顺序）、开始时间、工期，任务类型（依赖/决定性）和依赖于哪一项任务。

1.4.2 创建甘特图草图

在草图中将所有的项目按照开始时间、工期标注到图上。

1.4.3 确定项目活动依赖关系及时序进度

使用草图，按照项目的类型将项目联系起来，并安排项目进度。此步骤将保证在未来计划有所调整的情况下，各项活动仍然能够按照正确的时序进行。也就是确保所有依赖性活动能并且只能在决定性活动完成之后按计划展开。

同时避免关键性路径过长。关键性路径是由贯穿项目始终的关键性任务所决定的，它既表示了项目的最长耗时，也表示了完成项目的最短可能时间。请注意，关键性路径会由于单项活动进度的提前或延期而发生变化，而且要注意不要滥用项目资源。同时，对于进度表上的不可预知事件要安排适当的富裕时间（Slack Time）。但是，富裕时间不适用于关键性任务，因为作为关键性路径的一部分，它们的时序进度对整个项目至关重要。

1.4.4 计算单项活动任务的工时量

1.4.5 确定活动任务的执行人员并适时按需调整工时

1.4.6 计算整个项目时间

1.5 甘特图的应用范围

1.5.1 项目管理

在现代的项目管理（包括营销项目）中，甘特图被广泛地应用。这可能是因为其最容易理解、最容易使用并体现最全面。它可以让你预测时间、成本、数量及质量上的结果并回到开始。它也能帮助你考虑人力、资源、日期、项目中重复的要素和关键的部分，你还能把10张不同方面的甘特图集成为一张总图。以甘特图的方式，可以直观地看到任务的进展情况，资源的利用率等等。

1.5.2 其他领域

如今甘特图不单单被应用到生产管理领域，随着生产管理的发展、项目管理的扩展，它被应用到了各个领域，如建筑、IT软件、汽车等等。

1.6 甘特图的软件制作工具

1.6.1 Microsoft Office Project

微软出品的通用型项目管理软件，在国际上享有盛誉，凝集了许多成熟的项目管理现代理论和方法，可以帮助项目管理者实现时间、资源、成本的计划、控制。

1.6.2 Gantt Project

JAVA开源的项目管理软件，支持可用资源、里程碑、任务/子任务，以及任务的起始日期、持续时间、相依性、进度、备注等等，可输出 PNG/JPG 图片格式、HTML 网页，或是 PDF 档案格式。

1.6.3 VARCHART XGantt

NET甘特图控件，支持以甘特图、柱状图的形式来编辑、打印以及图形化的表示数据，能够实现与Project或P/6相似界面效果，并支持集成到项目管理、生产排程等应用程序中。甘特图控件VARCHART XGantt让您能够以横道图、柱状图的形式来编辑、打印以及图形化地表示您的数据，它能在几分钟之内实现您想要的甘特图开发，而且只需要通过简单设计模式下的属性页配置，您可以不写一行代码就能快速地让VARCHART XGantt控件适应您的客户的各种需求，其强大的功能可与Microsoft的project系列产品媲美。

1.6.4 jQuery.Gantt

基于jQuery的一个甘特图图表插件，可以实现甘特图。功能包括：读取JSON数据，结果分页，对每个任务用不同颜色显示，使用一个简短的描述作为提示，标注节假日等。

1.7 甘特图案例展示

案例：假定小王是某公司的HR部门负责人，应公司要求，于下两周开展一个新员工招聘及培训工作，具体工作情况如表7-1所示。

表7-1　工作情况表

工作计划	时间要求	备注
拟定招聘广告/定稿	1天	根据人员需求部门要求拟定
准备工作	3天	发布人才招聘信息及人才市场物色
简历筛选/初试	2.5天	简历筛查
初试	2天	第一轮初试（HR人员参与即可）
集体面试/复试	3天	第二轮复试（HR部门及人员需求部门共同参与）
入职培训	2天	公司企业文化及员工守则、公司制度等培训

根据工作情况表，我们绘制甘特表如下（表7-2）：

完成时间 工作计划	周六	周日	周一	周二	周三	周四	周五	周六
拟定招聘广告/定稿								
准备工作								
简历筛选/初试								
初试								
集体面试/复试								
入职培训								

表7-2　甘特图表样

② 单代号网络图

2.1　单代号网络图的概念

单代号网络图是以节点及其编号表示工作，以箭线表示工作之间逻辑关系的网络图，并在节点中加注工作代号、名称和持续时间。

用一个圆圈代表一项活动，并将活动名称写在圆圈中。箭线符号仅用来表示相关活动之间的顺序，不具有其他意义，因其活动只用一个符号就可代表，故称为单代号网络图。

2.2 单代号网络图的特点

（1）单代号网络图用节点及其编号表示工作，而箭线仅表示工作间的逻辑关系。

（2）单代号网络图作图简便，图面简洁，由于没有虚箭线，产生逻辑错误的可能较小。

（3）单代号网络图用节点表示工作：没有长度概念，不够形象，不便于绘制时标网络图。

（4）单代号网络图更适合用计算机进行绘制、计算、优化和调整。最新发展起来的几种网络计划形式，如决策网络（DCPM）、图式评审技术（GERT）、前导网络（PN）等，都是采用单代号表示的。

2.3 单代号网络图的基本符号

2.3.1 节点

单代号网络图中每个节点表示一项工作，节点用圆圈或矩形表示；节点所表示的工作名称、持续时间和工作代号等应标注在节点内。单代号网络图中的节点必须编号，编号标注在节点内，其号码可间断，但是严禁重复。一项工作必须有唯一的一个节点及相应的一个编号。（箭线的箭尾节点编号应小于箭头节点编号）

2.3.2 箭线

单代号网络图中的箭线表示紧邻工作之间的逻辑关系，既不占用时间，也不消耗资源。箭线应画成水平的直线、折线或斜线，箭线水平投影方向应自左向右，表示工作的进行方向。工作之间的逻辑关系包括工艺关系和组织关系，在网络中均表现为工作之间的先后顺序。

2.3.3 线路

单代号网络图中的各条线路应用线路上的节点编号从小到大依次表述。

2.3.4 示范图样

单代号网络图示范图样见图7-1。

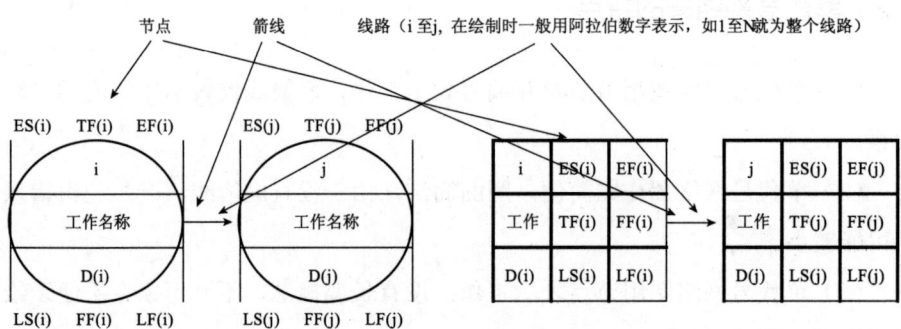

图7-1 单代号网络图示范图样

2.4 绘制规则

（1）单代号网络图必须正确表达已定的逻辑关系。

（2）单代号网络图中严禁出现循环回路。

（3）单代号网络图中严禁出现双箭头或无箭头的连线。

（4）绘制网络图时，箭线不宜交叉，当交叉不可避免时可采用过桥法和指向法绘制。

（5）单代号网络图中应有一个起点节点和一个终点节点。

单代号网络图绘制规则详细图样见第三节双代号网络图中所示。

2.5 依赖关系

（1）完成对开始（FS）：后续活动的开始要等到先行活动的完成。

（2）完成对完成（FF）：后续活动的完成要等到先行活动的完成。

（3）开始对开始（SS）：后续活动的开始要等到先行活动的开始。

（4）开始对完成（SF）：后续活动的完成要等到先行活动的开始。

2.6 单代号网络图中的时间参数计算方法

网络计划中各项工作的最早开始时间和最早完成时间的计算应从网络计划的起点节点开始，顺着箭线方向依次逐项计算。计算方法见图7-2。

1. 计算最早完成时间：$ES_1=0$； $EF_i=ES_i+D_i$ $ES_j=Max\{EF_i\}$ $T_c=EF_n$
2. 相邻工作时间间隔：$LAG_{i,j}=ES_j-EF_i$
3. 总时差：终点节点 $TF_n=T_p-T_c$ 其他节点 $TF_i=Min\{LAG_{i,j}+TF_j\}$
4. 自由时差：终点节点 $FF_n=T_p-EF_n$ 其他节点 $FF_i=Min\{LAG_{i,j}\}$
5. 最迟时间：$LF=EF+TF$； $LS=ES+TF$

图7-2　单代号网络图计算方法

2.7 单代号网络图示例

示例：已知某个项目，工作项目及时间列表如下表7-3，试用单代号网络图找出逻辑关系，并计算时间参数及找出关键路线。

表7-3　项目情况表

工作	A	B	C	D	E	F
工期	3	5	7	4	6	0
紧前工作		A	A	B	B、C	D、E

第一步：找出逻辑关系（图7-3）

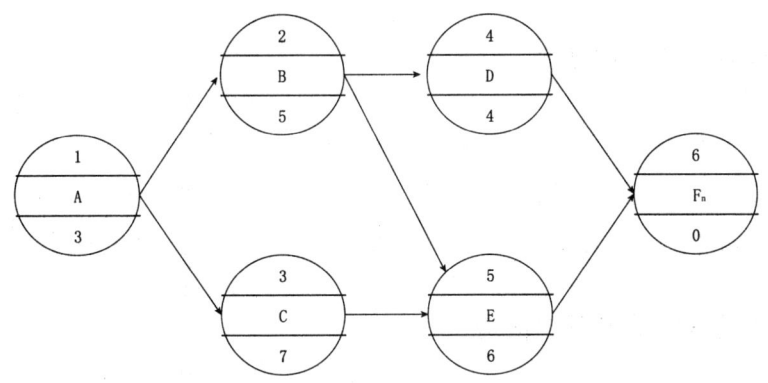

图7-3　单代号逻辑关系图

第二步：计算时间参数（图7-4）

第三步：分析关键线路

根据计算结果，总时差为零的工作：A、C、E为关键工作，因此关键路线如粗黑箭头所示：A、C、E、F，即1-3-5-6为关键线路。

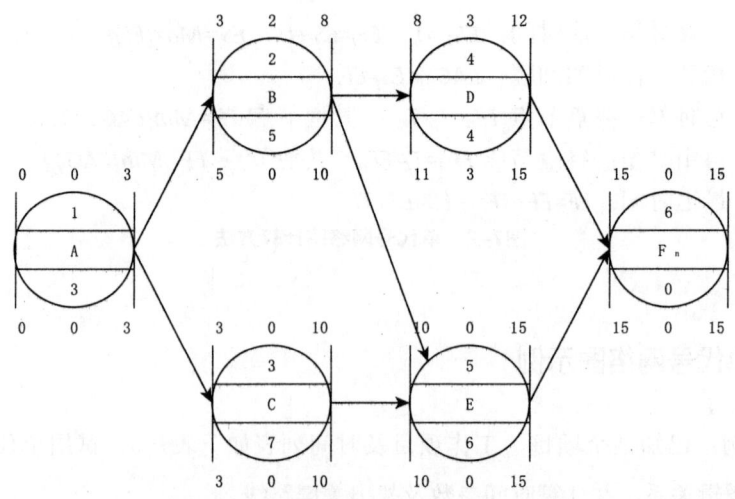

图7-4 单代号网络计划时间参数计算结果图

③ 双代号网络图

3.1 双代号网络图的概念

双代号网络图是应用较为普遍的一种网络计划形式。它是以箭线及其两端节点的编号表示工作的网络图。双代号网络图中，每一条箭线应表示一项工作。箭线的箭尾节点表示该工作的开始，箭线的箭头节点表示该工作的结束。

3.2 双代号网络图的基本符号

3.2.1 箭线

在双代号网络中，工作一般使用箭线表示，任意一条箭线都需要占用时间，消耗资源，工作名称写在箭线的上方，而消耗的时间则写在箭线的下方。

3.2.2 虚箭线

虚箭线是实际工作中不存在的一项虚设工作，因此一般不占用资源，消耗时间，虚箭线一般用于正确表达工作之间的逻辑关系。

3.2.3 节点

节点反映的是前后工作的交接点，接点中的编号可以任意编写，但应保证后续工作的结点比前面结点的编号大，即图中的i<j，且不得有重复。

3.2.4 起始节点

起始节点即第一个节点，它只有外向箭线（即箭头离向接点）。

3.2.5 终点节点

终点节点即最后一个节点，它只有内向箭线（即箭头指向接点）。

3.2.6 中间节点

中间节点指既有内向箭线又有外向箭线的节点。

3.2.7 线路

网络图中从起始节点开始，沿箭头方向通过一系列箭线与节点，最后达到终点节点的通路，称为线路。一个网络图中一般有多条线路，线路可以用节点的代号来表示，比如①—②—③—⑤—⑥线路的长度就是线路上各工作的持续时间之和。

3.2.8 关键线路

关键线路即持续时间最长的线路，一般用双线或粗线标注，网络图中至少有一条关键线路，关键线路上的节点叫关键节点，关键线路上的工作叫关键工作。

3.2.9 样本图示

下图为一张双代号网络图（图7-5），为了便于大家记忆，现将各个基本符号进行了标注，以供大家参考、学习。

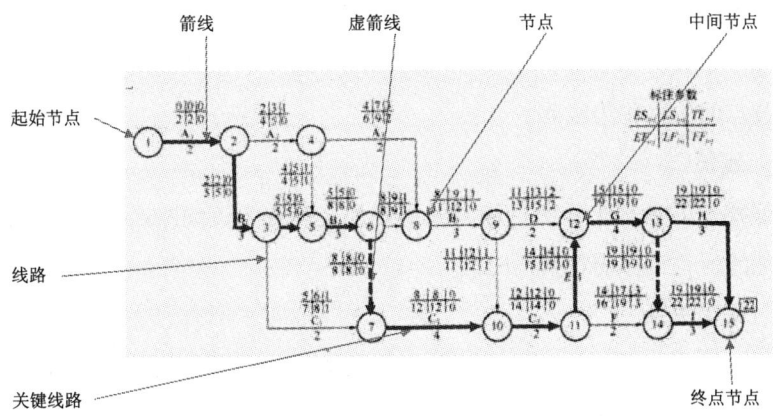

图7-5 双代号网络图图示

3.3 术语解释

3.3.1 工作

工作是指计划任务按需要粗细程度划分而成的、消耗时间或同时也消耗资源的一个子项目或子任务。根据计划编制的粗细不同，工作既可以是一个建设项目、一个单项工程，也可以是一个分项工程乃至一个工序。

3.3.2 虚工作

一般情况下，工作需要消耗时间和资源（如支模板、浇筑混凝土等），有的则仅是消耗时间而不消耗资源（如混凝土养护、抹灰干燥等技术间歇）。在双代号网络图中，有一种既不消耗时间也不消耗资源的工作——虚工作，它用虚箭线来表示，用以反映一些工作与另外一些工作之间的逻辑关系。

3.3.3 节点

节点是指表示工作的开始、结束或连接关系的圆圈（或其他形状的封密图形）。

3.3.4 箭线

箭线的出发节点叫作工作的起点节点，箭头指向的节点叫作工作的终点节点。任何工作都可以用其箭线前、后的两个节点的编码来表示，起点节点编码在前，终点节点编码在后。

3.3.5 线路

网络图中从起点节点开始，沿箭头方向顺序通过一系列箭线与节点，最后达到终点节点的通路称为线路。

3.3.6 线长

一条线路上的各项工作所持续时间的累加之和称为该线路之长，它表示完成该线路上的所有工作需花费的时间。

3.3.7 逻辑关系

网络图中工作之间相互制约或相互依赖的关系称为逻辑关系，包括工艺关系和组织关系，在网络中均表现为工作之间的先后关系。

3.4 绘图规则

1.双代号网络图必须正确表达已定的逻辑关系。网络图中常见的各种工作逻辑关系的表示方法如表7-4所示

表7-4 双代号逻辑关系说明表

序号	工作之间的逻辑关系	网络图中的表示方法	说明
1	A、B两项工作依次施工		A制约B的开始，B依赖A的结束
2	A、B、C三项工作同时开始施工		A、B、C三项工作为平行施工方式
3	A、B、C三项工作同时结束		A、B、C三项工作为平行施工方式
4	A、B、C三项工作，A结束后，B、C才能开始		A制约B、C的开始，B、C依赖A的结束，B、C为平行施工
5	A、B、C三项工作，A、B结束后，C才能开始		A、B为平行施工，A、B制约C的开始，C依赖A、B的结束
6	A、B、C、D四项工作，A、B结束后，C、D才能开始		引出节点j正确地表达了ABCD之间的关系
7	A、B、C、D四项工作，A完成后，C才能开始，A、B完成后，D才能开始		引出虚工作i、j正确地表达它们之间的逻辑关系

序号	工作之间的逻辑关系	网络图中的表示方法	说明
8	A、B、C、D、E五项工作，A、B、C完成后，D才能开始，B、C完成后，E才能开始	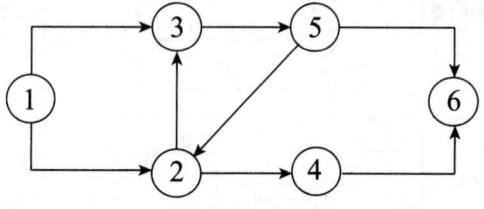	引出虚工作i、j正确地表达它们之间的逻辑关系
9	A、B、C、D、E五项工作，A、B完成后，C才能开始，B、D完成后，E才能开始		

2. 双代号网络中严禁出现循环回路。所谓循环回路（见图7-6）是指从网络图中某一个节点出发，顺着箭线方向又回到了原来出发点的线路

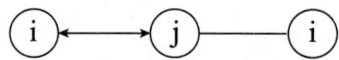

图7-6 错误图示：循环回路图

3. 双代号网络中，在节点之间严禁出现带双向箭头或无箭头的连线（见图7-7）

图7-7 错误图示：双箭头和无箭头图

4. 双代号网络中，严禁出现没有箭头节点或没有箭尾节点的箭线（见图7-8）

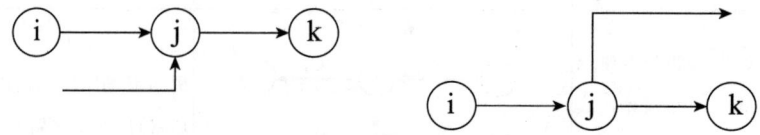

图7-8 错误图示：无箭头节点和无箭尾节点图

5. 当双代号网络图中的某些节点有多条外向箭线或多条内向箭线时，可以使用母线画法，但应满足一项工作用一条箭线和相应的一对节点表示（图7-9）

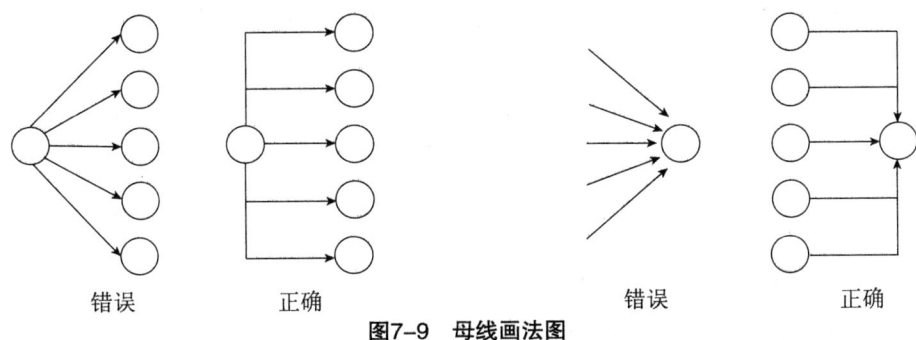

图7-9 母线画法图

6. 绘制网络图时，箭线不宜交叉。当交叉不可避免时，可用过桥法或指向法（图7-10）

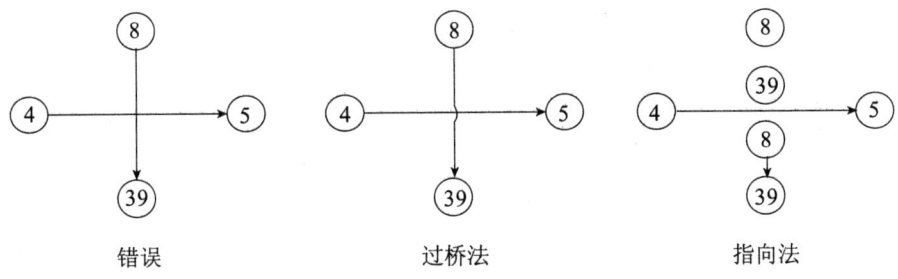

图7-10 过桥法和指示法图

7. 双代号网络图中应有一个起点节点和一个终点节点（多目标网络计划除外），而其他所有节点均应是中间节点（图7-11）

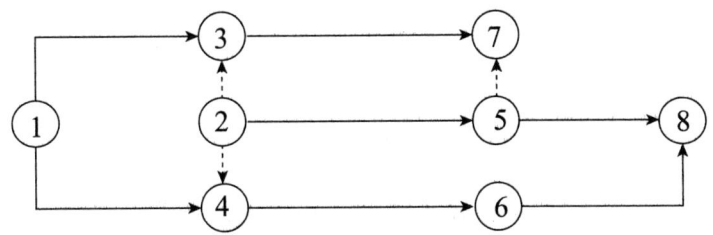

图7-11 错误图示：多终点节点图

- 265 -

8. 双代号网络图应条理清楚，布局合理。例如，网络图中的工作箭线不应画成任意方向或曲线形状，尽可能用水平线或斜线；关键线路、关键工作安排在图面中心位置，其他工作分散在两边；避免倒回箭头等（图7-12）

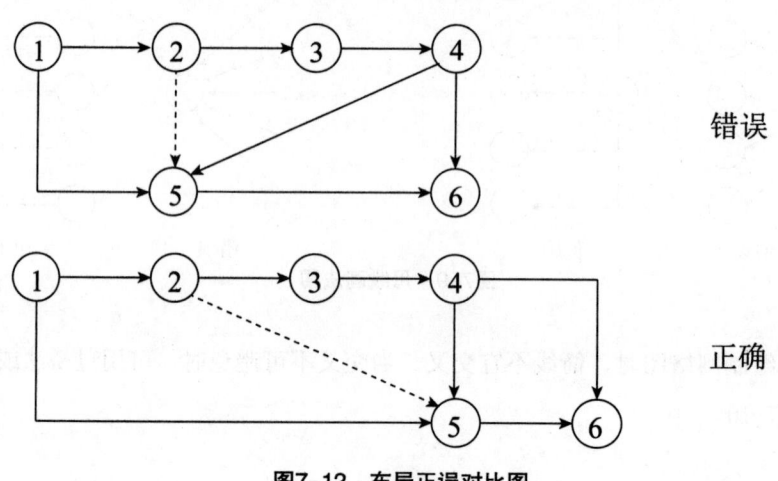

图7-12 布局正误对比图

9. 网络图中不允许出现相同的节点或工作（图7-13）

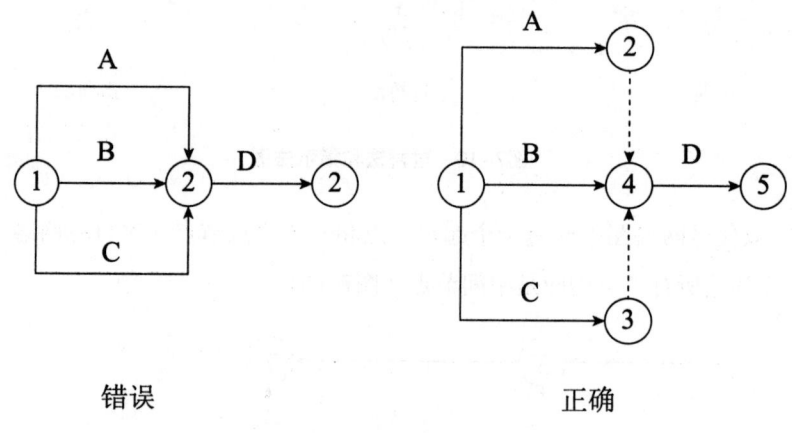

图7-13 节点正误对比图

10. 正确应用虚箭线，力求减少不必要的虚箭线（图7-14）

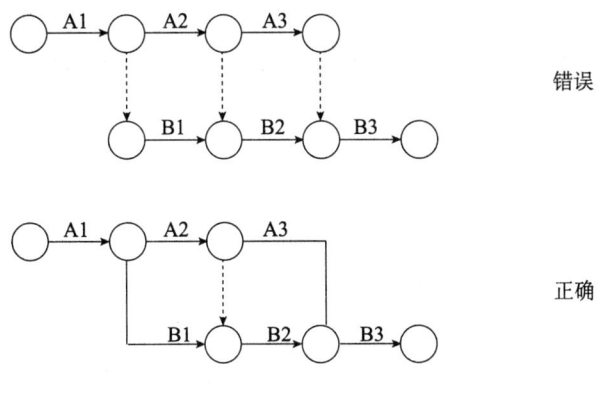

图7-14 虚箭线正误对比图

11. 双代号网络图中,严禁在箭线上引入或引出箭线(图7-15)

图7-15 错误图示:引入或引出箭线图

3.5 双代号网络图中的时间参数及计算方法

双代号网络图中的时间参数主要有六个:

ES:最早开始时间,指各项工作紧前工作全部完成后,本工作最有可能开始的时刻。

EF:最早完成时间,指各项紧前工作全部完成后,本工作有可能完成的最早时刻。

LF:最迟完成时间,不影响整个网络计划工期完成的前提下,本工作的最迟完成时间。

LS:最迟开始时间,不影响整个网络计划工期完成的前提下,本工作最迟开始的时间。

TF:总时差,指不影响计划工期的前提下,本工作可以利用的机动时间;

FF:自由时差,不影响紧后工作最早开始的前提下,本工作可以利用的机动时间。

双代号网络图时间参数的计算一般采用图上计算法，下面用例题进行讲解。

例题：试计算下面双代号网络图中（图7-16），求工作C的总时差。

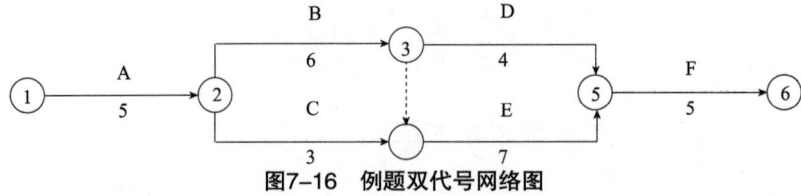

图7-16 例题双代号网络图

最早时间计算：ES，如果该工作与开始节点相连，最早开始时间为0，即A的最早开始时间ES=0。

EF，最早结束时间等于该工作的最早开始+持续时间，即A的最早结束EF为0+5=5。

如果工作有紧前工作的时候，最早开始等于紧前工作的最早结束取大值，即B的最早开始FS=5；同理最早结束EF为5+6=11，而E工作最早开始为B、C工作最早结束（11、8）取大值为11。

最迟时间计算：LF，如果该工作与结束节点相连，最迟结束时间为计算工期23，即F的最迟结束时间LF=23。

LS，最迟开始时间等于最迟结束时间减去持续时间，即LS=LF-D；如果工作有紧后工作，最迟结束时间等于紧后工作最迟开始时间取小值。

时差计算：FF，自由时差=（紧后工作的ES-本工作的EF）。

TF，总时差=（紧后工作的LS-本工作的ES）或者=（紧后工作的LF-本工作的EF）。

该题解析（图7-17）：

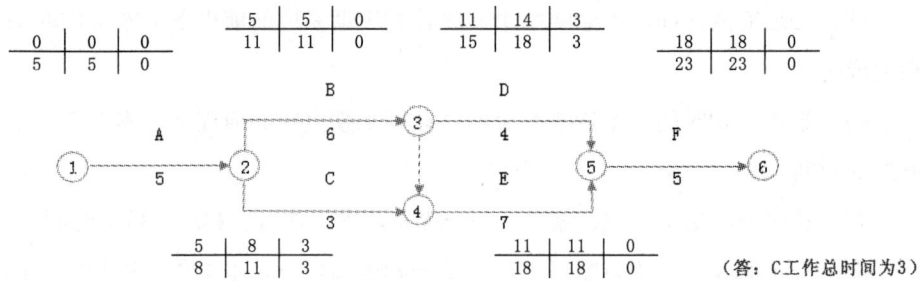

（答：C工作总时间为3）

图7-17 例题解析图

3.6 双代号网络图示例

示例：某网络计划的有关资料如表7-5所示，试绘制双代号网络图，并计算各项工作的时间参数，判定关键线路。

表7-5 项目工作表

工作	A	B	C	D	E	F	G	H	I	J
持续时间	2	3	5	2	3	3	2	3	6	2
紧前工作	/	A	A	B	B	D	F	E、F	C、E、F	G、H

第一步：找出逻辑关系（图7-18）

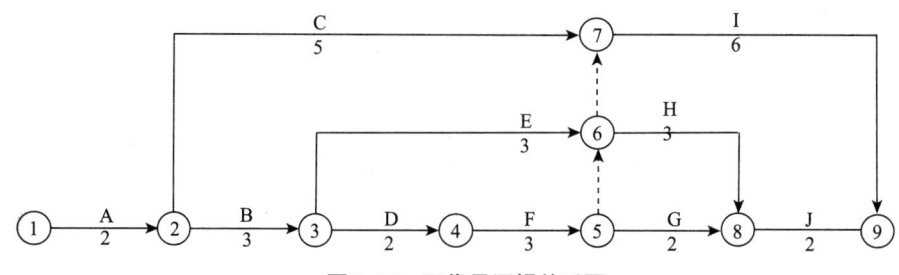

图7-18 双代号逻辑关系图

第二步：计算时间参数

1）假设花费时间与计划时间一致的情况下，时间参数计算图如图7-19。

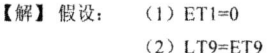

（1）ET1=0
（2）LT9=ET9

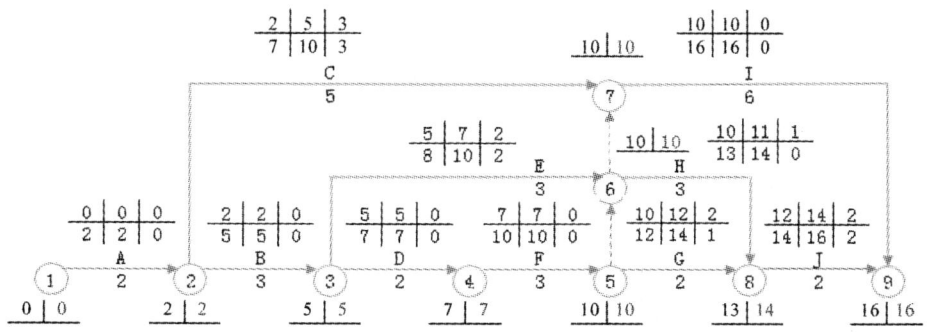

图7-19 双代号网络计划时间参数计算结果图-1

2）假设花费时间与计划时间不一致，计划时间为20天，时间参数计算图如图7-20。

【解】 若Tp=20天

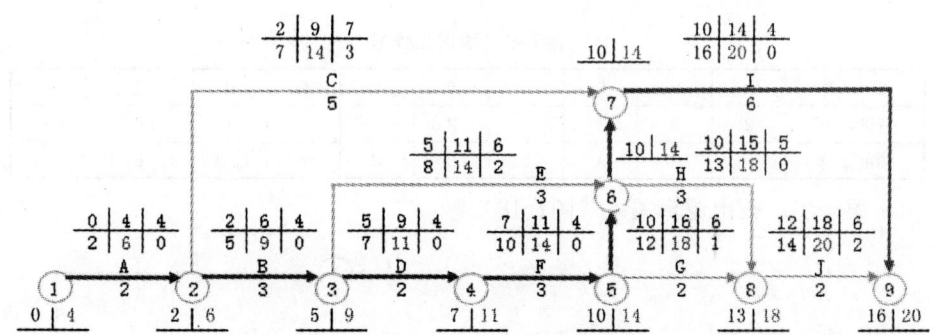

图7-20 双代号网络计划时间参数计算结果图-2

第三步：分析关键线路

根据计算结果，总时差为零的工作：A、B、D、F、I为关键工作，因此关键路线如粗黑箭头所示：A、C、E、F，即1-2-3-4-5-6-7-9为关键线路。

第八章 提升营销理论知识（针对成熟篇）[①]

本章要点

- ◆ 营销调研
- ◆ 创造顾客价值、顾客满意和顾客忠诚
- ◆ 顾客感知价值

① 营销调研

1.1 营销调研的概念

营销调研（Marketing research）是一种系统地进行信息设计、收集，分析和报告，用以解决企业某一营销问题的工作过程。

1.2 营销调研的方式

大多数大型企业都设有营销调研部门，这些部门在企业运营中扮演关键角色。宝洁公司便设有营销调研部门，并称其为顾客与营销知识部（Customer & Marketing Knowledge，CMK），主要负责宝洁企业品牌战略改进和营销计划的执行。宝洁也有一些规模较小但服务于集团的CMK，它们并不关注任何具体的企业生产线或产品，而是侧重于集团整体的发展规划。

[①] 本章内容摘录于《营销管理》（第14版，全球版），菲利普·科特勒、凯文·莱恩·凯勒著，王永贵等译，中国人民大学出版社，2012.4。

然而并非只有预算充足和设立营销调研部门的大公司才实施营销调研,在一些小型的公司里,每个人都可以实施营销调研,甚至包括对公司的顾客进行调研。小型企业通常可以雇用企业外的专业营销调研公司实施营销调研,也可以采用具有创意且费用不高的其他方式来执行营销调研,如以下几种。

(1)委托学生或教授进行设计和实施营销调研

国外许多企业都热衷于这种方式,他们称之为众播方法。众播方法是企业邀请学生对某一主题进行竞赛并且向参赛都提供赞助,如创新挑战赛(Innovation Challenge)便是由很多优秀的MBA学生组成团队参加竞赛。学生从中得到亲身体验和锻炼,而公司则获得解决问题的新视野。使用这种方法公司的支出不多,通常可能只是付给咨询公司费用的很小部分。

(2)利用互联网

公司可以用非常低的成本,通过浏览竞争对手网站、监测聊天室的交谈内容以及评估一些公开出版资料的方式来收集所需信息。

(3)观察竞争对手

许多小型公司,如饭店、广告公司、分销商和其他营销团队伙伴可以分享他们所拥有的相关市场知识。那些以中小企业为目标市场的合作伙伴也许对中小企业的发展很有帮助。例如,为进入中国的航运业,UPS公司对中国市场实施了几次深度访谈,不仅了解了中国市场的复杂性,而且调研结果对中小企业的发展提供了机会。

(4)专业合作伙伴

营销调研公司、广告公司、分销商和其他营销伙伴可以分享它们所拥有的相关市场知识。

1.3 营销调研的程序

如图8-1所示,一个有效的营销调研过程应当包括六个步骤。

确定营销问题和识别调研内容 → 编制调研计划 → 收集信息 → 分析信息 → 展示调研结果 → 制定营销决策

图8-1 营销调研过程

② 创造顾客价值、顾客满意和顾客忠诚

建立忠诚顾客群是每一个企业的核心任务。正如营销专家唐·佩珀斯（Don Peppers）和玛莎·罗杰斯（Martha Rogers）所说的：

公司能创造的唯一价值来自现有顾客和未来顾客。公司正是通过获得顾客、维系顾客、培育顾客而获得成功。顾客是企业兴建厂房、招募员工、安排会议、铺设光缆、参与商业活动的唯一原因。没有顾客，就没有公司。

相信顾客是公司唯一"利润中心"的经理们以图8-2（A）的传统组织结构图来思考顾客所处的位置，即金字塔的顶端是总裁，管理人员在中间，一线人员和顾客在底层，这种组织架构已经过时了。

营销成功的公司将传统的组织架构图倒过来，变成图8-2（B）。图的顶端是顾客；从重要性上来看，接下来是那些面对顾客、服务顾客和使顾客满意的一线人员；再下来是中层管理者，他们的工作是支持一线员工，使他们能更好地为顾客服务；最底层才是高层管理者，他们的工作是聘用和支持优秀的中层管理者。在图8-2（B）的两侧加入顾客，这表明每一层的管理者都必须亲自了解、满足和服务于顾客的需求。

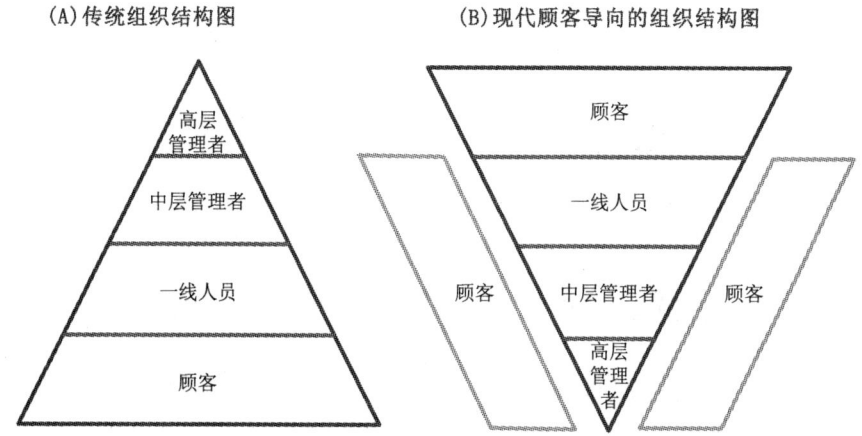

图8-2　传统组织结构与现代顾客导向的公司组织结构

一些公司已经建立了将顾客位于顶端的模型，将顾客拥护作为战略和竞争优势。随着数字技术的发展，如互联网，信息日益灵通的顾客期望公司能做

得更多，不仅仅是与顾客联系、让顾客满意，甚至不仅仅让顾客感到欣喜。他们期望公司能够倾听并给予回应。2008年，当欧迪办公公司将顾客评论加到公司网站上时，销售额和销售洽谈显著增加。该公司还将相关的评论内容放到付费广告当中。结果，网站的销售额和访问网站的新顾客数量的增长都超过了150%。

③ 顾客感知价值

与以往相比，现在的顾客受过更多的教育，有机会接触更多的信息，而且，他们还有很多办法能验证公司的宣传并找出更好的。

那么，顾客最后是如何做出选择的呢？顾客是在搜寻成本、有限的知识、流动性和收入的约束下，追求价值最大化。顾客会估计哪种产品或服务能够传递最大的感知价值（出于任何原因）并采取行动（如图8-3所示）。

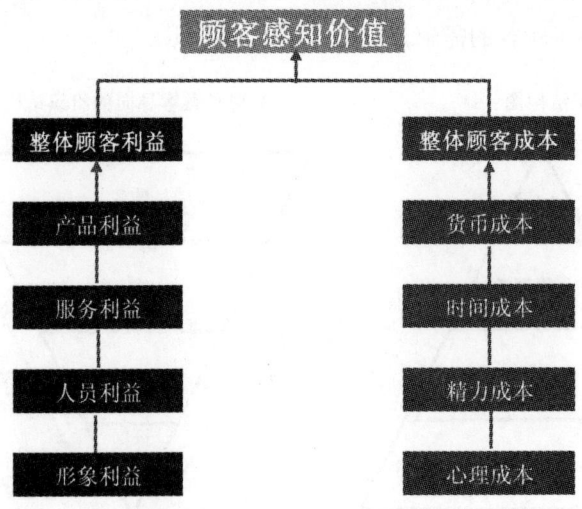

图8-3　顾客感知价值的决定因素

顾客感知价值（customer perceived value，CPV）是指潜在顾客对一个产品或服务以及其他选择方案能提供的所有利益和所有相关成本的评价之间的差异。

整体顾客利益（total customer benefit）是顾客从某一特定的产品或服务中，由于产品、服务、人员和形象等原因，在经济性、功能性和心理上所期望获得的一组利益的感知货币价值。

整体顾客成本（total customer cost）是顾客在评估、获得、使用和处理该产品或服务时发生的一组认知成本，包括货币成本、时间成本、精力成本和心理成本。

因此，顾客感知价值是基于顾客对从不同选项上获得的整体利益与所支付的整体成本之间的差异。顾客得到利益，也要有所付出。顾客感知价值是一个有用的分析框架，可应用于许多情况并提供更广阔的视野。其含义如下：第一，销售人员必须评估自己与竞争对手提供的整体顾客利益与整体顾客成本，以了解购买者心中对产品的评估。第二，不具有顾客感知价值优势的销售人员有两个选择：提高整体顾客利益或降低整体顾客成本。前者要求强化或扩充所提供的产品、服务、人员和形象的经济利益、功能利益和心理利益。后者则要求通过降低价格、简化订购和送货程序或者提供担保减少顾客风险等手段来减少购买者的成本。

第九章　成熟篇总结

本章要点

- ◆ 成熟阶段在职业提升趋势图中的位置
- ◆ 成就营销梦想系列营销人员成熟之宝
- ◆ 本篇知识点总结
- ◆ 笔者寄语升华阶段的小伙伴

① 成熟阶段在职业提升趋势图中的位置

成熟阶段是继成长阶段后的另一个阶段（详见图9-1），这个阶段是我们管理能力提升的关键时期，一般来讲度过这个阶段至少要三五年，也有的人会在此阶段停留很长一段时间乃至整个职业生涯。如何缩短这个阶段的时间？只有两个字："借力"。借"小团队（意指本部门）""大团队（意指本公司）""大组织（意指上下游）""大供应链（意指整个生态环境）"的力，以提升自身的管理能力，顺利度过成熟阶段，步入升华阶段。

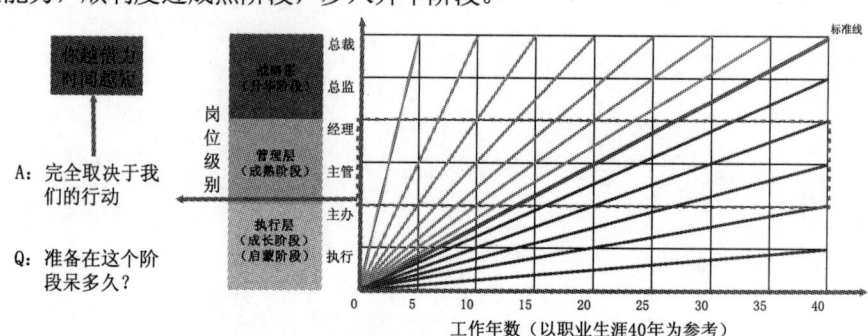

图9-1　成熟阶段在职业提升趋势图中的位置

② 成就营销梦想系列营销人员成熟之宝

营销人员成熟之宝，即是"合"，那就是"合"作，与团队成员合作；与客户单位合作；与大供应链合作。为什么这么说？是因为到了成熟阶段，我们就真正踏上了营销管理者的行列，是从"律己"到"律己并且律他"的过渡。在这个过程中，我们会发现，"个人"的作用越来越微小，"小团队（意指本部门）""大团队（意指本公司）""大组织（意指上下游）""大供应链（意指整个生态环境）"的作用则变得越来越清晰，越来越强大。

我们从"合"字出发，为便于大家记忆，提炼出"合"的两个要点：一个团队、统一口径（详见图9-2），并将本章所学知识合理地融入其中（详见图9-3）。

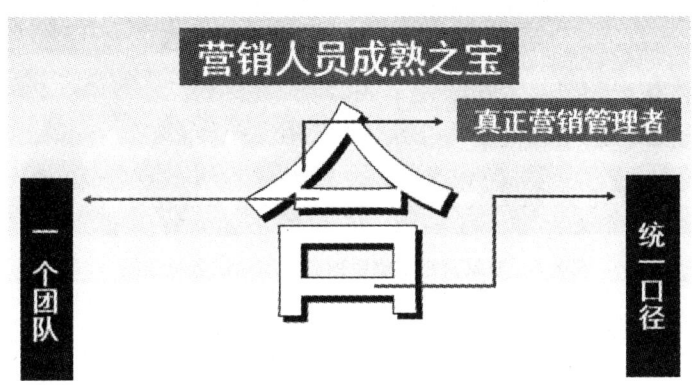

图9-2 营销人员成熟之宝总结构图

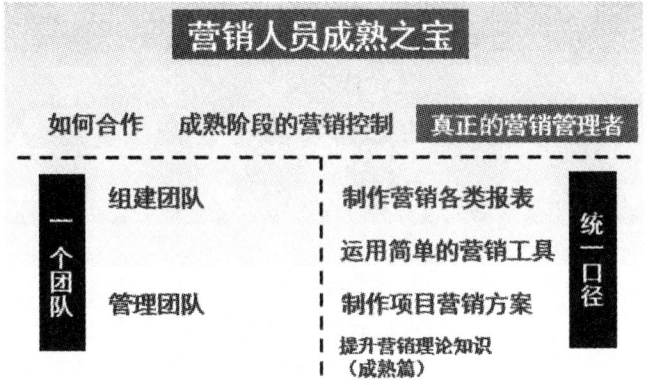

图9-3 营销人员成熟之宝内容

③ 本篇知识点总结

成熟篇共九章，包括：如何合作、组建团队、管理团队、制作营销各类报表、制作项目营销方案、成熟阶段的营销控制、运用简单的营销工具、提升营销理论知识、成熟篇总结。九章中包含的知识点非常丰富，其中我们必须掌握的知识点整理如下（图9-4）：

1	合作对象值多少	12	关键营销报表及作用
2	合作四部曲	13	关键营销报表制作方法
3	团队人员测评八要素	14	项目营销方案只做六个步骤
4	团队人员挑选四标准	15	优质项目营销方案八要素
5	团队潜能激发深入浅出三层次	16	营销控制程序、内容
6	团队"5A"精神	17	成熟阶段的营销控制
7	分工合作—提倡—协助	18	营销工具三张图
8	管理团队七要素	19	营销调研的程序及方式
9	规范流程四个规范	20	传统组织结构与现代顾客导向的公司组织结构
10	奖罚分明四个要点	21	顾客感知价值的决定因素
11	营销各类报表种类		

图9-4　成就营销梦想系列成熟篇知识点总结图

④ 寄语成熟阶段的小伙伴

《合作之美》

宇宙何其浩瀚

我们只是一分子

大地何其辽阔

我们只是一尘埃

海洋何其壮阔
我们只是一滴水

独木不成林
孤掌难共鸣
合作并肩走
心灵齐步行

共行倍努力
共创翻佳绩
共担百日苦
共享千日甜

黄河咆哮之势
壮哉！壮哉！

第四部分
升华篇 Part 4

处于升华阶段的我们春风得意，有着梦寐以求的独立大办公室，但是却被一种无形的气氛萦绕着，那就是高处不胜"寒"，这种"寒"来自于公司的厚望、来自于整个团队的责任、来自于所有团队成员的命运，自己的稍有不慎，都可能影响着大家。

注：第四部分升华篇适用于营销总监（或其他营销部门总负责人）。

第一章 制作公司营销计划

本章要点

- ◆ 公司营销计划的概念
- ◆ 营销计划的框架
- ◆ 营销计划的制作方法
- ◆ 营销计划的执行流程
- ◆ 营销计划的参考范本

① 公司营销计划的概念

1.1 概念

公司营销计划（以下简称营销计划）是指营销部门负责人根据上期营销计划的完成情况，并结合营销团队的现状，以季度、半年度、年度为期限所制作的本期整体营销计划。

1.2 作用

1.2.1 营销计划是营销工作目标的向导

在营销计划中，最重要的一个部分就是下期的业绩目标，业绩是营销部门存在的价值，所以被称为营销工作目标的向导。

1.2.2 营销计划是营销资源配置的依据

企业经营的资源包括人、财、物，营销资源也不例外，人是指营销团队人员数，财是指营销成本，物是指营销辅助资料、物件等。营销资源的配置是根据业绩目标而确定的，所以说营销计划是营销资源配置的依据。

1.2.3　营销计划是营销绩效考核的标准

营销绩效考核是通过营销控制体现的。通过本书第三部分第六章《成熟阶段的营销控制》，我们了解到营销控制的重点对象之一即是年度营销计划，所以说营销计划是营销绩效考核的标准。

1.2.4　营销计划是营销负责人的能力体现

营销计划制作合理，体现在既能保证企业利益又能确保员工达成率高。简单的一句话却对营销负责人（制作人）的要求特别高，公司往往也以此来考核营销负责人，所以说营销计划是营销负责人的能力体现。

2　营销计划的框架

营销计划的框架大致分为两大部分内容，第一部分为上期计划完成情况分析、总结；第二部分为本期营销计划，详细框架情况如图1-1所示。

目　录

```
一、2012年度市场营销总结 ································································ 3
  （一）、2012年度所订营销计划 ························································ 3
  （二）、2012年度营销总体情况 ························································ 3
    1、2012年度所订计划内营销完成情况 ············································ 3
    2、2012年度所订计划外营销完成情况 ············································ 6
  （三）、2012年度营销分析 ····························································· 7
    1、失败案例分析 ······································································· 7
    2、成功案例分析 ····································································· 10
二、2013-2015年度营销计划 ····························································· 13
  （一）、2013-2015年度营销计划 ···················································· 13
  （二）、营销计划执行环境分析 ······················································· 15
    1、外部环境分析 ····································································· 15
    2、内部环境分析 ····································································· 15
  （三）、营销计划保障 ·································································· 17
    1、营销现状分析及需完善方案 ···················································· 17
    2、营销战略方案 ····································································· 22
    3、协调各职能战略 ·································································· 24
```

图1-1　营销计划框架参考图样1

成就营销梦想

与此同时，由于本期营销计划时间跨度较大，一般有三到五年，有的甚至十年，在此时间跨度中间，我们一般还需要做年度营销计划，比如图1-1营销计划中本期时间跨度为2013年至2015年，2013年年底，我们也需做年度营销计划，此营销计划主要是对已过去的一年进行总结，同时对本期营销计划进行调整和优化。这种营销计划的框架也大致分为两大部分内容，第一部分为上年度计划完成情况分析、总结；第二部分为本期营销计划调整、优化方案，详细框架情况如图1-2所示。

目　录

一、2013年度营销计划实施情况 4
　（一）、业绩完成情况 4
　　1、2013年度所订计划 4
　　2、2013年度计划完成情况 4
　（二）、人才储备情况 5
　（三）、绩效考核情况 5
　　1、日常工作 5
　　2、绩效考核 5
　（四）、相关支持情况 9
　　1、公司支持 9
　　2、部门支持 10
二、2014-2016年度营销计划调整方案 10
　（一）、营销环境分析 10
　　1、宏观环境（PEST） 10
　　2、微观环境（SWOT） 15
　（二）、营销市场重新定位 16
　　1、市场细分情况 16
　　2、选择目标市场 16
　　3、重新市场定位 17
　（三）、营销战略重新制定 17
　　1、差异化战略 18
　　2、低成本战略 18
　　3、集聚化战略 18
　（四）、营销战术重新制定 20
　　1、业务结构战术 20
　　2、客户定价战术 20
　　3、客户维护战术 21
　　4、客户开发战术 22
　（五）、营销预测 28
　　1、三年预测总表 28
　　2、2014年度详细计划 29

图1-2　营销计划框架参考图样2

3 营销计划的制作方法

3.1 拟定框架

在本章第2节中我们已经介绍了营销计划的框架,这只是大致的方向仅供参考,大家在实际操作的过程中需根据自身企业的实际情况进行拟定,但是必须包括上期总结和本期计划两部分内容。

3.2 搜集数据

营销计划的框架拟定后,接下来的工作就是搜集数据。数据包括以下几部分。

(1) 上期业绩完成情况

—业绩目标制定情况

—业绩目标达成情况

(2) 上期人才储备情况

—计划人才储备情况

—完成人才储备情况

(3) 上期绩效考核情况

—团队绩效考核情况

—个人绩效考核情况

—日常汇报考核情况

(4) 上期相关支持情况

—公司支持情况

—部门支持情况

(5) 营销执行环境情况

—宏观环境情况

—微观环境情况

3.3 数据分析

将所收集的数据进行分类、筛选后进行深刻分析,结合营销执行环境情况,看看哪些方面是值得继续发扬的,哪些方面是需要改进的,哪些方面是必须放弃的。

3.4 营销预测

营销预测是建立在两个基础上的，一个基础是本期公司的战略目标；另一个基础是上期的营销数据。两者一结合拟定出相应的营销预测，预测可分为必达目标和争取目标。

3.5 预测支持

预测支持是指在拟定好的营销预测基础上所要进行的资源配置，包括人（营销团队人员数）、财（营销成本）、物（营销辅助资料、物件等）三个方面。这步工作非常重要，也是作为一个营销部门负责人必须要考虑到的，否则营销业绩目标就成了纸上谈兵。

3.6 制作初稿

根据以上五个步骤，作为营销部门负责人就可以拟写营销计划初稿了，一般分为存档版（WORD纸质版）和演示版（PPT简洁版）两种形式。纸质版要求详细、丰实，以便于存档；PPT版要求简洁、全面，以便于演示讨论。

3.7 审核定稿

作为营销部门负责人的我们将营销计划初稿做好之后要做的事情就是召开会议讨论其可行性，此会议参加人员都为每个分区域小团队的负责人，他们是一线作战部队，所以他们的建议非常关键。经过大家的探讨过后，我们再进行进一步调整，再定稿并向上级领导报送审批。

3.8 计划公示

营销计划的审批工作由公司高层领导审批过后便可在部门内部进行公示，公示后，各团队负责人便可按照各自的业绩目标制定相应的营销策略。

3.9 计划存档

文件存档是每个公司必做的，特别是重要文件，营销计划就属于重要文件之一。

④ 营销计划的执行流程

营销计划的执行流程详见图1-3。

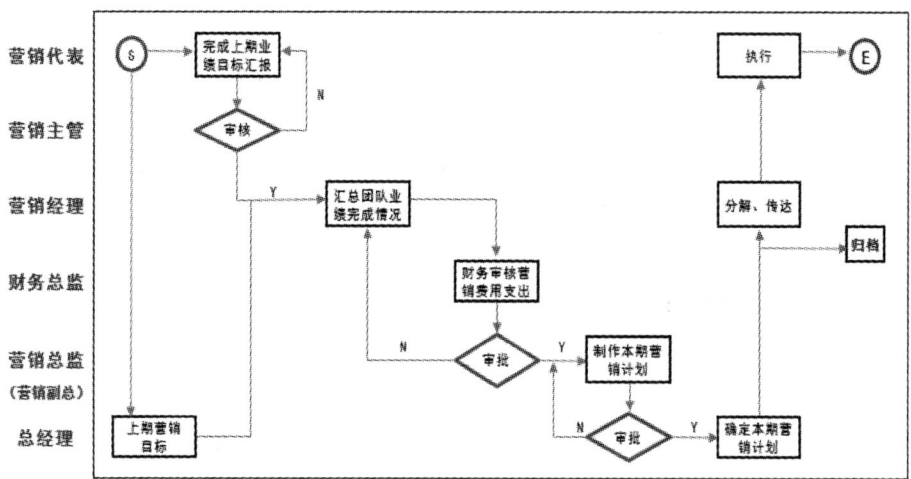

图1-3 营销计划执行流程图

⑤ 营销计划的参考范本

由于相关参考范本篇幅较大，不方便于本书中一一展示。（如果有需要可添加本文作者微信"angel_lfm"进行咨询交流，谢谢！）

第二章　制定价格底线

> **本章要点**
>
> ◆ 价格底线的概念及作用
> ◆ 价格底线的结构
> ◆ 价格底线的制定方法

① 价格底线的概念及作用

1.1　价格底线的概念

价格底线是指一个公司能提供并达到它的利润目标的、最低的可接受价格。价格底线一般由公司战略管理层中的总经理、营销部门负责人、财务部门负责人共同来进行制定，营销部门作为价格的密切相关者，所以营销部门负责人在其中起主导作用。

1.2　价格底线的作用

1.2.1　价格底线是营销人员报价的依据

营销人员在进行营销工作时，时常会收到客户的询价要求，如何妥善处理客户的询价要求，我们在第二部分第九章《报价学问》中做了详细介绍。虽然每家客户的要求不同，报价也会不同，但是价格底线始终是营销人员报价的依据。如图2-1讨价还价示意图中所示，买卖双方的保留价格就是价格底线。

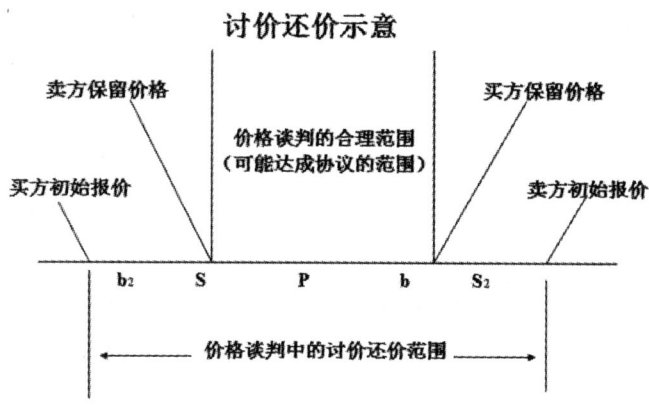

图2-1 讨价还价示意图

1.2.2 价格底线是营销人员谈判的基准

营销人员在进行营销工作时,每当在合同签订之前都会进行价格磋商谈判,特别是大型的营销项目,价格底线是他们进行谈判的基准。

1.2.3 价格底线是财务人员核账的需要

财务人员在进行各项费用核算时都离不开价格底线,特别是在进行销售收入核算时,有了价格底线就更简便,所以说价格底线是核账的需要。

② 价格底线的结构

有的企业是生产制造企业,提供的产品是有形产品;有的企业是服务型企业,提供的是无形产品(即服务)。产品不同,价格底线结构就会不同,但是一般来说都包括以下结构。

2.1 直接成本

直接成本在生产制造企业,体现为原材料成本;在商贸型企业体现为进货成本;在服务型企业体现为提供服务应该支出的成本,比如提供物流服务的油费成本、提供培训服务的场所费用成本。

2.2 费用成本

2.2.1 制造费用

制造费用在生产制造企业才有，是指原材料生产成成品的过程中产生的费用。排除财务规定，为了便于价格底线的核算，设备的折旧分摊也可属于这个范畴。

2.2.2 营销费用

营销费用是指在产品在销售过程中产生的费用，比如交际费用、展会费用、广告费用、促销费用、客服费用、市场调查费用等与营销相关的费用。

2.2.3 物流费用

物流费用是指原材料从供应商到企业，产成品从企业到客户的运输费用，还包括其间有可能发生的仓储费用。

2.2.4 管理费用

管理费用是指企业管理和组织生产经营活动所发生的各项费用。管理费用包括的内容较多，以生产制造企业为例具体包括：公司经费，即企业管理人员工资、福利费、差旅费、办公费、折旧费、修理费、物料消耗、低值易耗品摊销和其他经费等，一般为了便于计算，核算出一个固定比率。

2.3 其他成本

其他成本一般指不可预见的成本，比如因为做某个大的项目，特地购买的专用设备，这部分成本就应该只算在这个项目里面。

2.4 利润部分

利润为企业存在和发展的理由，所以说在价格底线里一定要加上一定比率的利润。

2.5 税金成本

企业经营的过程中税金很多，税金包括增值税、企业所得税，其他如营业税等。税率基本相同，但也有一些企业在税费上面有减免和优惠。

③ 价格底线的制定方法

3.1 整理价格结构

根据本企业的实际情况整理出价格的结构，为了便于理解，下面根据不同企业性质，分别举几个例子，详见表2-2、表2-3、表2-4，仅供参考。

表2-2　生产制造企业价格结构

生产制造企业

原材料成本	费用成本				其他成本	利润部分	税金成本	价格底线
	制造费用	营销费用	物流费用	管理费用				

前面各项之和

表2-3　商贸企业价格结构

商贸企业

原材料成本	费用成本				其他成本	利润部分	税金成本	价格底线
	制造费用	营销费用	物流费用	管理费用				

前面各项之和

表2-4　物流企业运输价格结构

服务型企业（以物流企业为例，时间为一年）

直接成本			费用成本				利润部分	税金成本	价格底线
折旧	路过桥费	燃料	人工	车辆保险费	车辆维护费	管理费	利润	税金	报价

前面各项之和

3.2 制定价格模版

整理好价格结构后，我们可在EXCEL表格中制定模版，为什么选择EXCEL是因为它有很多公式计算的功能，应用于数据核算非常便利。在制定模版前，我们还需要确认几个参数，比如税金参数（因涉及财务专业知识，不同类型的企业也有所不同，此参考一般来说财务部负责人可提供）、利润参数、管理费参数等等。下面我们再以上面三个结构为例分别制定模版，详见表2-5、2-6、2-7，数据纯属虚构，仅供参考。

表2-5 生产制造企业价格制定模版

生产制造企业

产品名称	原材料成本	费用成本				其他成本	利润部分（8%）	税金成本（30%）	价格底线
^	^	制作费用	营销费用	物流费用	管理费用	^	^	^	^
A产品	60	10	3	4	2	0	6	26	111
B产品	75	12	4	4	3	2	8	32	140

表2-6 商贸企业价格制定模版

商贸企业

产品名称	进货价	费用成本				其他成本	利润部分（8%）	税金成本（30%）	价格底线
^	^	制作费用	营销费用	物流费用	管理费用	^	^	^	^
A产品	60	0	3	4	2	0	6	18	92
B产品	75	0	4	4	3	2	7	23	118

表2-7 物流企业运输价格制定模版

报价信息	起点	厦门	目的地	南京	往返里程（km）	2400				
报价参数1	车型	投入车辆（辆）	车价（元/辆）	车辆保险（元/年）	折旧年限（年）	残值	百公里油耗（升）	油价（元/升）	运输频次（次/日）	运输时间（次/日）	驾驶员（人）	工资（元/人/月）
^	12.5m	3	470000	26000	4	5%	36	7	4	3	4	7500
^	9.6mm	3	250000	25000	4	5%	19	7	3	3	4	6500

报价参数2	车型	轮胎数量（只/车）	轮胎（元/只）	轮胎更换（公里/次）	常规保养（公里/次）	常规保养费用（元/次/辆）	管理费	税率	利润
^	12.5m	22	2600	100000	10000	1300	5%	14.32%	8%
^	9.6m	8	2600	100000	10000	1100	5%	14.32%	8%

单位：元/车

报价结构	厦门至南京运输费用	直接成本			费用成本				利润部分	税金成本	价格底线
	车型	折旧	过路过桥费	燃料	人工	车辆保险费	车辆维护费	管理费	利润	税金	报价
	12.5m	1223	6000	6048	1731	855	1477	867	1456	2815	22471
	9.6m	488	4800	3192	1500	616	587	559	939	1816	14498

3.3 重视价格试探

制定好价格模版后，我们可以快速算出每样产品或服务的价格底线，但是因为价格底线中还包括了利润部分，利润部分的参数虽然提前已预定，但并不代表市场就能接受，所以说我们可以找一个细小的目标市场进行价格试探。

3.4 确定价格底线

经过一定时间的价格试探后，我们可以从市场反应中判断出价格底线是否合理。如果不合理再进行细微调整。确定好价格底线后就可以给营销团队人员进行授权：针对每不同类型的客户，分别采取不同的价格底线加价比率；同时在商务谈判中必须要守住价格底线；如果碰到战略性报价可另行个案处理。

第三章 合理授权

本章要点

- 授权的意义
- 授权对象
- 授权范围
- 如何授权

导　读

名言赏析

将能而君不御者胜。

——《孙子兵法》

"领导能力"是把握组织的使命及动员人们围绕这个使命奋斗的一种能力；领导能力的基本原则是：

领导力是怎样做人的艺术，而不是怎样做事的艺术，最后决定领导者的能力是个人的品质和个性。领导者是通过其所领导的员工的努力而成功的。领导者的基本任务是建立一个高度自觉的、高产出的工作团队；领导者们要建立沟通之桥。

——彼得·德鲁克

"背上的猴子"

偶遇下属，下属说："我碰到了一个问题。"于是你便听他细述问题的来龙去脉，一站便是半个小时，既耽搁了你本要做的事，也发现手头信息只够让你决定要介入此事，但并不足以做出决策。于是你说："让我考虑一下，回头再找你谈。"按照比尔·翁肯"背上的猴子"理论说法：就是原本在下属背上，谈话时彼此考虑，猴子的两脚就分别搭在两人背上，当你表示要考虑一下再谈时，猴子便移转到你背上。你接下了下属的角色，而下属则变成了监督者，他会三不五时跑来问你："办得怎么样了？"当你收的"猴子"愈多，他们给的就愈多。于是你饱受堆积如山、永远处理不完的问题所困扰，甚至没有时间照顾自己的"猴子"，本该摆在第一位的事情被搁置，自己该做的事没做，不该做的事做了许多，下属却成了看客，团队的效率很低，培养不出人才。

下属背上的猴子跳到上级身上，不仅仅给上级增添了不必要的压力和责任，使他没时间履行本岗位职责，而且养成下属极度依赖上级的习惯，虽然上级能力越来越强，下属能力却越来越弱，非常不利于培养下属，造成企业人才匮乏，天天叫喊缺少人才。

以上故事说明了作为团队管理者，千万不要背上下属的"猴子"，这样只会令下属的能力越来越弱，造成企业人才匮乏；相反应该既照顾好自己的"猴子"，还要适当将自己的"猴子"下放到下属的背上，这样才能提升下属的工作能力，提高团队的整体绩效。

① 授权的意义

没有追随者，就没有领导者，所以说要想成为一个领导者，必须培养自己的追随者。处于营销升华阶段的我们，培养追随者是最重要的任务之一。追随者是否愿意追随我们，就在于我们能不能给他们自我实现的平台，于是"授权"就成为培养追随者从而提升自身领导能力的关键方法。下面我们就来探讨一下授权的意义所在。

1.1 提升自身的领导能力

正如德鲁克所说："领导能力是把握组织的使命及动员人们围绕这个使命奋斗的一种能力；领导能力的基本原则是：领导力是怎样做人的艺术，而不是怎样做事的艺术，最后决定领导者的能力是个人的品质和个性。领导者是通过其所领导的员工的努力而成功的。领导者的基本任务是建立一个高度自觉的、高产出的工作团队。"所以授权给员工，让员工成长才能够提升自身的领导能力。

1.2 提升下属的工作能力

员工只有在不断的实践与总结中，工作能力才能大幅度提升。在工作当中，下属接到授权后才有机会实践与总结，从而达到不断提升自身工作能力的目的。

1.3 提高组织的整体绩效

我们自身的领导能力提升了，下属的工作能力也提升了，这个团队就成了高自觉度、高产出的工作团队，从而达到了提高组织整体绩效的效果。

② 授权对象

上面分析了授权的意义所在，但是这是建立在合理授权的基础之上的，怎样称之为合理，首先要找到合适的授权对象，具体准则如下。

2.1 直接下属优先

为建立直接下属的威信及避免猴子跳到自己身上,我们一般不推荐越级指挥,所以直接下属是我们进行授权的优先对象。直接下属的进步往往对我们自身的意义是最大的,因为当他们能力提升到能顶自己的位置时,就是我们自身的级别更进一步之时。很多人看到这里肯定会有这样的一个疑问:"直接下属能力强了不是对自己的位置形成了威胁吗?应该是我们最不想看到的才是啊。"我只能这样反问你:"当下属在提升时,你就没有自信提升更快吗?"另外,如果真是自身提升更快,但是结果是自己没提升级别反而被下属顶去了,那我们选择的平台就有错误,不如另辟佳径了。

当然,直接下属优先并不代表我们的授权对象就一定是直接下属,如果隶属下属有超凡的能力,更适合担当所授权项目时,我们也不排除会授权给他们,但是有一个前提是需跟他们的直接上级商量后再授权,以避免使团队不和睦的情况发生。

2.2 经验丰富优先

直接下属中大家能力各有千秋,无法选择怎么办?那么我们就要依据授权的项目而定,比如授权的项目是需要A经验的人,而恰巧下属团队中小王的A经验丰富,那么他就能作为优先授权对象。

2.3 责任心强优先

接上段内容,假设A经验丰富的有小王、小张、小陆三人,这三人都有操作过A的成功经验,那么此时又该如何选择?这时候就要看责任心了。责任心强弱如何评定,一方面取决于我们平时对他们的了解,另一方面可以根据历史数据来进行判断,当然最好是采取第二种方法,这样我们可以避免团队纠纷。

2.4 态度积极优先

接上段内容,小王、小张A经验丰富,责任心又都难分伯仲,这时又如何选择？答案是看谁态度积极，比如小王主动提出，这个时候小王就是授权的合适对象。

③ 授权范围

3.1 小事开始

当我们看到授权两个字时都会下意识地想到肯定是大项目、大方案、大计划，其实不然，授权往往是从小计划、小方案开始，其一可以培养员工的责任心及增加他们的自信；其二授权的互动越多，有利于增强彼此间的信任及默契度；其三通过小事的授权掌握下属的能力，规避授权的风险。

3.2 排它原理

排它原理是指我们列出每天自己所要做的事情，根据"不可取代性"和"重要性"排去非自己做不可的事情，剩下的事情就可以通过向下属授权来完成。

④ 如何授权

4.1 找准对象

根据所授权项目的实际需要，我们第一步应找准被授权对象，挑选准则我们刚刚在上面的内容中已经进行了探讨，相信会对大家有所帮助。

4.2 指令准确

处于营销升华阶段的我们，指令准确已经是最基本的要求。无论是情况有多紧急，指令不清晰都是不可原谅的。相反越是紧急的情况，指令越应交代得准确，这样才能确保下属按照正确的方向快速完成指令，如果因指令不清晰导致下属方向偏差将会影响所授权项目的高效完成。

4.3 获得确认

我们的指令一旦发出，下属必须要做出复述重点要求，以确认准确收到指令。大家肯定会说这是下属的事情啊，怎么会放在对我们自身的要求里？这样的理解就有偏差了，我们作为营销团队的最高领导，团队里的所有状况都有不可推卸的责任。首先，下属如果没有复述反馈，表示我们的团队培训不到位；其次，当我们发出指令时，假设没有得下属的复述反馈，我们应该尽到提醒义务。只有这样，才能确保所授权项目更高效完成。

4.4 节点监控

所授权项目一旦授权下去，并不代表我们就可以放手不管，我们还必须做节点监控。我们知道复杂的工作要想处理得好，关键在于节点管理。什么叫节点管理？节点管理就是用节点把每一项工作分割细化，让员工知道身处哪个节点，职责是什么，目标是什么，该怎么做，其中包括一项重要的工作就是节点汇报。我们则通过他们的节点汇报来进行节点监控，如果汇报结果符合预期计划则进入下一个节点，如果汇报结果不符合预期计划则实时提出调整建议，协助下属顺利进入下一个工作节点。切忌指手画脚，而是要以信任与和善的口吻，比如"做得不错""这样操作是不是更好一些"之类的，这样才能让员工更有信心完成所授权项目。

4.5 回顾总结

所授权项目完成后，无论结果理想还是不尽人意都要进行回顾总结。回顾总结包括的内容如下。

（1）项目中表现好的地方。

（2）项目中表现不好的地方。

（3）是否还有更佳解决方案。
（4）建立标准化作业指导书。

4.6 适时激励

所授权项目完成顺利，一定要及时采取激励措施。"适时"是指时间上面正合适。适时体现在哪里？那就是所授权项目完成后的最短时间内，最忌讳"画大饼"，而且还是遥遥无期的大饼。

那么激励的方法有哪些呢？主要有以下四种。

4.6.1 表扬

表扬是最容易采取的激励方法之一，也是所授权项目完成后必须采取的激励方法，哪怕是项目结果不尽理想，也要找出其中表现好的地方来进行表扬。同时表扬也非常讲究方法，古语云"扬善于公堂、规过于私室"，所以表扬一定要在大庭广众之下，这样表扬的效果会更佳。

4.6.2 奖金

奖金也是容易采取的激励方法之一。有的公司有完善的奖励制度，作为营销团队的总负责人，要及时向公司申请奖金。但是很多时候由于制度汇报流程长，操作也复杂，所以有时不太便于操作。所以，我这里建议大家可以成立一个部门基金，基金来源由我们自身带头募捐及团队处罚金积累，当部门内部员工表现优秀时可启动此基金中的部分来进行奖励。

4.6.3 升职

所授权项目重大，对公司就有非凡的意义，对于此项目完成理想时，被授权人一定要给予更大的激励。给员工最大的激励，莫过于升职，员工通过职务的不断提升而实现自己的个人价值，所以我们一定要合理运用这一激励方法。

4.6.4 加薪

加薪是最直接的激励方法，它意味着公司及上级对自身工作的肯定，是一份难得的荣耀，同时加薪也能提升员工自身的生活质量。

通过以上诸多方法的激励，员工们的士气一定能大幅度提高，随之而来的工作能力也能大幅度提升，我们的授权也就更能游刃有余。

第四章　打通员工沟通通道

本章要点

- 沟通的概念
- 营销升华阶段沟通的作用
- 营销升华阶段沟通的误区
- 有效沟通的原则
- 有效沟通的模式
- 沟通中的障碍
- 克服沟通障碍的策略
- 打通员工沟通通道的途径

① 沟通的概念

《大英百科全书》认为，沟通就是"用任何方法，彼此交换信息。即指一个人与另一个人之间用视觉、符号、电话、电报、收音机、电视或其他工具为媒介，所从事之交换消息的方法"。

《韦氏大辞典》认为，沟通就是"文字、文句或消息之交通，思想或意见之交换"。

总而言之，沟通是人们在互动过程中通过某种途径或方式将一定的信息从发送者传递给接受者，并获取理解的过程。通俗地讲，关于沟通其实是双方面或多方面的事，并不在于我们说了什么，而在于别人听过之后感受到了什么，即"获得理解的过程"。

② 营销升华阶段沟通的作用

诺基亚公司董事长兼首席执行官沙玛·奥里拉在自己的管理箴言中这样写道："我觉得有两个技能很重要。第一是沟通力，第二是人才管理的能力。但没有好的沟通能力，一切都无从谈起。"

管理学有一个著名的双50％定理，即经理人的50％以上的时间用在了沟通上；可是，管理中的50％以上都是在沟通中产生的。据国外调查，在管理工作中，管理者约70％的时间是用在与他人沟通，这其中的1/3时间用于单个会谈。剩下30％左右的时间用于分析问题和处理相关事务。这些数据说明，处于营销升华阶段的我们，因为都是公司营销团队的总负责人，所以沟通更是起着至关重要的作用。

③ 营销升华阶段沟通的误区

营销部门中，沟通的误区主要体现在团队建设中。

误区一：身陷沟通不畅的恶性循环而茫然不知。

误区二：沟通者不能容忍另类思维。

误区三：沟通者放不下"架子"。

误区四：沟通者有自卑心理。

误区五：沟通者过于迷信沟通技巧。

误区六："沟通不是太难的事，我们每天不是都在做沟通吗？"

误区七："我告诉他了，所以，我已和他沟通过了。"

误区八："只有当我想要沟通的时候，才会沟通。"

处于营销升华阶段的我们，最容易犯误区三和误区八。所以后面的内容中我们将主要针对此两项展开。

④ 有效沟通的原则

4.1 仔细聆听原则

沟通时如果不会聆听，就不知道对方真正的需求，那么我们的沟通提前就被判定为无效，所以说仔细聆听是有效沟通的第一原则。

4.2 换位思考原则

换位思考是指站在对方的角度去考虑问题，在沟通中这个原则非常重要，因为知己知彼，才能更好地解决问题，让沟通更加有效。

4.3 通俗易懂原则

沟通是人们在互动过程中通过某种途径或方式将一定的信息从发送者传递给接受者，并获取理解的过程。关键是后半段"获得理解"，所以说沟通时一定要遵循通俗易懂原则。

4.4 言语有度原则

言语有度是指在沟通过程中要注意语言禁忌，不要讲伤害对方人格的话，这样才能让沟通和谐而有效。

⑤ 有效沟通的模式

有效的沟通模式详见图4-1。

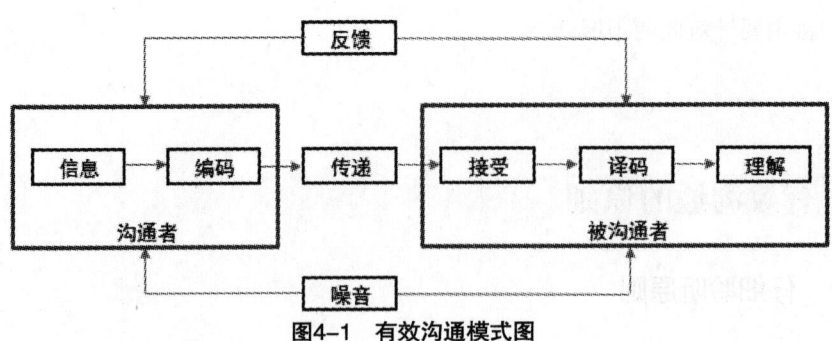

图4-1 有效沟通模式图

6 沟通中的障碍

消除沟通中的障碍是实现良好沟通的第一步,那么沟通中的障碍有哪些呢?

沟通者的障碍主要者。

(1) 目的不明确。

(2) 表达能力差。

(3) 选择失误。

(4) 形象因素。

(5) 形式不当。

信息传递中的障碍主要有。

(1) 信息遗失。

(2) 外界干扰。

(3) 物质条件限制。

被沟通者的障碍

(1) 信息过度加工。

(2) 选择性知觉偏差。

(3) 心理定式障碍。

(4) 思想差异。

（5）信息过量。

（6）目标差异。

（7）知识经验局限。

7 克服沟通障碍的策略

在沟通的过程，无论在哪种情况下，我们既是沟通者，也是被沟通者，因为沟通本身就是一个互动的过程。所以说第六小节中所说的障碍在我们沟通的过程中都存在，那么我们应该如何应对呢？主要有以下策略。

（1）系统思考并充分准备。

（2）学会积极倾听。

（3）角色互换。

（4）调整好自己的心态。

（5）注意非言语信息。

（6）及时反馈。

（7）组织沟通检查。

（8）使用恰当的沟通通道。

那么处于营销升华阶段的我们，相信在沟通上面障碍已经不多了，但是我们仍然会存在一些误区，比如前面所提到的误区三："放不下'架子'"和误区八："只有当我想要沟通的时候，才会沟通。"这些误区势必会导致沟通中最大的障碍：沟通通道不畅，这就有了咱们今天讨论的主题"打通员工沟通通道"。

8 打通员工沟通通道的途径

我们到了营销升华阶段，基本上都做到了总监及以上职位，职位上的提升让我们春风得意，但是却会发现员工离我们越来越远，再也不能像以前在一起称兄道弟了，也很难辨别下属的话哪些是真哪些是假，特别是很难听到一线员工的心声了。要想改变这个局面，我们必须打通员工沟通通道。打通方法如下。

8.1 定期培训

培训分为内部培训和外部培训，其目的一般有两个：一是提升员工工作技能，二是提高团队凝聚力。在内部员工培训中，我们可以作为培训者，对团队员工进行悉心指导，帮忙员工进步和成长，员工由此会觉得我们平易近人，同时心里也会产生崇拜；在外部员工培训中，我们可以作为被培训者，跟团队员工平起平坐接受外部老师的培训，培训时大家都彼此忘记了身份，拉近了彼此的距离，所以说定期培训，无论是内部培训还是外部培训，都是打通员工沟通通道的重要方法之一。

8.2 适时授权

本书第四部分第三章《合理授权》中我们重点介绍了授权，知道了授权的重要性及操作方法，我们也会发现这样的上下互动，大家都形成了一定的思维定式，无论是通过言语还是数据，沟通起来自然而流畅，所以说适时授权也是打通员工沟通通道的重要方法之一。

8.3 及时鼓励

鼓励，是一种人与人之间的关爱方式，它带给人们温暖，使人自信，使人心中洋溢着一种幸福的感觉。特别是受到自己上级领导的鼓励，那将激发无穷的工作动力。同时通过这种鼓励，也能很快拉近与员工之间的距离，建立沟通通道。这种鼓励一定要及时，团队成员在取得成绩的第一时间鼓励最合适，记住这里指的是全体团队成员，而不仅仅指直接下属，越级指挥不好，但是越级鼓励却会收到意想不到的惊喜。

8.4 团队PK

想让一个团队生机勃勃、充满士气，最好的方法就是形成竞争态势，即团队PK。参加过拓展训练的人都知道，团队PK是少不了的训练环节，通过PK不光提升了团队的活跃度，还无形中提高了团队的绩效。作为团队的负责人，我们可以是裁判，可以是成员，总之，都是与团队成员在一起，拉近了沟通的距离。

8.5 绩效考核

绩效考核是指对团队成员的包括业绩在内的综合表现进行考核，在考核时势必要常观察、常沟通，才能真正对被考核对象做出客观的评价，所以说它也是打通员工沟通通道的一种方式。

8.6 生活关注

处于营销升华阶段的我们，团队里的所有一切都与我们相关，不仅包括工作，还包括生活，因为生活的幸福、快乐才能使工作顺利、高效。所以我们要时刻关注团队成员的生活状态，比如员工的重要日子、员工是否有情绪波动、员工是否遇到什么难处等等，我们都要密切关注，并采取一定的措施。员工生日时送上一张自己亲自填写的贺卡，员工遇到困难时伸手相助，员工情绪低落时进行开导，这些都会让员工感觉亲切、甜蜜。所以说生活关注也是打通员工沟通通道的重要方法之一。

第五章　升华阶段的营销控制[①]

本章要点

- ◆ 营销年度计划控制
- ◆ 营销盈利能力控制
- ◆ 营销效率控制

导　读

在本书第三部分第六章《成熟阶段的营销控制》中，我们详细介绍了营销控制的概念、作用、程序及所包含的内容，在本章中我们就不再进行重复介绍。营销控制一般由营销部负责人（营销总监或副总）来进行主导，部分由营销经理或主管来进行主导，整个营销团队进行配合完成。其中，由营销经理或主管来进行主导的营销控制项目于本书成熟篇中已经介绍，本章我们重点介绍一下由营销部负责人（营销总监或副总）来进行主导的营销控制项目。

---

① 本章部分内容取自《市场总监实战操典》（程爱学总主编.北京大学出版社，2013.1）及 MBA 智库（http://wiki.mbalib.com/wiki/% E8% 90% A5% E9% 94% 80% E6% 8E% A7% E5% 88% B6）。

1 营销年度计划控制

1.1 营销年度计划控制的目的及控制过程

对营销年度计划控制的目的是确保公司达到年度计划规定的财务目标，如销售额、市场占有率、利润和其他目标，这是一种短期的即时控制，中心是目标管理。控制过程如图5-1所示。

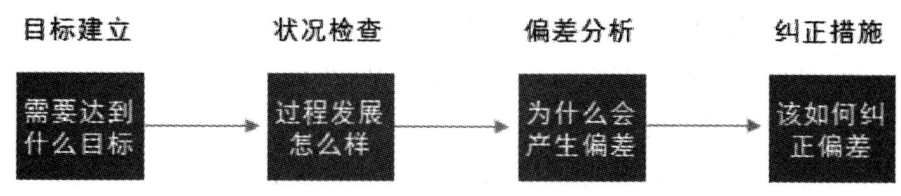

图5-1 营销年度计划控制过程

根据上图，控制过程解释如下。

（1）必须有明确的营销目标，并合理将其分解到人、到每个节点。

（2）必须做好节点控制，随时掌握营销的情况。

（3）当营销实绩与计划发生偏差时，找出产生偏差的原因。

（4）采取纠正措施，弥补目标与实际执行结果之间的差额，这个措施可能是改进实施方式，也可能是修正目标自身。

以上控制模式适用于公司营销部门各层次，区别仅次于处于升华阶段的营销总监或副总控制整个公司年度营销计划的执行结果，而各下级如处于成熟阶段的营销经理或主管（包括区域经理）只控制其管辖范围内的局部计划执行结果。

1.2 营销年度计划控制的工具

1.2.1 销售差异分析

衡量并评估企业的实际销售额与计划销售额之间的差异情况。例如：

例5-1：假定年度计划要求第一季度按每件1元的价格销售某种商品4000件，目标销售额为4000元；但到季度末仅按每件0.9元的价格出售了3000件，总销售额2700元，比目标销售额减少了1300元，那么，这1300元的减少额有多少是由于销量下降造成的？有多少是由于价格降低造成的？分析计算方法如下：

由于降价造成的影响：（1.00-0.90）×3000=300（元）占1300元的23%

由于销量下降造成的影响：1.00×（4000-3000）=1000（元）占1300元的77%

结论是，销售额下降的3/4是由于销量未达到目标所致，故该公司应密切注意它未达到预期销量目标的原因。

以上例子我们主要针对的为问题差额分析，那么针对个别产品或地区销售额未能达到预期份额的分析方法又是怎么样的呢？例如：

例5-2：假定某公司分别在三个地区出售某种产品，期望的销售分别是800万元、1200万元、1500万元和2000万元，实际销量分别达到1200万元、1000万元、1500万元和1800万元。地区A较期望销量高出50%，地区B较期望销量低20%，地区C则较期望销量持平，地区D较期望销量低11%，显然，地区B是造成麻烦的主要原因。营销总监或副总应主要检查该地区情况，找出原因。到底是营销人员玩忽职守，还是因有强大的竞争对手打入了该市场，或者是原来的预期目标本身就订得不妥呢？

1.2.2 市场占有率分析

销售额是绝对值并不能说明公司与竞争对手相比后的市场地位怎么样。比如，有时一家公司销售额上升并不说明它的经营就成功，因为这有可能是一个正在迅速成长的市场，该公司的销售额虽然上升，其市场占有率却很可能在绝对地下降。只有当公司的市场占有率上升时，才说明它的竞争地位在上升。市场占有率有以下三种指标：

（1）全部市场占有率：企业的销售额（量）占行业销售额（量）的百分比。

比如，假定某产品的行业年销售量为80万吨，A企业年销售量为15万吨，那么A企业全部市场占有率为18.75%。

（2）目标市场占有率：企业的销售额（量）占其目标市场总销售额（量）的百分比。

比如，假定某产品年销售量为100万吨，其中华北地区约30万吨，华南地区约70万吨。A公司目标市场为华南地区，年销售量为9万吨，那么它的目标市场占有率为12.9%。

（3）相对市场占有率：企业的销售额（量）和几个最大竞争者的销售额（量）的百分比。

比如，A企业为某行业的原领先者，年营业额为50亿，市场占有率为25%；假设B企业的市场占有率为28%，跟A企业市场占有率对比大于1，则表示B企业即为行业的现领先者；若等于1，表示与A企业平分秋色；小于1，表示B企业在行业内不处于领先地位，若相对市场占有率不断上升，表示本公司正不断接受领先的竞争对手。

1.2.3 营销费用率分析

衡量并评估企业的营销费用对销售额的比率，还可进一步细分为人力推销费用率、广告费用率、销售促进费用率、市场营销调研费用率、销售管理费用率等。（此部分分析已在本书第三部分第六章中有介绍，方法一致，在此不再作介绍。）

1.2.4 顾客态度追踪

企业通过设置顾客抱怨和建议系统、建立固定的顾客样本或者通过顾客调查等方式，了解顾客对本企业及其产品的态度变化情况，进行衡量并评估。为了尽早察觉市场销售可能发生的变化，具有远见和高度警惕性的公司可建立跟踪顾客、中间商与市场营销有关人员态度的系统。这个系统包括如下三项。

（1）顾客投诉和建议制度

通过设置意见簿、建议卡、公司记录，反馈和答复来自客户的信函和口头抱怨。

（2）典型户调查

由那些同意定期通过电话或信函向公司反映他们的意见和建议的顾客组成典型户小组，这类小组反映的意见比上述投诉系统更完整、全面。

（3）定期的用户随机调查

这是一种通过随机抽样了解顾客对公司服务质量满意程度的调查，以评价公司工作人员的服务态度、质量等。有关部门及主管可将顾客目前的评分与上期相比，与其他公司的得分相比。

② 盈利能力控制

盈利能力控制一般由财务部门负责，旨在测定企业不同产品、不同销售地区、不同顾客群、不同销售渠道以及不同规模订单的盈利情况的控制活动。

盈利能力指标包括资产收益率、销售利润率和资产周转率、现金周转率、存货周转率和应收账款周转率、净资产报酬率等。

企业要取得较高的盈利和较好的经济效益，一定要对直接推销费用、促销费用、仓储费用、折旧费、运输费用、其他营销费用，以及生产产品的材料费、人工费和制造费用进行有效控制，全面降低支出水平。

盈利能力控制虽然说由财务部门负责，但是对于营销盈利率（销售利润率）分析却是处于营销升华阶段的我们必须掌握的。下面，我们将用例子在说明营销盈利率分析的各个步骤。

某手机公司的营销总监通过三种不同的零售渠道即百货商店、通信器材零售店和手机专卖店出售手机的盈利来判断。假设其损益如表5-1所示。

表5-1 简化的损益表

单位：元

销售额		150,000.00
销售产品成本		70,000.00
毛利		80,000.00
各项费用		
工资	18,000.00	
租金	5,500.00	
供应品	6,000.00	
净利		29,500.00
		50,500.00

步骤1：确定职能性费用

假设表5-2中所列的各项开支是由销售产品、广告、包装和运输、开单和收款等活动引起的，那么第一个任务便是衡量每项活动将引起多少费用。

表5-2　按性质划分的费用转化为按职能划分的费用

自然账户	总计	销售	广告	包装和运输	开单和收款
工资	18,000.00	9,800.00	2,500.00	2,700.00	3,000.00
租金	5,500.00		800.00	3,600.00	1,100.00
供应品	6,000.00	750.00	2,500.00	2,400.00	350.00
合计	29,500.00	10,550.00	5,800.00	8,700.00	4,450.00

假设销售代表的工资占工资支出的大部分，其余的则是广告经理、包装和运送商品的工作和一位会计的工资。那么，18000元分为9800元、2500元、2700元和3000元。表5-2表明了工资支出在这4项活动中的分配。

表5-2还表明了5500元租金在这四项中的分配。由于销售代表们不在办公室里工作，因此在推销中并不发生建筑物租金费用。大多数场地费用和租用的设备都用于包装和运输商品。小部分场地则是为广告经理和会计办公之用。供应品支出包括促销材料、包装材料、运输用的燃料及办公文具等。这个项目中的6000元也分配到构成供应品费用的各项职能性活动中去。

步骤2：将职能性费用分配给各个营销实体

下一个任务是衡量伴随每一种渠道的销售所发生的职能支出。先研讨销售努力结果。销售努力结果用每个渠道的销售额表示，这个列在表5-3的销售栏目里。这一时期共有211次销售访问，因为总的销售费用为10550元（见表5-3），所以平均每次访问的销售费用为50元。

表5-3　向各渠道分配职能性费用的依据

单位：元

渠道类型	销售	广告	包装和运输	开单和收款
百货商店	200.00	50.00	50.00	50.00
通信器材零售店	65.00	20.00	21.00	21.00
职能性支出	10,550.00	5,800.00	8,700.00	4,450.00
除以单位个数	211.00	100.00	87.00	89.00
平均	50.00	58.00	100.00	50.00

广告费用可以根据不同渠道提出的广告数进行分配。因为一共要做100个广告，所以平均每个广告成本为58元。

包装和运输费用按照每一种渠道提出的订单数进行分配，开单和收款费用的分配也以此为根据。

步骤3：为每个营销渠道编制一张损益表

现在可以为每一种渠道准备一份损益表（见表5-4）。由于百货商店的销售占总销售额的一半（150000元的一半，即75000元），所以其产品的销售费用也占一半（70000元的一半，即35000元）。这样，百货商店的毛利是40000元。毛利还必须减去百货商店所耗费的各种职能性支出。根据表5-3，百货商店在总共211次的销售中占到120次。按每次50元投入的计算，百货商店必须承担6000元的销售开支。表5-4还表明百货商店的广告目标是70个广告。以每个58元计算，百货商店要承担4060元广告费。百货商店的其他职能性支出也可按照同样的原则计算。结果百货商店的总支出为19660元。从毛利中减去这笔费用，通过百货商店出售商品的利润有20340元。

表5-4 各渠道的损益表

单位：元

	百货商店	通信器材零售店	手机专卖店	整个公司
销售额	75,000.00	19,500.00	55,500.00	150,000.00
产品销售成本	35,000.00	11,900.00	23,100.00	70,000.00
毛利	40,000.00	7,600.00	32,400.00	80,000.00
各项费用				
推销（每次访问50元）	6,000.00	4,000.00	550.00	10,550.00
广告（每个广告58元）	4,060.00	1,160.00	580.00	5,800.00
包装和运输（每一订单100元）	6,500.00	1,700.00	500.00	8,700.00
开单（每一订单50元）	3,100.00	950.00	400.00	4,450.00
总费用	19,660.00	7,810.00	2,030.00	29,500.00
净利润（净损失）	20,340.00	-210.00	30,370.00	50,500.00

同理，对于其他渠道也可进行上面的分析。

由上表我们可以看出，通过通信器材零售店销售，虽然销售额看起来不小，但公司将亏损；而通过手机专卖店的销售，虽然销售额并不是最大，但公司实际上获得了它的绝大部分利润。这里要注意的是，每个渠道的销售总额并不是每个渠道所获净利的可靠指标。

营销总监如果由此认为应该放弃百货商店和通信器材零售店，以便集中经营手机专卖店，那将是天真的。

首先需要回答下面的问题。

购买者在多大程度上是根据零售商店的类型对不同品牌进行选择的？

关于这三种渠道的重要性的未来趋势是如何？

针对这三种渠道而做出的公司营销战略是不是最佳的？

在针对上述问题做出回答的基础上，营销管理层才能评价以下五种相互替代的行动。

A.对处理小额订货收取费用。

B.向百货商店和通信器材零售店提供较多的促销帮助。

C.减少百货商店和通信器材零售店的销售访问次数和广告次数。

D.不要从整体上放弃某种渠道，但是剔除每种渠道中最弱的零售单位。

E.按兵不动。

总之，营销利润分析表明了不同渠道、产品、地区或其他营销实体的有关利润情况，它既不证明放弃不盈利的营销实体乃最佳行动方案，也不说明如果放弃了这些不重要的营销实体后就可能改善盈利情况。

③ 营销效率控制

假如盈利分析发现公司在某些产品、地区或市场方面的赢利不佳，那接下来要解决的问题是寻找更有效的方法来管理销售队伍、广告、促销和分销。

4.3.1 销售团队效率

各销售经理可用这些指标考核和管理销售队伍，提高销售人员的工作效率。

（1）销售人员日均拜访客户的次数。

（2）每次访问平均所需时间。

（3）每次访问的平均收益。

（4）每次访问的平均成本。

（5）每百次销售访问预定购的百分比。

（6）每月新增客户数目。

（7）每月流失客户数目。

（8）销售团队成本对总销售额的百分比。

（此部分分析已在本书第三部分第六章中有介绍，方法一致，在此不再作介绍。）

4.3.2 广告效率

为提高广告宣传的效率，经理应掌握这些统计资料：

（1）每种媒体接触每千名顾客所花费的公告成本。

（2）注意阅读广告的人在其受众中所占的比率。

（3）顾客对广告内容和效果的评价。

（4）广告前后顾客态度的变化。

（5）由广告激发的询问次数。

广告是无形的东西，要想从中真正估算出获得多少收益是不可能的，但是作为营销升华阶段的我们必须要通过广告掌握以上统计资料，以监控广告。当然在工作过程中，还可以采取一定的方式来提高广告收益，比如做好产品定位，明确广告目标，预试广告信息，利用计算机指导选择广告媒体，购买较好的媒体广告时段以及做好广告事后测验等工作。

4.3.3 营业推广效率

为了提高促销效率，企业应注意的统计资料有：

（1）优惠销售所占的百分比。

（2）每一单位销售额中所包含的陈列成本。

（3）赠券回收率。

（4）因示范引起的询问次数。

4.3.4 分销效率

主要是对分销渠道的业绩、企业存货控制、仓库位置和运输方式的效率进行分析和改进，提高分销的效率。

在分销时，一个经常发生的问题是：当公司销售增长很快时，分销的效率可能会下降。如图5-2描述了这种情景，急剧增加的销售带来了公司来不及实现约定的交货时间，这导致顾客对公司有意见并最终使销量下降。管理层的反

第四部分 升华篇

应是增加销售人员以便把握更多的订单,销售人员成功了,但交货时间没有保证。处于营销升华阶段的我们,要认识到真正的瓶颈在哪里,并向生产和分销能力做更多的投资,否则,就可能出现问题。

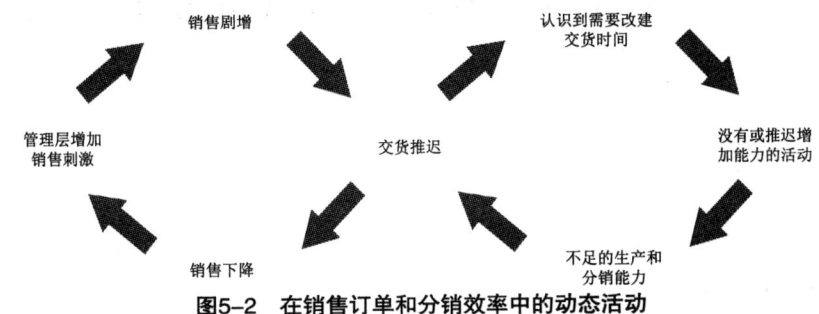

图5-2 在销售订单和分销效率中的动态活动

第六章　建立可持续的良性的营销系统

本章要点

- 七个要素
- 两个准则
- 一个指导思想

导　读

任何一项标准或技巧都不能确保每次使用过后都会得到立竿见影的结果；也不能确保适合所有的组织或个人使用，但是我们仍要不断去探索去创新，这样才能促进自我及组织的发展。如何建立可持续的良性的营销系统是每一个营销人都想寻求的答案。通过这些年对营销的学习和实践，我跟大家分享一下我的总结，即七个要素、两个原则、一个指导思想。刚好十个要点，我这里称之为追寻十全十美。

① 七个要素

营销系统是一个体系，就像一个四肢健全的人，有脚、有手、有身体、有脖子、有脑袋，各个器官都发挥着不同的作用。根据这个思路，我将营销系统总结为以下七个要素，要素一文化和要素二制度为双脚，它们是营销系统的基础；要素三团队为身体，我们通过它来完成各项任务；要素四专注和要素五学习为双手,我们既要一手抓专注,不可三心二意,一定要持之以恒,还要一手抓学习,学习是自身永恒的竞争力;要素六合作为脖子,没有脖子,我们不可能抬起高贵的头,没有合作,我们也不可能完成伟大的使命;要素七共赢为脑袋,即只有共赢才能真正实现自身及组织的价值。要素体系详见图6-1。

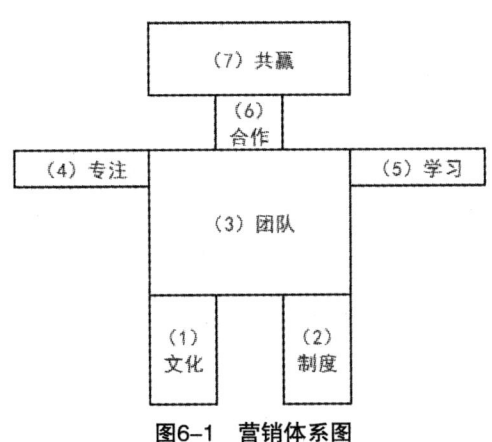

图6-1 营销体系图

1.1 文化

1.1.1 文化的概念

文化即企业文化,企业文化,或称组织文化(Corporate Culture或Organizational Culture),是在一定的社会经济条件下,通过社会实践所形成的并为全体成员遵循的共同意识、价值观念、职业道德、行为规范和准则的总和,是一个企业或一个组织在自身发展过程中形成的以价值为核心的独特的文化管理模式。

营销团队是企业文化传递的主力军,营销团队的文化即是本企业的企业文化。

1.1.2 文化的层次

企业文化包括物质层、行为层、制度层和精神层等四个层次的文化。

(1) 物质层文化

物质层文化是产品和各种物质设施等构成的器物文化,是一种以物质形态加以表现的表层文化。企业生产的产品和提供的服务是企业生产经营的成果,是物质文化的首要内容。其次,企业的生产环境、企业容貌、企业建筑、企业广告、产品包装与设计等也构成企业物质文化的重要内容。

（2）行为层文化

行为层文化是指员工在生产经营及学习娱乐活动中形成的活动文化，指企业经营、教育宣传、人际关系活动、文娱体育活动中产生的文化现象，包括企业行为的规范、企业人际关系的规范和公共关系的规范。企业行为包括企业与企业之间、企业与顾客之间、企业与政府之间、企业与社会之间的行为。

（3）制度层文化

制度层文化主要包括企业领导体制、企业组织机构和企业管理制度三个方面。企业制度文化是企业为实现自身目标对员工的行为给予一定限制的文化，它具有共性和强有力的行为规范的要求。它规范着企业的每一个人的行为。企业工艺操作流程、厂纪厂规、经济责任制、考核奖惩等都是企业制度文化的内容。

（4）核心层精神文化

核心层精神文化是指企业生产经营过程中，受一定的社会文化背景、意识形态影响而长期形成的一种精神成果和文化观念。包括企业精神、企业经营哲学、企业道德、企业价值观念、企业风貌等内容，是企业意识形态的总和。

以上四个文化层次，逻辑关系见图6-2。通过此图我们可以看出，别人要了解组织（公司或团队，包括营销团队）的企业文化，需要由外而内，而我们要建设企业文化，则需要由内而外，不然就会走入企业文化的误区：企业文化口号化和企业文化表象化。

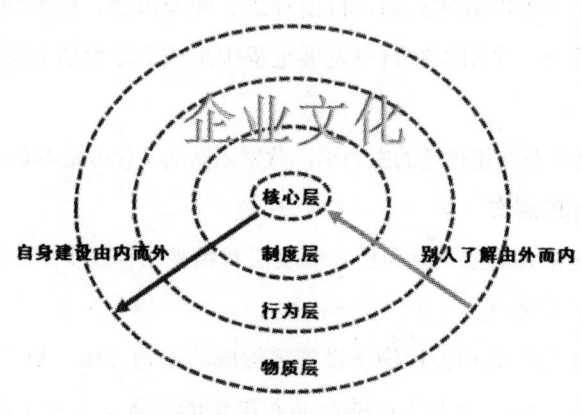

图6-2　企业文化层次图

1.1.3 文化的作用

（1）企业文化能激发员工的使命感

不管是什么企业都有它的责任和使命，企业使命感是全体员工工作的目标和方向，是企业不断发展或前进的动力之源。

（2）企业文化能凝聚员工的归属感

企业文化的作用就是通过企业价值观的提炼和传播，让一群来自不同地方的人共同追求同一个梦想。

（3）企业文化能加强员工的责任感

企业要通过大量的资料和文件宣传员工责任感的重要性，管理人员要给全体员工灌输责任意识、危机意识和团队意识，要让大家清楚地认识企业是全体员工共同的企业。

（4）企业文化能赋予员工的荣誉感

每个人都要在自己的工作岗位、工作领域，多做贡献，多出成绩，多追求荣誉感。

（5）企业文化能实现员工的成就感

一个企业的繁荣昌盛关系到每一个公司员工的生存。企业繁荣了，员工们就会引以为豪，会更积极努力地进取，荣耀越高，成就感就越大，越明显。

1.1.4 文化的建设

文化诊断工具

文化诊断的工具有很多，比如克拉克洪—斯托特柏克构架、霍夫斯泰德的组织文化模型、费恩斯·特朗皮纳斯的组织文化模型、丹尼森组织文化模型等等，各种模型各有千秋，在这里我重点推荐一下丹尼森组织文化模型。

丹尼森组织文化模型是组织文化诊断的有力工具。瑞士洛桑国际管理学院著名教授丹尼尔·丹尼森，在经过对1500多家样本公司的研究后指出：适应性（adaptability）、使命（mission）、参与性（involvement）与一致性（consistency），这四大文化特征对一个组织的经营发展，具有重大影响（详见图6-3）。

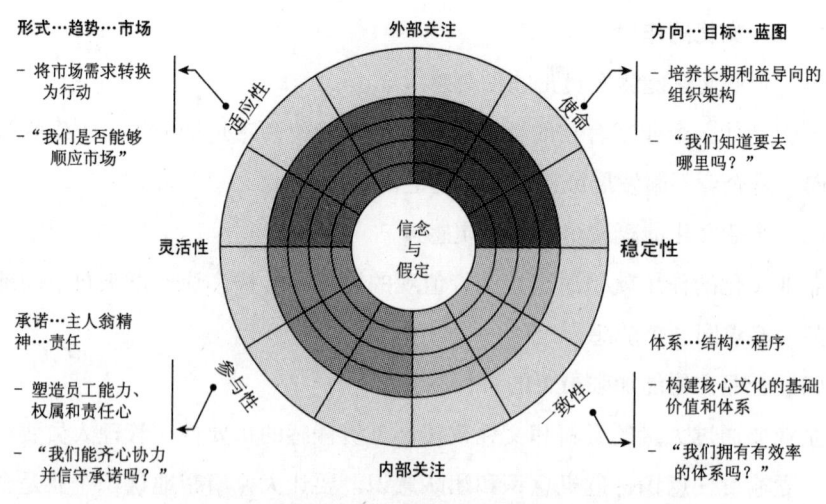

图6-3 丹尼森组织文化模型

（图片来源：http://baike.baidu.com/view/1631938.htm）

文化建设流程：

一个组织的形成之初，本身就带了它特定的文化因素，比如企业核心人物的精神、企业环境等等，但是不是跟自己所从事的行业匹配却不一定，所以如何进行企业文化的建设或调整，无论是站在企业主角度还是营销团队负责人的角度，都是值得高度重视的问题。究竟如何进行企业文化的建设和调整呢？下面我跟大家分享一套企业文化建设的流程（详见图6-4）。

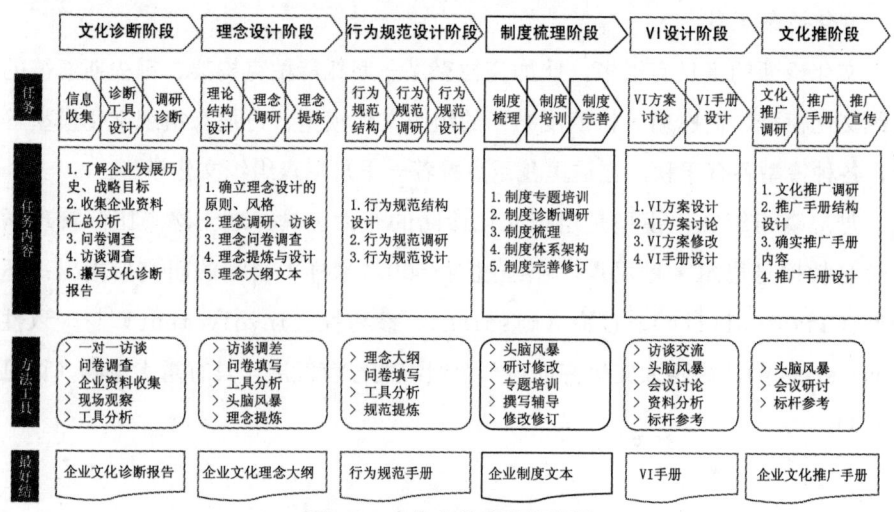

图6-4 企业文化建设流程图

（图片来源：http://baike.baidu.com/link?url=DYG8Db0dY9p7GZAjlCO7bXhJWVF9r0hjkAUkQDANMwuBsU0JVfdL0m0c2zAKQ1rW-yB9_H_Sr9uwNV41w0Qoua）

文化推行流程：4R流程

第一步：R1，入眼

入眼R1，是指企业文化的认知。梳理、凝练企业文化的核心：愿景、使命、核心价值观，写成体系（手册），让全员认识、感知自己的企业文化。企业文化是企业具有的，需要全体员工共同认知的。那么如何达到共同认知呢？

（1）氛围营造

A. 企业文化手册设计、印刷

B. 氛围营造、策划

（2）考核

组织全员进行企业文化考核，采取自下而上的考核。

第二步：R2，入脑

入脑R2，是指企业文化的认可。通过培训、研讨企业文化核心，让全体员工认可、感觉自己的企业文化。

入脑的主要步骤方法：

（1）宣讲与培训

A. 为高层领导提供企业文化基本知识的宣讲。

B. 为高层领导提供企业文化核心理念的培训。

C. 为中层领导提供企业文化基本知识的宣讲。

D. 为中层领导提供企业文化核心理念的培训。

E. 为基层员工提供企业文化核心理念的宣讲培训。

（2）考试

A. 借助一些活动，如知识竞赛、诗歌朗诵、看板等方式。

B. 组织企业文化考试。

第三步：R3，入心

入心R3，是指企业文化的认同，通过讨论、研讨企业文化核心，让全体员工认同、感受自己的企业文化。

（1）讨论与研讨

分专题进行讨论，分层级进行研讨。

（2）征文、演讲等比赛

（3）故事征集

（4）成果汇报

第四步，R4，入行

入行R4，是指企业文化的践行。通过讨论、公开承诺，让理念变成行为，让全体员工践行、体验自己的企业文化。

（1）汇总讨论成果，形成行为规范

（2）汇总故事案例，形成故事集

（3）对照行为准则、规范，修正自己的行为

（4）理念变为行为

（5）长期坚持，慢慢形成习惯

此外，学习型组织的塑造是企业文化建设和推行的有力保证，所以无论是企业还是团队都要努力塑造学习型组织。

1.2 制度

1.2.1 制度的概念

制度一般指要求大家共同遵守的办事规程或行动准则，也指在一定历史条件下形成的法令、礼俗等规范或一定的规格。在不同的行业、不同的部门、不同的岗位都有其具体的做事准则，目的都是使各项工作按计划按要求达到预计目标。

我们这里介绍的是营销系统，所以主要探讨营销部门的相关制度，即营销管理制度或销售管理制度。

1.2.2 制度的作用

制度的作用大致总结如下：

（1）指导性和约束性

制度对相关人员做些什么工作、如何开展工作都有一定的提示和指导，同时也明确相关人员不得做些什么，以及违背了会受到什么样的惩罚。因此，制度有指导性和约束性的特点。对于营销团队成员来讲，由于其工作具有很大自

由性，所以制度在这方面的作用就特别重要。

（2）鞭策性和激励性

制度有时就张贴或悬挂在工作现场，随时鞭策和激励着人员遵守纪律、努力学习、勤奋工作。好的营销管理制度（或销售管理制度）里有着良好的员工晋升机制和奖励机制，所以具有很强的鞭策性和激励性。

（3）规范性和程序性

制度对实现工作程序的规范化，岗位责任的法规化，管理方法的科学化，起着重大作用。制度的制定必须以有关政策、法律、法令为依据。制度本身要有程序性，为人们的工作和活动提供可供遵循的依据。因为营销工作的自由性的性质，所以要想工作高效必须将相关流程进行规范并制定相关的程序文件。

1.2.3 制度的反思

每一个组织都有相关的制度，那么究竟什么样的制度是好的制度，这是值得我们反思的地方。反思之前先让我们来看看几个经典的制度故事。

第一个故事：合格率的检查制度

二战期间，美国空军降落伞的合格率为99.9%，这就意味着从概率上来说，每一千个跳伞的士兵中会有一个因为降落伞不合格而丧命。军方要求厂家必须让合格率达到100%才行。厂家负责人说他们竭尽全力了，99.9%已是极限，除非出现奇迹。军方（也有人说是巴顿将军）就改变了检查制度，每次交货前从降落伞中随机挑出几个，让厂家负责人亲自跳伞检测。从此，奇迹出现了，降落伞的合格率达到了百分之百。

第二个故事：付款方式

英国将澳大利亚变成殖民地之后，因为那儿地广人稀，尚未开发，英政府就鼓励国民移民到澳大利亚，可是当时澳大利亚非常落后，没有人愿意去。英国政府就想出一个办法，把罪犯送到澳大利亚去。这样一方面解决了英国本土监狱人满为患的问题，另一方面也解决了澳大利亚的劳动力问题。还有一条，他们以为把坏家伙们都送走了，英国就会变得更美好了。

英国政府雇佣私人船只运送犯人，按照装船的人数付费，多运多赚钱。很快政府发现这样做有很大的弊端，就是罪犯的死亡率非常之高，平均超过了百分之十，最严重的一艘船死亡率达到了惊人的百分之三十七。政府官员绞尽脑汁想降低罪犯运输过程中的死亡率，包括派官员上船监督，限制装船数量等等，却都实施不下去。

最后，他们终于找到了一劳永逸的办法，就是将付款方式变换了一下：由根据上船的人数付费改为根据下船的人数付费。船东只有将人活着送达澳洲，才能赚到运送费用。

新政策一出炉，罪犯死亡率立竿见影地降到了百分之一左右。后来船东为了提高生存率还在船上配备了医生。

第三个故事：抽水马桶的清洁标准

某日本高级酒店，检测客房抽水马桶是否清洁的标准是：由清洁工自己从马桶中舀一杯水喝一口。可以想象，这样的马桶会干净到什么程度。

第四个故事：粥的分配制度

七个人住在一起，每天分一大桶粥。要命的是，粥每天都是不够的。一开始，他们抓阄决定谁来分粥，每天轮一个。于是乎，每周下来，他们只有一天是饱的，就是自己分粥的那一天。后来他们开始推选出一个口口声声道德高尚的人出来分粥。

大权独揽，没有制约，也就会产生腐败。大家开始挖空心思去讨好他，互相勾结，搞得整个小团体乌烟瘴气。然后大家开始组成三人的分粥委员会及四人的评选委员会，互相攻击扯皮下来，粥吃到嘴里全是凉的。

最后想出来一个方法：轮流分粥，但分粥的人要等其他人都挑完后拿剩下的最后一碗。为了不让自己吃到最少的，每人都尽量分得平均，就算不平，也只能认了。

大家快快乐乐，和和气气，日子越过越好。

通过以上故事我们可以看出：同样的人，不同的制度，可以产生不同的文化和氛围以及差距巨大的结果。给我们的反思是：一个好的制度可以使人的坏念头受到抑制，而坏的制度会让人的好愿望四处碰壁。建立起将结果和个人责任和利益联系到一起的制度，能解决很多社会问题。

反思的结果是，我们在进行营销管理制度（销售管理制度）制定时要遵循以下几点。

（1）一定要把个人目标与组织目标相结合。

（2）制度一旦制定要重视执行。

（3）制度需要切合实际、与时俱进，定期进行更新和调整。

1.3 团队

任何组织都不离开团队，营销团队更是如此，大的组织里分工比较清晰，相对来说团队也不容易有冲突，大家各司其职，但是营销团队中，平级的团队成员比较多，而且做的事情也近似，所以如何分工合作就更加重要。营销团队如何组建和管理，我们在本书第三部分第二章《组建团队》和第三章《管理团队》中有详细介绍，大家可以作为参考。

1.4 专注

作家格拉德威尔在《异类》一书中指出："人们眼中的天才之所以卓越非凡，并非天资超人一等，而是付出了持续不断的努力。1万小时的锤炼是任何人从平凡变成超凡的必要条件。"他将此称为"一万小时定律"。要成为某个领域的专家，需要10000小时，按比例计算就是：如果每天工作八个小时，一周工作五天，那么成为一个领域的专家至少需要五年。这就是一万小时定律。

功夫巨星李小龙曾经讲过的一句话：我不害怕会一万种腿法的人，但我害怕把一种腿法练了一万次的人。

这两件事情告诉我们，无论是组织还是个人，不能求贪多求快，而要专注、专心，随着时间的推移，量变到质变，就会走向专业！虽然对于一万小时定律还存在很多争议，但是专注作为成功的必要条件是肯定的。从事营销的人员，由于在工作中很难有"立竿见影"的效果，所以意志很难坚定，现实中营销人员中途放弃从事营销行业的人大有人在，营销团队的稳定性也相对其他团队稳定性更弱。如何避免这种现象，只有将专注的态度融合到企业文化里、渗透到员工习惯里。

1.5 学习

无论是组织还是个人，学习是其最大的核心竞争力。当我们还不够优秀时，是可以通过学习来变得优秀的，个人如此，团队如此，公司也如此，所以推行学习型组织是每个组织应该重视的，特别是营销团队，由于其稳定性相对较弱，更应该推行学习型组织，这样才能保证有足够的生命力。

学习型组织（Learning Organization），其含义为面临剧烈变化的外在环境，组织应力求精简、扁平化、终生学习、不断自我组织再造，以维持竞争力。它是通过培训弥漫于整个组织的学习气氛、充分发挥员工的创造性思维能力而建立起来的一种有机的、高度柔性的、扁平的、符合人性的、能持续发展的组织。这种组织具有持续学习的能力，具有高于个人绩效的综合绩效。21世纪是知识社会和知识经济主导的时代，知识与学习的重要性与价值日益受到世人的瞩目。知识与学习无疑是个人、组织与社会持续进步与向上发展的动力和源泉。学习型组织为个人、组织和社会进行有效学习知识提供了支撑平台和实践领域。学习型组织图详见图6-5。

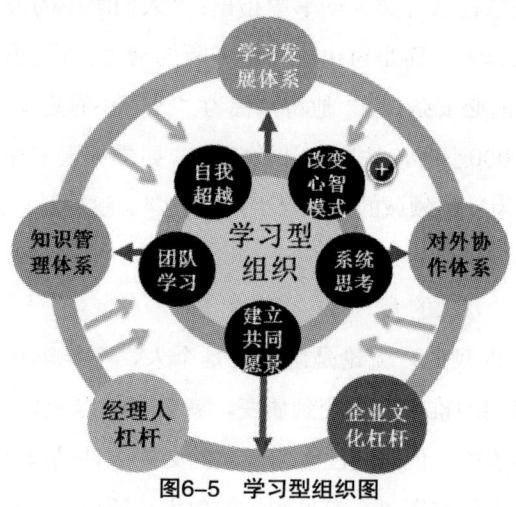

图6-5 学习型组织图

（图片来源：http://tupian.baike.com/doc/%E5%AD%A6%E4%B9%A0%E5%9E%8B%E7%BB%84%E7%BB%87/a2_12_21_20300542476289141630210286227_jpg.html）

通过上图，我们可以看出，学习型组织有五个要素。

（1）建立共同愿景（Building Shared Vision）：愿景可以凝聚公司上下的意志力，透过组织共识，大家努力的方向一致，个人也乐于奉献，为组织目标奋斗。

（2）团队学习（Team Learning）：团队智慧应大于个人智慧的平均值，以做出正确的组织决策，透过集体思考和分析，找出个人弱点，强化团队向心力。

（3）改变心智模式（Improve Mental Models）：组织的障碍，多来自于个人的旧思维，例如固执己见、本位主义，唯有通过团队学习，以及标杆学习，才能改变心智模式，有所创新。

（4）自我超越（Personal Mastery）：个人有意愿投入工作，专精工作技巧的专业，个人与愿景之间有种"创造性的张力"，正是自我超越的来源。

（5）系统思考（System Thinking）：应通过资讯搜集，掌握事件的全貌，以避免只见树不见林，培养综观全局的思考能力，看清楚问题的本质，有助于清楚了解因果关系。

学习是心灵的正向转换，企业或团队如果能够顺利导入学习型组织，不只能够产生更高的组织绩效，更能够带动组织的生命力。将学习列为建立可持续的良性的营销系统要素之一是非常有必要的。

1.6　合作

孟子说："天时不如地利，地利不如人和。"古人的智慧用在现代生活中的任何一个领域都非常适用，特别是工作领域。在本书第三部分第一章《如何合作》中详细介绍了合作的相关知识及如何合作，可供大家参考学习。

1.7　共赢

共赢是合作的最佳结果，只有这种结果才能让合作永续，有了合作永续才称得上可持续，所以无论是营销系统还是其他系统，共赢都是我们的终极目标。

② 两个准则

当我们把营销系统的七个要素弄明白、悟清楚，并根据自身的实际情况进行调整后并非万事俱备，还必须遵循两个准则，才能保证执行到位，这两个准则就是"以终为始"和"绝对成交"。

2.1 以终为始

以终为始的意思，是要我们搞清楚人生的最终期许。我们的一举一动，一切标准，都应该以人生的最终愿景为依托；也就是由个人最重视的期许或价值来决定一切。着手做任何一件事以前，先认清方向。先在脑海里酝酿，其次才是实质的创造。我们务必掌握真正的愿景，全心投注于自己最重视的原则、价值观、关系和目标之上，然后勇往直前坚持到底，使生活充满意义。

以终为始，就是要"主动地选择"，做自己的领导者，认清工作方向，端正工作态度。"一个人的思维定式能决定他的态度和行为，就好像'透镜'一样能影响一个人对世界的观察一样。生活中心不同，产生的观念也就各异。""忙碌的人未必出成果。"这几句话出自《高效能人士的七个习惯》。《高效能人士的七个习惯》书中，由著名领导力大师、人际关系专家史蒂芬·柯维博士开发了享誉全球的版权课程。此书当中"以终为始"作为高效能人的七个习惯之一，可见其重要性。

无论是组织还是个人，当我们觉得平时都很忙却没有太多的成果时，原因很大程度上都出自于没有"以终为始"。所以在此我将它列为建立可持续的良性的营销系统两个准则之一，营销团队必须有目标（包括长期目标和短期目标），然后按照目标，以终为始去奋斗、去完成、去超越，才能成为卓越的营销团队；营销团队成员也要有自己的目标（包括长期目标和短期目标），这个目标可以是自己设定的，要与团队目标有一定的重合度，这样才有激情以终为始去工作。作为营销团队的负责人，应该引导团队成员去制定自己的目标。另外，以职业规划形式系统地分析，效果将更佳。

2.2 绝对成交

绝对成交是一种坚信自己肯定能与客户成交的信念。这种信念非常重要，它会引导我们更快达到目标，是从事营销的人必须具备的一种信念，所以在此我将它列为建立可持续的良性的营销系统两个准则之一。我们一定要把这种信念转化为准则，贯彻到我们的团队培训中，落实到我们的日常工作中，形成真正的"绝对成交"营销团队。下面跟大家分享一个绝对成交的案例（案例取自于杜云生老师的《绝对成交》）。

在美国曾经有一个卖厨具的公司招聘了一批推销员，这批推销员有一个小小的故事。业务经理非常讨厌其中的一个推销员，所以在培训了五天五夜之后，他要整一整这个推销员。他把这个推销员找来说："我给你一个名单，这个名单是我们全公司最棒的一个顾客，谁去拜访他，他就会跟那个推销员买东西，所以请你去拜访他，你会立即产生业绩的。"这个推销员深信不疑，非常感谢经理的帮助。其实经理根本是骗他的，经理给他的名单是全公司最烂的一位顾客，谁去拜访他，他都不买，但是经理想故意整这个人，可是这个人却很相信经理的话。在他要离开时经理又把这个推销员给叫回来："年轻人你回来，刚刚我跟你讲的这个顾客一定会买你的产品，但是你要注意，他刚开始会故意拒绝你，他会故意说不买，你们的产品品质不好、质量不好、价格不好、服务不好，我绝对不会跟你买……这些话你不要相信，他拒绝你是在考验你，拒绝得越多等一下他买得越多，你明白吗？"这个推销员深信不疑，感谢经理的好心提醒，这个推销员说："经理，你为什么对我这么好，我要是没有听你的这番话，可能就被他给骗出来了，所以经理你放心，我一定100%成交给你看。"

结果这个推销员真的去拜访那个老总。

"你好，**老总，我是**公司的销售人员，今天特地来跟你介绍我们的厨具。"

"你们公司来了太多人了，我都不想听，你给我出去。"

这个推销员心想：果然跟经理讲的一模一样，他开始拒绝我了，千万不要被他骗，他在考验我。

"**老总，是这样的，我知道你会赶我走，但是你听完我跟你介绍产品可以吗？"

"质量不好。"

"你认为质量不好，其实是很好的，那我再跟你介绍一遍好吗？"

"服务不好。"

"你以为服务不好，其实是不对的，我跟你介绍我们的服务好吗？"

"价格太贵了。"

"事实上是不贵的，老总，听我解释好吗？"

老总生气地说："你给我滚出去！"

他想：老总果然在赶我走了，老总赶我走的时候是在考验我刺激我，经理跟我讲过这个老总是好顾客，只是在暂时欺骗我而已，千万不能被他给骗了。

"老总，请你相信我，今天买我的产品一定不会错的，让我给你介绍好吗？"

"给我滚出去！"

"你不要再赶我走了，我知道你会买的。"

这个推销员心里还想：太好了，的确跟经理说的一模一样，拒绝越多等一下买得越多。

"老总，你不要再拒绝我了，我相信你会买的。"

"我不会跟你买的，你快走吧。"

"你会买的。"

"我真的不会跟你买的，你快给我滚出去吧。"

这推销员一想真的跟经理讲的一模一样，太棒了，太好了，这时候他坚持到最后："老总你会买对不对？"

"不会。"

"会买的。"

"不会。"

"你明明有需要。"

"不需要。"

"让我再跟你介绍一遍。"

"你给我走。"

"我很有耐心的。"

"你快走。"

"你怎么赶我都不会走的。"

"你厚脸皮。"

"不是，我真心要帮助你。"

这老板一听气得半死，拍着桌子说："我从来没见过你这么不要脸的推销员，做生意这么多年没见过你这么厚脸皮的人，这个人真是脑子有问题。是不是我怎么赶你，你都不走？我今天服了你了，就跟你买一套产品了。"

这个推销员一听心里还是笑了：哼，你早就会跟我买，还演戏演得这么像，经理早就跟我讲过了。他不好意思揭穿顾客，于是他就跟客户说："好吧，谢谢你的支持，其实我知道你会买的，你刚开始太生气了，你考验我也用不着发这么大脾气，你演戏演得实在是太像了。"

这客户气冲冲地赶快付钱签单把他赶走。这个推销员拿着产品的订单和钱回去跟经理讲："经理，你看我把订单拿回来了，谢谢你给我介绍这个客户。"

经理吓了一跳："你真的拿到订单了？"

"经理你不是告诉我，他是全公司最棒的顾客吗？怎么你不相信我拿到订单了。"经理说不出话来了。

以上这个案例告诉我们一个道理，当我们心目中装着"绝对成交"的信念，即使是假的，也能创造奇迹，这就是绝对成交的魅力所在，所以非常值得我们去遵守这一条准则。

③ 一个指导思想

要想建立可持续的良性的营销系统，前面讲到的七个要素的把握及两个准则的遵守只是万事俱备，似乎还欠了一股东风，东风是什么？那就是我们的指导思想。"以顾客需求为中心"已经是经营企业（特别是营销企业）耳熟能详的一句话，我将它更加白话一点，即：帮客户买东西，而不是卖东西给客户。下面我来跟大家分析一个例子：

女儿想买只宠物狗，父亲带着女儿到宠物市场后。

第一个卖狗人说："你看这条狗很好，好像你女儿也挺喜欢的，1000块钱，你好好看一看，绝对划算的。"

父亲摇了摇头，走了。

第二个卖狗人说："你看这条狗非常好，是英国的纯种狗，这种颜色的结合非常好，好像你女儿也挺喜欢，1000块钱，这个价格也合适，我不敢确认你女儿明天是不是还会喜欢，所以你付我1000块钱，你回去一周后，如果你女儿不喜欢了，只要你把狗抱回来，1000块钱我就退给你。"

父亲有点心动，但还是决定再转转。

第三个卖狗人说："您眼光真好，这条狗非常好，是英国的纯种狗，看您女儿也挺喜欢的，但是我不知道您养没养过狗？而且也不能确定您女儿是不是真正会一直喜欢这条狗？这样吧，我会跟您一块把狗带回家，然后帮您在家里找到一个最好的地方，搭一个狗窝，我会放足够的食物给它，你可以喂一个星期，我还会教你怎么喂这条狗，然后一个星期以后我再来。如果您女儿仍然喜欢这条狗，这条狗也喜欢您女儿，那这时候我来收1000块钱，如果您说不喜欢，或者你女儿跟这条狗之间没有缘分，那我就把狗抱走，把您家打扫干净，顺便把味道全部清理干净。"

第三个卖狗人，简直让这位父亲两眼放光。这位父亲很痛快地买了第三个人的狗，甚至没有讨价还价的想法。

案例剖析：

两个假设问题：

（1）如果你是买狗人，你会选择在哪家店买呢？扪心自问，会选第三家店是吗？

答：是的，会毫不犹豫地选择第三家。

（2）为什么会在这家店买？

答：因为服务好，而且考虑到了我们所有的担忧。能不能把狗养好，女儿能不能一直喜欢，正是我们所担忧的。而且第三家卖主非常有礼貌，让人感觉很舒服。

蕴含营销哲理：

（1）狗是一样的狗，价也是一样的价，在硬质量上面没有差别，但是在软质量上却有很大差别。第一家店卖的只是硬质量；第二家店不光卖硬质量，也有提供软质量（服务），但不到位；第三家店不光卖硬质量，而且提供的软质量（服务）也非常到位。这说明在同质化的时代，成交的关键在于软质量。

（2）第二家店有提供软质量（服务），第三家店也有提供软质量（服务），而第三家店成交了。这说明软质量没有最好，只有更好，成交的成功率与软质量超过客户期望的值成正比，超过越多，成交概率越大。

（3）第二家店有考虑到了买主女儿有可能不会一直喜欢这条狗的问题，但只给了建议，没有深入。第三家店也有考虑到了买主女儿有可能不会一直喜欢这条狗的问题，而且还同时考虑到了买主会不会养狗的问题，不光给了建议，还给了解决方案。这说明从客户角度出发思考问题很重要，针对问题提出建议也很重要，但是解决方案比提出建议更重要。

（4）第三家店的店主在言谈中一直用"您"，并适时恭维"您眼光真好！"这说明在营销的过程中，礼貌和适当赞美是成交的催化剂。

（5）第三家店的店主提出了等一周后再去买主家收钱。这说明信赖感来自双方，你给对方足够的信赖感，对方就会给你足够的信赖感。

（6）第三家店的店主提出了把小狗送回家、布置好狗窝、准备好狗食等解决方案。看起来非常费事，增加了成本，但实际上是明智之举：一是赢得了客户，二是赢得了潜在的市场（比如狗食）。这说明做营销是舍得的过程，只有先"舍"才有"得"，而且一般情况下"舍"与"得"成正比。

核心总结：

以上第三家店之所以能够绝对成交，是因为他遵循了一个指导思想"营销是帮客户买东西，而不是卖东西给客户。"

通过以上案例分析，我们知道了"帮客户买东西，而不是卖东西给客户"这一指导思想的重要性。客户是利润的源泉，是组织或个人生存及发展的根本，我们一定要将此指导思想遵循到底，才能真正实现建立可持续的良性的营销系统。

第七章　运用战略营销工具[①]

本章要点

- 波士顿矩阵
- SWOT分析法
- PEST分析法
- STP分析法

① 波士顿矩阵

1.1 波士顿矩阵概念

波士顿矩阵（BCG Matrix），由美国著名的管理学家、波士顿咨询公司创始人布鲁斯·亨德森于1970年首创。它又称市场增长率—相对市场份额矩阵、波士顿咨询集团法、四象限分析法、产品系列结构管理法等。

波士顿矩阵认为一般决定产品结构的基本因素有两个：即市场引力与企业实力。市场引力包括企业销售量（额）增长率、目标市场容量、竞争对手强弱及利润高低等。其中最主要的是反映市场引力的综合指标——销售增长率，这是决定企业产品结构是否合理的外在因素。企业实力包括市场占有率，技术、设备、资金利用能力等，其中市场占有率是决定企业产品结构的内在要素，它直接显示出企业竞争实力。

[①] 本章有部分内容摘录于百度百科。

销售增长率与市场占有率既相互影响,又互为条件:市场引力大,市场占有高,可以显示产品发展的良好前景,企业也具备相应的适应能力,实力较强;如果仅有市场引力大,而没有相应的高市场占有率,则说明企业尚无足够实力,则该种产品也无法顺利发展。相反,企业实力强,而市场引力小的产品也预示了该产品的市场前景不佳。通过以上两个因素相互作用,会出现四种不同性质的产品类型,形成不同的产品发展前景:①销售增长率和市场占有率"双高"的产品群(明星类产品,以★表示);②销售增长率和市场占有率"双低"的产品群(瘦狗类产品,以×表示);③销售增长率高、市场占有率低的产品群(问题类产品,以?表示);④销售增长率低、市场占有率高的产品群(现金牛类产品,以Y表示)。详见图7-1:

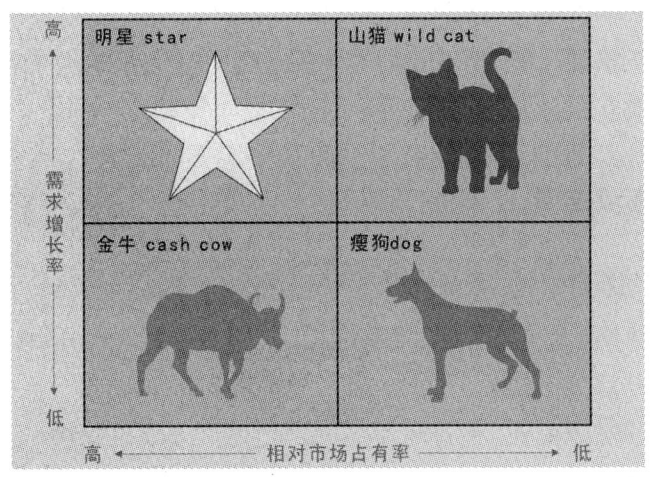

图7-1 波士顿矩阵图

此矩阵图的目的在于通过产品所处不同象限的划分,使企业采取不同决策,以保证其不断地淘汰无发展前景的产品,保持"问号""明星""金牛"产品的合理组合,实现产品及资源分配结构的良性循环。

1.2 波士顿矩阵绘制步骤

1.2.1 核算比率

核算企业各种产品的销售增长率和市场占有率。销售增长率可以用本企业的产品销售额或销售量增长率。时间可以是一年或是三年以至更长时间。市场占有率，可以用相对市场占有率或绝对市场占有率，但是用最新资料。基本计算公式为：

本企业某种产品绝对市场占有率=该产品本企业销售量÷该产品市场销售总量

本企业某种产品相对市场占有率=该产品本企业市场占有率÷该产品市场占有份额最大者（或特定的竞争对手）的市场占有率

1.2.2 绘制矩阵图

以10%的销售增长率和20%的市场占有率为高低标准分界线，将坐标图划分为四个象限。然后把企业全部产品按其销售增长率和市场占有率的大小，在坐标图上标出其相应位置（圆心）。定位后，按每种产品当年销售额的多少，绘成面积不等的圆圈，顺序标上不同的数字代号以示区别。定位的结果即将产品划分为四种类型。

1.3 波士顿矩阵应用

1.3.1 不同象限相应的战略对策

波士顿矩阵对于企业产品所处的四个象限具有不同的定义和相应的战略对策。

（1）明星产品（stars）

它是指处于高增长率、高市场占有率象限内的产品群，这类产品可能成为企业的现金牛产品，需要加大投资以支持其迅速发展。采用的发展战略是：积极扩大经济规模和市场机会，以长远利益为目标，提高市场占有率，加强竞争地位。发展战略以及明星产品的管理与组织最好采用事业部形式，由对生产技术和销售两方面都很内行的经营者负责。

（2）现金牛产品（cash cow），又称厚利产品

它是指处于低增长率、高市场占有率象限内的产品群，已进入成熟期。其财务特点是销售量大，产品利润率高、负债比率低，可以为企业提供资金，而且由于增长率低，也无需增大投资。因而成为企业回收资金，支持其他产品，尤其明星产品投资的后盾。①把设备投资和其他投资尽量压缩；②采用榨油式

方法，争取在短时间内获取更多利润，为其他产品提供资金。对于这一象限内的销售增长率仍有所增长的产品，应进一步进行市场细分，维持现存市场增长率或延缓其下降速度。对于现金牛产品，适合于用事业部制进行管理，其经营者最好是市场营销型人物。

现金牛业务指低市场成长率、高相对市场份额的业务，这是成熟市场中的领导者，它是企业现金的来源。由于市场已经成熟，企业不必大量投资来扩展市场规模，同时作为市场中的领导者，该业务享有规模经济和高边际利润的优势，因而给企业带来大量财源。企业往往用现金牛业务来支付账款并支持其他三种需大量现金的业务。图中所示的公司只有一个现金牛业务，说明它的财务状况是很脆弱的。因为如果市场环境一旦变化导致这项业务的市场份额下降，公司就不得不从其他业务单位中抽回现金来维持现金牛的领导地位，否则这个强壮现金牛可能就会变弱，甚至成为瘦狗。

（3）问题产品（question marks）

它是处于高增长率、低市场占有率象限内的产品群。前者说明市场机会大，前景好，而后者则说明在市场营销上存在问题。其财务特点是利润率较低，所需资金不足，负债比率高。例如在产品生命周期中处于引进期、因种种原因未能开拓市场局面的新产品即属此类问题的产品。对问题产品应采取选择性投资战略。因此，对问题产品的改进与扶持方案一般均列入企业长期计划中。对问题产品的管理组织，最好是采取智囊团或项目组织等形式，选拔有规划能力、敢于冒风险、有才干的人负责。

（4）瘦狗产品（dogs），也称衰退类产品

它是处在低增长率、低市场占有率象限内的产品群。其财务特点是利润率低、处于保本或亏损状态，负债比率高，无法为企业带来收益。对这类产品应采用撤退战略：首先应减少批量，逐渐撤退，对那些销售增长率和市场占有率均极低的产品应立即淘汰。其次是将剩余资源向其他产品转移。第三是整顿产品系列，最好将瘦狗产品与其他事业部合并，统一管理。

1.3.2 波士顿矩阵的应用法则

按照波士顿矩阵的原理，产品市场占有率越高，创造利润的能力越大；另一方面，销售增长率越高，为了维持其增长及扩大市场占有率所需的资金

亦越多。这样可以使企业的产品结构实现产品互相支持，资金良性循环的局面。按照产品在象限内的位置及移动趋势的划分，形成了波士顿矩阵的基本应用法则。

第一法则：成功的月牙环。在企业所从事的事业领域内各种产品的分布若显示月牙环形，这是成功企业的象征，因为盈利大的产品不止一个，而且这些产品的销售收入都比较大，还有不少明星产品。问题产品和瘦狗产品的销售量都很少。若产品结构显示分布散乱，说明其事业内的产品结构未规划好，企业业绩必然较差。这时就应区别不同产品，采取不同策略。

第二法则：黑球失败法则。如果在第三象限内一个产品都没有，或者即使有，其销售收入也几乎近于零，可用一个大黑球表示。该种状况显示企业没有任何盈利大的产品，说明应当对现有产品结构进行撤退、缩小的战略调整，考虑向其他事业渗透，开发新的事业。

第三法则：西北方向大吉。一个企业的产品在四个象限中的分布越是集中于西北方向，则显示该企业的产品结构中明星产品越多，越有发展潜力；相反，产品的分布越是集中在东南角，说明瘦狗类产品数量大，说明该企业产品结构衰退，经营不成功。

第四法则：踊跃移动速度法则。从每个产品的发展过程及趋势看，产品的销售增长率越高，为维持其持续增长所需资金量也相对越高；而市场占有率越大，创造利润的能力也越大，持续时间也相对长一些。按正常趋势，问题产品经明星产品最后进入现金牛产品阶段，标志了该产品从纯资金耗费到为企业提供效益的发展过程，但是这一趋势移动速度的快慢也影响到其所能提供的收益的大小。

如果某一产品从问题产品（包括从瘦狗产品）变成现金牛产品的移动速度太快，说明其在高投资与高利润率的明星区域时间很短，因此对企业提供利润的可能性及持续时间都不会太长，总的贡献也不会大；但是相反，如果产品发展速度太慢，在某一象限内停留时间过长，则该产品也会很快被淘汰。

这种方法假定一个组织有两个以上的经营单位组成，每个单位产品又有明显的差异，并具有不同的细分市场。在拟定每个产品发展战略时，主要考虑它的相对竞争地位（市场占有率）和业务增长率。以前者为横坐标，后者为纵坐标，然后分为四个象限，各经营单位的产品按其市场占有率和业务增长率高低填入相应的位置。

在本方法的应用中，企业经营者的任务，是通过四象限法的分析，掌握产品结构的现状及预测未来市场的变化，进而有效地、合理地分配企业经营资源。在产品结构调整中，企业的经营者不是在产品到了"瘦狗"阶段才考虑如何撤退，而应在"现金牛"阶段时就考虑如何使产品造成的损失最小而收益最大。

1.4 波士顿矩阵案例展示

1.4.1 宝洁公司简介

宝洁（Procter & Gamble）公司是一家美国消费日用品生产商，也是目前全球最大的日用品公司之一。总部位于美国俄州辛辛那提，全球员工近110 000人。2008年，宝洁公司是世界上市值第6大公司，世界上利润第14大公司。他同时是财富500强中第十大最受赞誉的公司。在全球80多个国家设有工厂及分公司，所经营的300多个品牌的产品畅销160多个国家和地区。其产品包括洗发、护发、护肤用品、化妆品、婴儿护理产品、医药、食品、饮料、织物、家居护理及个人清洁用品。

1987年，自从宝洁公司登陆中国市场以来，在日用消费品市场可谓是所向披靡，一往无前，仅用了十余年时间，就成为中国日化市场的第一品牌。在中国，宝洁旗下共有六大洗发水品牌，20多个系列，包括飘柔、潘婷、海飞丝、沙宣洗发护发系列、润妍、伊卡璐等洗发护发用品品牌。

宝洁公司在企业文化由企业愿景、企业精神、企业使命共同构成。企业愿景是亲近和美化人们生活；企业精神是创新、团队；企业使命是提供名优产品，真正改变客户的日常生活。

1.4.2 宝洁洗发产品波士顿矩阵分析

综合考虑产品的销售量增长率和市场占有率，宝洁洗发产品可列出波士顿矩阵如下图7-2。

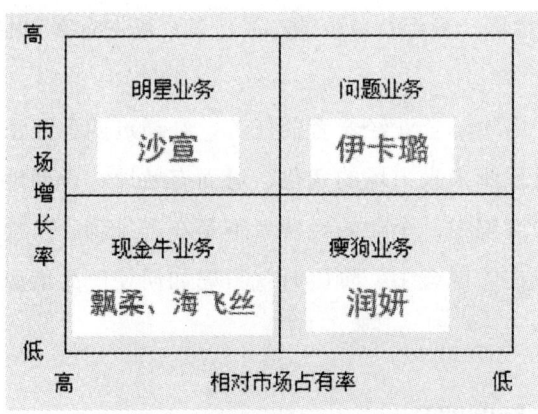

图7-2 宝洁洗发产品波士顿矩阵图

根据上图，我们可以看出：

（1）明星产品——沙宣。我们把沙宣定为明星产品是因为该品牌有着很高的市场渗透率和占有率，强势品牌特征非常明显，占绝对优势。而且拥有了稳定的顾客群，这类产品可能成为企业的奶牛产品（现金牛产品），因而需要加大投资以支持其迅速发展。

（2）奶牛产品——飘柔、海飞丝。上述两个产品低销售增长率，相对市场占有率高，已进入成熟期。可以为企业提供资金，因而成为企业回收资金，支持其他产品尤其明星产品投资的后盾。

（3）问题产品——伊卡璐。伊卡璐是宝洁为击败联合利华、德国汉高、日本花王，花费巨资从百时美施贵宝公司购买的品牌，主要定位于染发，此举为了构筑一条完整的美发护发染发的产品线。宝洁的市场细分很大程度不是靠功能和价格来区分，而是通过广告诉求给予消费者不同的心理暗示。把它定位问题产品，主要是它"出生"较其他洗发产品晚，市场占有率低，产生的现金流不多。但是公司对它的发展抱有很大希望。

（4）瘦狗产品——润妍。该品牌销售增长率低，相对市场占有率也偏低，采用撤退战略，首先应减少批量，逐渐撤退，对那些销售增长率和市场占有率均低的产品应立即淘汰。其次是将剩余资源向其他产品转移。第三是整顿产品系列，最好将瘦狗产品与其他事业部合并，统一管理。

② SWOT 分析法

2.1 SWOT 分析法的概念

所谓SWOT分析，即基于内外部竞争环境和竞争条件下的态势分析，就是将与研究对象密切相关的各种主要内部优势、劣势和外部的机会和威胁等，通过调查列举出来，并依照矩阵形式排列，然后用系统分析的思想，把各种因素相互匹配起来加以分析，从中得出一系列相应的结论，而结论通常带有一定的决策性。

运用这种方法，可以对研究对象所处的情景进行全面、系统、准确的研究，从而根据研究结果制定相应的发展战略、计划以及对策等。S（strengths）是优势、W（weaknesses）是劣势，O（opportunities）是机会、T（threats）是威胁，详见图7-3。按照企业竞争战略的完整概念，战略应是一个企业"能够做的"（即组织的强项和弱项）和"可能做的"（即环境的机会和威胁）之间的有机组合。

图7-3 SWOT分析模型图

2.2 SWOT 分析模型组合

SWOT分析有四种不同类型的组合：优势—机会（SO）组合、弱点—机会（WO）组合、优势—威胁（ST）组合和弱点—威胁（WT）组合。

优势—机会（SO）战略是一种发展企业内部优势与利用外部机会的战略，是一种理想的战略模式。当企业具有特定方面的优势，而外部环境又为发挥这种优势提供有利机会时，可以采取该战略。例如良好的产品市场前景、供应商规模扩大和竞争对手有财务危机等外部条件，配以企业市场份额提高等内在优势可成为企业收购竞争对手、扩大生产规模的有利条件。

弱点—机会（WO）战略是利用外部机会来弥补内部弱点，使企业改劣势而获取优势的战略。存在外部机会，但由于企业存在一些内部弱点而妨碍其利用机会，可采取措施先克服这些弱点。例如，若企业弱点是原材料供应不足和生产能力不够，从成本角度看，前者会导致开工不足、生产能力闲置、单位成本上升，而加班加点会导致一些附加费用。在产品市场前景看好的前提下，企业可利用供应商扩大规模、新技术设备降价、竞争对手财务危机等机会，实现纵向整合战略，重构企业价值链，以保证原材料供应，同时可考虑购置生产线来克服生产能力不足及设备老化等缺点。通过克服这些弱点，企业可能进一步利用各种外部机会，降低成本，取得成本优势，最终赢得竞争优势。

优势—威胁（ST）战略是指企业利用自身优势，回避或减轻外部威胁所造成的影响。如竞争对手利用新技术大幅度降低成本，给企业很大成本压力；同时材料供应紧张，其价格可能上涨；消费者要求大幅度提高产品质量；企业还要支付高额环保成本……这些都会导致企业成本状况进一步恶化，使之在竞争中处于非常不利的地位，但若企业拥有充足的现金、熟练的技术工人和较强的产品开发能力，便可利用这些优势开发新工艺，简化生产工艺过程，提高原材料利用率，从而降低材料消耗和生产成本。另外，开发新技术产品也是企业可选择的战略。新技术、新材料和新工艺的开发与应用是最具潜力的成本降低措施，同时它可提高产品质量，从而回避外部威胁影响。

弱点—威胁（WT）战略是一种旨在减少内部弱点，回避外部环境威胁的防御性技术。当企业存在内忧外患时，往往面临生存危机，降低成本也许成为改变劣势的主要措施。当企业成本状况恶化，原材料供应不足，生产能力不够，无法实现规模效益，且设备老化，使企业在成本方面难以有大作为，这时将迫使企业采取目标聚集战略或差异化战略，以回避成本方面的劣势，并回避成本原因带来的威胁。

2.3 SWOT 分析法案例展示

假设A企业生产的一款产品a已推入市场，由于其技术力量雄厚且员工流动率低，所以产品a在质量上很有优势，非常受欢迎。随着这类产品越来越被消费者接受，消费量逐渐增加，竞争对手B由于其质量欠佳，市场份额逐步下降，但是竞争对手C却正在强大。虽然说A企业对自己的产品充满信心，但是由于产品a市场渗透迅速，所以公司的分销渠道不能迅速铺好，而且管理上面也出现了脱节。针对这种情况，我们用SWOT模型分析其相对应的战略，详见图7-4。

内部能力因素 外部环境因素	优势（S） 1. 较强的技术实力 2. 拥有熟练的技术员工	劣势（W） 1. 缺乏深层管理 2. 分销渠道不均匀
机会（O） 1. 该类产品消费增加 2. 竞争者B的市场份额下降	SO策略： 2-1 保持技术优势，关注产品的消费动向 2-2 雇用竞争者B的熟练技术员工	WO策略： 2-1 必须满足目标市场产品消费增长的需求以保持较强的竞争力
威胁（T） 1. 可能受到市场法规的限制 2. 竞争者C正在强大起来	ST策略： 1-1 尽可能地进行技术开发，以避免法规的限制 2-2 不断提高劳动者的技能，并满足劳动者的需求	WT策略： 1-1 避免管理乏力而受到法规带来的限制 2-2 设法减小竞争者C市场份额增长带来的威胁

图7-4　A企业SWOT分析图

③ PEST

3.1 PEST 分析法概念

PEST分析是指宏观环境的分析，P是政治（politics），E是经济（economic），S是社会（society），T是技术（technology）。在分析一个企业集团所处的背景的时候，通常是通过这四个因素来进行分析企业集团所面临的状况。

3.2 PEST 分析法的详细内容

3.2.1 Political Factors（政治因素）

政治环境主要包括政治制度与体制，政局，政府的态度等；法律环境主要包括政府制定的法律、法规。包括以下问题。

（1）政治环境是否稳定？

（2）国家政策是否会改变法律从而增强对企业的监管并收取更多的赋税？

（3）政府所持的市场道德标准是什么？

（4）政府的经济政策是什么？

（5）政府是否关注文化与宗教？

（6）政府是否与其他组织签订过贸易协定？例如欧盟（EU），北美自由贸易区（NAFTA），东盟（ASEAN）等。

3.2.2 Economic Factors（经济因素）

构成经济环境的关键战略要素：GDP、利率水平、财政货币政策、通货膨胀、失业率水平、居民可支配收入水平、汇率、能源供给成本、市场机制、市场需求等。包括以下内容。

（1）利率。

（2）通货膨胀率与人均就业率。

（3）人均GDP的长远预期等。

3.2.3 Sociocultural Factors（社会因素）

影响最大的是人口环境和文化背景。人口环境主要包括人口规模、年龄结构、人口分布、种族结构以及收入分布等因素。包括以下问题。

（1）信奉人数最多的宗教是什么？

（2）这个国家的人对于外国产品和服务的态度如何？

（3）语言障碍是否会影响产品的市场推广？

（4）这个国家的男人和女人的角色分别是什么？

（5）这个国家的人长寿吗？老年阶层富裕吗？

（6）这个国家的人对于环保问题是如何看待的？

3.2.4 Technological Factors（技术因素）

技术环境不仅包括发明，而且还包括与企业市场有关的新技术、新工艺、新材料的出现和发展趋势以及应用背景。包含以下问题。

（1）科技是否降低了产品和服务的成本，并提高了质量？

（2）科技是否为消费者和企业提供了更多的创新产品与服务，例如网上银行、新一代手机等？

（3）科技是如何改变分销渠道的，例如网络书店、机票、拍卖等？

（4）科技是否为企业提供了一种全新的与消费者进行沟通的渠道，例如Banner广告条、CRM软件等？

3.3　PEST分析法的变形

有时，亦会用到PEST分析的扩展变形形式，如SLEPT分析、STEEPLE分析，STEEPLE是以下因素英文单词的缩写，社会/人口（Social/Demographic）、技术（Technological）、经济（Economic）、环境/自然（Environmental/Natural）、政治（Political）、法律（Legal）、道德（Ethical）。

此外，地理因素（Geographical Factor）有时也可能会有显著影响。更多扩展如下。

（1）PESTLE/ PESTEL分析-Political, Economic, Sociological, Technological, Legal, Environmental.

（2）PESTLIED分析-Political, Economic, Social, Technological, Legal, International, Environmental, Demographic.

（3）STEEPLE分析-Social/Demographic, Technological, Economic, Environmental, Political, Legal, Ethical.

（4）SLEPT分析-Social, Legal, Economic, Political, Technological.

4　STP分析法

4.1　STP分析法的概念

STP分析即市场细分（Segmenting）、选择目标市场（Targeting）和产品定位（Positioning）。STP则是整个营销建设的基础，STP法则对各自的市场进行了细分，并选择了自己的目标市场，传达出各自不同的定位。

针对STP战略，有一个非常形象的比喻：市场就是一个大大的生日蛋糕。

第一步：市场细分（Segmentation）

把蛋糕切成一块一块，有些有水果，有些没水果，有些多点cream，有些比较少cream。这些一块一块，就完成了蛋糕（市场）细分。

第二步：选择目标市场（Targeting）

你按照你的爱好来选择蛋糕块，你喜欢吃水果，所以选择了比较多水果的那块。

在营销中，就是说你选择了一个觉得适合企业，可盈利的一块target market。

第三步：产品定位（Position）

你喜欢吃水果的蛋糕，所以告诉你身边的人有水果的蛋糕是多么好吃来证明你的选择是最好的。在营销中就是利用广告等多种手段来告诉你的企业的image、product等来吸引消费者。

4.2 STP分析法的作用

细分市场不是根据产品品种、产品系列来进行的，而是从消费者（指最终消费者和工业生产者）的角度进行划分的，是根据市场细分的理论基础，即消费者的需求、动机、购买行为的多元性和差异性来划分的。通过市场细分对企业的生产、营销起着极其重要的作用。

（1）有利于选择目标市场和制定市场营销策略

市场细分后的子市场比较具体，比较容易了解消费者的需求，企业可以根据自己经营思想、方针及生产技术和营销力量，确定自己的服务对象，即目标市场。针对着较小的目标市场，便于制定特殊的营销策略。同时，在细分的市场上，信息容易了解和反馈，一旦消费者的需求发生变化，企业可迅速改变营销策略，制定相应的对策，以适应市场需求的变化，提高企业的应变能力和竞争力。

联想的产品细分策略，正是基于产品的明确区分，联想打破了传统的"一揽子"促销方案，围绕"锋行""天骄""家悦"三个品牌面向不同用户群需求，推出不同的"细分"促销方案。选择"天骄"的用户，可优惠购买让数据随身移动的魔盘、可精彩打印数码照片的3110打印机、SOHO好伴侣的M700多功能机，以及让人尽享数码音乐的MP3；选择"锋行"的用户，可以优惠购买"数据特区"双启动魔盘、性格鲜明的打印机以及"新歌任我选"MP3播放器；钟情于"家悦"的用户，则可以优惠购买"电子小书包"魔盘、完成学习打印的打印机、名师导学的网校卡，以及成就电脑高手的XP电脑教程。

（2）有利于发掘市场机会，开拓新市场

通过市场细分，企业可以对每一个细分市场的购买潜力、满足程度、竞争情况等进行分析对比，探索出有利于本企业的市场机会，使企业及时做出投产、异地销售决策或根据本企业的生产技术条件编制新产品开拓计划，进行必要的产品技术储备，掌握产品更新换代的主动权，开拓新市场，以更好适应市场的需要。

（3）有利于集中人力、物力投入目标市场

任何一个企业的资源、人力、物力、资金都是有限的。通过细分市场，选择了适合自己的目标市场，企业可以集中人、财、物及资源，去争取局部市场上的优势，然后再占领自己的目标市场。

（4）有利于企业提高经济效益

前面三个方面的作用都能使企业提高经济效益。除此之外，企业通过市场细分后，企业可以面对自己的目标市场，生产出适销对路的产品，既能满足市场需要，又可增加企业的收入；产品适销对路可以加速商品流转，加大生产批量，降低企业的生产销售成本，提高生产工人的劳动熟练程度，提高产品质量，全面提高企业的经济效益。

4.3　STP分析法步骤

4.3.1　市场细分

营销人员的目标是将一个市场的成员按照某种共同的特性划分成不同的群体。市场细分的方法经历过几个阶段。最初，因为数据是现成的，调研人员采用了基于人口统计学信息的市场细分方法。他们认为不同的人员，由于其年龄、职位、收入和教育的不同，消费模式也会有所不同。后来，调研人员增加了消费者的居住地、房屋拥有类型和家庭人口数等因素，形成了基于地理人口统计学信息的市场细分方法。

后来，人们又发现基于人口统计学的方法做出的同一个市场细分下，还是存在着不同的消费模式。于是调研人员根据消费者的购买意愿、动机和态度，采用了基于行为科学的方法来进行分类。这种方法的一个形式是基于惠益的市场细分方法，划分的依据是消费者从产品中寻求的主要惠益。另一种形式是基于心理描述图的市场细分方法，划分依据是消费者生活方式的特征。

有一种更新的成果是基于忠诚度的市场细分，把注意力更多地放在那些能够更长时间和使企业获得更大利润的客户身上。

总之，市场细分分析是一种对消费者思维的研究。对于营销人员来说，谁能够首先发现新的划分客户的依据，谁就能获得丰厚的回报。

4.3.2 市场选择

著名的市场营销学者麦卡锡提出了应当把消费者看作一个特定的群体，称为目标市场。通过市场细分，有利于明确目标市场；通过市场营销策略的应用，有利于满足目标市场的需要。也就是说，目标市场就是通过市场细分后，企业准备以相应的产品和服务满足其需要的一个或几个子市场。

选择目标市场，明确企业应为哪一类用户服务，满足他们的哪一种需求，是企业在营销活动中的一项重要策略。为什么要选择目标市场呢？因为不是所有的子市场对本企业都有吸引力，任何企业都没有足够的人力资源和资金满足整个市场或追求过大的目标，只有扬长避短，找到有利于发挥本企业现有的人、财、物优势的目标市场，才不至于在庞大的市场上瞎撞乱碰。如太原橡胶厂是一个有1800多名职工，以生产汽车、拖拉机轮胎为主的中型企业。前几年，因产品难以销售而处于困境。后来，他们进行市场细分后，根据企业优势，选择了省内十大运输公司作为自己的目标市场，生产适合晋煤外运的高吨位汽车载重轮胎，打开了销路。随着企业实力的增强，他们又选择了耕运两用拖拉机制造厂为目标市场。1992年与香港中策投资有限公司合资经营，成立了"双喜轮胎股份有限公司"。1993年，在全国轮胎普遍滞销的情况下，该公司敲开了一汽的大门，为之提供高吨位配套轮胎。正确选择目标市场是太原橡胶厂跨入全国500家优秀企业的有效策略之一。

选择目标市场一般运用下列四种策略。

(1) 无差别性市场策略——Undifferentiated marketing（ALL）

无差别市场策略，就是企业把整个市场作为自己的目标市场，只考虑市场需求的共性，而不考虑其差异，运用一种产品、一种价格、一种推销方法，吸引可能多的消费者。美国可口可乐公司从1886年问世以来，一直采用无差别市场策略，生产一种口味、一种配方、一种包装的产品满足世界156个国家和地区的需要，称作"世界性的清凉饮料"，资产达74亿美元。由于百事可乐等饮料的竞争，1985年4月，可口可乐公司宣布要改变配方的决定，不料在美国市场掀起轩然大波，许多电话打到公司，对公司改变可口可乐的配方表示不满和反对，不得不继续大批量生产传统配方的可口可乐。可见，采用无差别市场策略，产品在内在质量和外在形体上必须有独特风格，才能得到多数消费者的认可，从而保持相对的稳定性。

这种策略的优点是产品单一，容易保证质量，能大批量生产，降低生产和销售成本。但如果同类企业也采用这种策略时，必然要形成激烈竞争。闻名世界的肯德基炸鸡，在全世界有800多个分公司，都是同样的烹饪方法、同样的制作程序、同样的质量指标、同样的服务水平，采取无差别策略，生产很红火。1992年，肯德基在上海开业不久，上海荣华鸡快餐店开业，且把分店开到肯德基对面，形成"斗鸡"场面。因荣华鸡快餐把原来洋人用面包做主食改为蛋炒饭为主食，西式沙拉土豆改成酸辣菜、西葫芦条，更取悦于中国消费者。所以，面对竞争强手时，无差别策略也有其局限性。

(2) 差别性市场策略——Differentiated marketing（MANY）

差别性市场策略就是把整个市场细分为若干子市场，针对不同的子市场，设计不同的产品，制定不同的营销策略，满足不同的消费需求。如美国有的服装企业，按生活方式把妇女分成三种类型：时髦型、男子气型、朴素型。时髦型妇女喜欢把自己打扮得华贵艳丽，引人注目；男子气型妇女喜欢打扮得超凡脱俗，卓尔不群；朴素型妇女购买服装讲求经济实惠，价格适中。公司根据不同类妇女的不同偏好，有针对性地设计出不同风格的服装，使产品对各类消费者更具有吸引力。又如某自行车企业，根据地理位置、年龄、性别细分为几个子市场：农村市场，因常运输货物，要求牢固耐用，载重量大；城市男青年，要求快速、样式好；城市女青年，要求轻便、漂亮、闸灵。针对每个子市场的特点，制定不同的市场营销组合策略。这种策略的优点是能满足不同消费者的不同要求，有利于扩大销售、占领市场、提高企业声誉。其缺点是由于产品差异化、促销方式差异化，增加了管理难度，提高了生产和销售费用。目前只有力量雄厚的大公司采用这种策略。如青岛双星集团公司，生产多品种、多款式、多型号的鞋，满足国内外市场的多种需求。

（3）集中性市场策略——Concentrated marketing（ONE）

集中性市场策略就是在细分后的市场上，选择两个或少数几个细分市场作为目标市场，实行专业化生产和销售。在个别少数市场上发挥优势，提高市场占有率。采用这种策略的企业对目标市场有较深的了解，这是大部分中小型企业应当采用的策略。日本尼西奇起初是一个生产雨衣、尿布、游泳帽、卫生带等多种橡胶制品的小厂，由于订货不足，面临破产。总经理多川博在一个偶然的机会，从一份人口普查表中发现，日本每年约出生250万个婴儿，如果每个婴儿用两条尿布，一年需要500万条。于是，他们决定放弃尿布以外的产品，实行尿布专业化生产。一炮打响后，又不断研制新材料、开发新品种，不仅垄断了日本尿布市场，还远销世界70多个国家和地区，成为闻名于世的"尿布大王"。

采用集中性市场策略，能集中优势力量，有利于产品适销对路，降低成本，提高企业和产品的知名度。但有较大的经营风险，因为它的目标市场范围小，品种单一。如果目标市场的消费者需求和爱好发生变化，企业就可能因应变不及时而陷入困境。同时，当强有力的竞争者打入目标市场时，企业就要受到严重影响。因此，许多中小企业为了分散风险，仍应选择一定数量的细分市场为自己的目标市场。

三种目标市场策略各有利弊。选择目标市场时，必须考虑企业面临的各种因素和条件，如企业规模和原料的供应、产品类似性、市场类似性、产品寿命周期、竞争的目标市场等。

选择适合本企业的目标市场策略是一个复杂多变的工作。企业内部条件和外部环境在不断发展变化，经营者要不断通过市场调查和预测，掌握和分析市场变化趋势与竞争对手的条件，扬长避短，发挥优势，把握时机，采取灵活的适应市场态势的策略，去争取较大的利益。

4.3.3 市场定位

市场定位是指企业针对潜在顾客的心理进行营销设计，创立产品、品牌或企业在目标顾客心目中的某种形象或某种个性特征，保留深刻的印象和独特的位置，从而取得竞争优势。

市场定位（Market Positioning）是20世纪70年代由美国学者阿尔·赖斯提出的一个重要营销学概念。所谓市场定位就是企业根据目标市场上同类产品竞争状况，针对顾客对该类产品某些特征或属性的重视程度，为本企业产品塑造强有力的、与众不同的鲜明个性，并将其形象生动地传递给顾客，求得顾客认同。市场定位的实质是使本企业与其他企业严格区分开来，使顾客明显感觉和认识到这种差别，从而在顾客心目中占有特殊的位置。

传统的观念认为，市场定位就是在每一个细分市场上生产不同的产品，实行产品差异化。事实上，市场定位与产品差异化尽管关系密切，但有着本质的区别。市场定位是通过为自己的产品创立鲜明的个性，从而塑造出独特的市场形象来实现的。一项产品是多个因素的综合反映，包括性能、构造、成分、包装、形状、质量等，市场定位就是要强化或放大某些产品因素，从而形成与众不同的独特形象。产品差异化乃是实现市场定位的手段，但并不是市场定位的全部内容。市场定位不仅强调产品差异，而且要通过产品差异建立独特的市场形象，赢得顾客的认同。

需要指出的是，市场定位中所指的产品差异化与传统的产品差异化概念有本质区别，它不是从生产者角度出发单纯追求产品变异，而是在对市场分析和细分化的基础上，寻求建立某种产品特色，因而它是现代市场营销观念的体现。

第八章　提升营销理论知识（针对升华篇）[①]

> **本章要点**
> - 价格战略
> - 产品生命周期营销战略

① 价格战略

1.1 降价策略

1.1.1 降价的原因

在一些情况下，企业必须降价。比如工厂产能过剩，企业需要额外的生意，但却无法通过加大营销力度、改进产品或其他方法得到；比如有时企业降价是为了通过较低的成本来主导市场；再比如一开始成本就低于竞争对手；还比如可能是希望通过降价获得市场份额并降低成本等等。

在以上这些情况下，我们必须根据实际情况进行降价。

1.1.2 降价的困境

为了留住顾客或打败竞争者的降价行为经常会使顾客要求进一步的价格优惠，并让营销人员接受这一要求，而降价策略还可能产生以下困境。

[①] 本章内容摘录于《营销管理》（第14版·全球版），菲利普·科特勒、凯文·莱恩·凯勒著，王永贵等译，中国人民大学出版社，2012.4。

(1) 低质量困境

顾客会通过我们的降价行为认为质量低。正如我们在本书第二部分第九章《报价学问》中提到的：报价越低，给人的第一感觉并不是"物美价廉"，而只有"物廉"，这非常不利于公司品牌的建立。

(2) 脆弱的市场份额困境

一般情况下低价策略能够赢得市场份额，但很难赢得顾客忠诚，这些顾客本身就是价格导向的顾客，一旦市场上出现更优惠的价格就有可能转向他们。比如品牌店往往有固定的客户群体，而超市或小商品市场往往做的是人流量。

(3) 浅口袋困境

和低价格相比，价格高的竞争者，更具有持久力，因为它们有更多的现金储备。

(4) 价格战困境

低价格导致竞争者制定更加低的价格，从而引发价格战。

从以上困境中，我们可以知道，顾客经常会对价格变化的动机产生疑问，他们会猜测这个产品将被新产品所取代；或是该产品有缺陷，销量不好；要么是公司陷入了财务困境；更有甚者以为价格会进一步下调；或者认为产品的质量降低了。所以企业必须仔细分析这些问题，尤其是营销部门负责人，要更加敏锐分析市场反应，向公司提出正确的建议。

1.2 提价策略

1.2.1 提价的原因

提价的原因不外乎于以下几个。

(1) 增加利润

一次成功的提价能带来巨大的利润。比如，如果公司的销售利润率是3%，在销量不变的情况下，提价1%将使利润增加33%，这可以从表8-1中看出，我们假设售价为10美元的产品卖出了100件，成本为970美元，那么其利润为30美元，销售利润是3%。如果销量不变，提价10美分后（即提价1%），它的利润增长了33%。

表8-1 提价前后对比表

	提价前	提价后
价格	10美元	10.10美元（提价1%）
销量	100件	100件
收入	1000美元	1010美元
成本	970美元	970美元
利润	30美元	40美元（利润增长：33.33%）

（2）成本膨胀

在企业经营的过程中，如果成本的提高和生产率的提高不匹配，就会压低产品利润率，从而引发新一轮的提价。考虑到未来的通胀和政府对价格的控制，企业提价的幅度一般会超过成本增长的幅度，这种做法称为预期定价。

（3）需求过度

当企业的供应无法满足所有的顾客时，它就会提高售价、限量供应或两者兼用。

1.2.2 提价的形式

提价要想顾客接受，一定要提得不显山露水，才能达到预期的效果。一般来说，有如下几种方式：

（1）延迟报价

企业在产品完成或出售前并不制定最终的价格，这种定价方法常用于提前期较长的行业，如工业建筑和重型机械等。

（2）自动调整条款

企业要求顾客支付当天的价格和交货前由于通胀带来的全部或部分费用，自动调整条款以某些特定的价格指数为提价基础，广泛运用于大型的工业项目，如飞机制造和桥梁建设。

（3）分开计价

企业维持原价不变，但对原来的产品的一个或几个部分的服务另外收费，如送货和安装。汽车公司有时将高端音响娱乐系统和全球定位导航系统作为汽车的附属品而另外收费。

(4) 减少折扣

企业要求营销人员不要提供正常的现金和数量折扣。

1.2.3 提价的方法

涨价有时会向消费者传达正面的信息，例如产品很畅销、价值很高，但通常消费者都不喜欢涨价，因为涨价时，企业很难避免形成价格欺诈的形象。一般来说，相比于突然的、大幅度的涨价，消费者比较偏好小幅度的有规律的提价。有一些方法可以避免涨价时引起消费者的震惊和反感。一种方法是要让提价显得合情合理，例如提前通知消费者，以便他们可以预算或到其他地方购买，对于大幅度提价必须给出合理的解释；另一种很好的方法是先小幅度不明显地提价，如减少折扣、提高最小订购量、减产利润率低的产品等。在签订长期合同或协议时，应该包含以国内价格指数为基础的自动调整条款。

考虑到消费者对涨价的强烈抵制，厂商研究出一些避免名义涨价但实际上变相涨价的替代方法，下面是一些常用方法：

(1) 减少产品的量而不是涨价。例如，好时食品糖果标价不变却减少了重量，而雀巢则加价不加量。

(2) 使用更便宜的材料或原料。例如，许多糖果公司用合成的巧克力应对可可粉价格的上涨。

(3) 减少或消除产品的一些特性。例如，西尔斯简化了多家店铺的设计，从而与折扣店里的商品竞争。

(4) 取消或减少产品服务。例如，减少安装或免费送货等。

(5) 采用更便宜的包装材料或更大的包装尺寸。

(6) 减少产品的规格或品种。

(7) 创立新的经济型品牌。比如，某食品商店引进了多个小品牌产品，以低于大品牌10%~30%的价格出售。

1.3 应对竞争者的价格变化策略

当竞争者降价时，企业应该如何应付？一般来说，应该因地制宜，企业应当考虑到产品在生命周期中所处的阶段、它在产品组合中的重要性、竞争者的意图和货源、市场的价格和质量的敏感度、成本随着规模变化的情况以及企业的其他投资机会。在产品高度同质的市场，企业应该寻求方法强化它的附加产品，如果找不到方法，企业可能就需要降价了。

当提价对整个行业不利时，在同质产品市场上即使竞争对手提高了价格，其他企业也不一定会跟随，这时，市场领导者需要把价格降至原来的水平。

在异质产品市场上，企业就具有更多的自主权了。它需要考虑以下问题。

（1）竞争者为什么要改变价格？是为了抢占市场、充分利用过剩的生产能力来应对成本变化，还是引起行业范围内的价格变化？

（2）竞争对手的价格变化是暂时的还是长久的？

（3）如果企业维持现状，那它的市场份额和利润会发生什么变化？其他企业会做出反应吗？

（4）竞争对手和其他企业会对各种可能的反应再采取何种应对措施？

市场领导者经常会面临小企业大幅度降价以争夺市场份额的情况。应对低成本竞争者的三种反应如下：

（1）进一步区分产品或服务；

（2）推出低成本业务；

（3）再造一个低成本的竞争项目。

当挑战来临时，详细地分析各种备选方案可能并不可行。企业需要在数小时或数天内做出决策，尤其是在那些价格多变、反应迅速的行业，如肉类加工业、木料业或石油工业等，这时最佳的应对之策就是预计竞争者可能的价格变化，并制定应对措施。

② 产品生命周期营销战略

一家公司的定位和差异化战略应该在产品生命周期（product life cycle, PLC）中随产品、市场以及竞争者的变化而变化，说产品有生命周期意味着以下四点。

（1）产品拥有有限生命。

（2）产品销售经历不同阶段，每个阶段对销售者来说都有不同的挑战、机会和问题。

（3）利润在产品生命周期的不同阶段有起落。

（4）在生命周期的每个阶段，产品需要不同的营销、财务、制造、采购和人力资源战略。

2.1 产品生命周期

2.1.1 一般产品生命周期

大部分产品的生命周期曲线都呈钟形（见图8-1），这种曲线被典型地分为四个阶段：导入期、成长期、成熟期和衰退期。

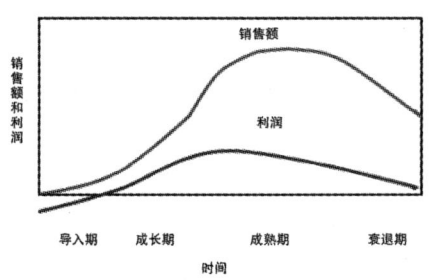

图8-1 销售与利润生命周期

导入期：随着产品被引进市场，销售额缓慢增长，由于产品推广花费巨大，因此毫无盈利可言。

成长期：在该阶段市场接受度大幅增长，并有持续的利润提升。

成熟期：销售增长速度放缓，因为大部分潜在的购买者都已经接受了产品，由于竞争加剧，利润保持平稳或下降。

衰退期：销售额呈下降趋势，利润减少。

我们可以用产品生命周期概念来分析一种产品类别（含酒精饮品）、一种产品形式（白酒）、一个产品（伏特加）或一个品牌，并非所有产品的生命周期曲线都呈钟形，另外还有三种模式存在，如图8-2所示。

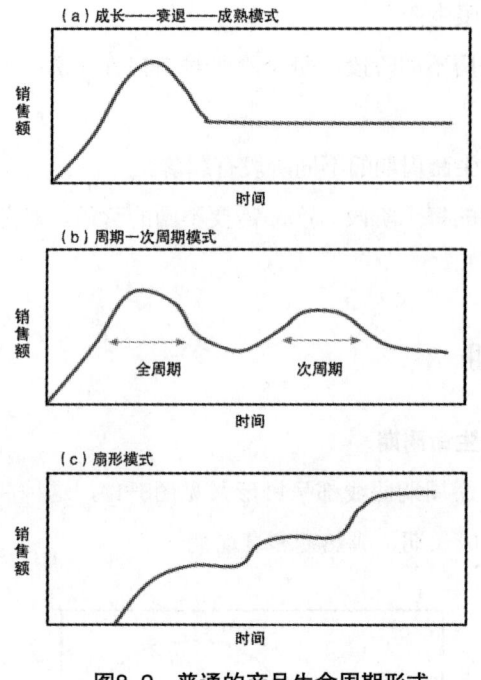

图8-2 普通的产品生命周期形式

图8-2（a）所示的是一种成长——衰退——成熟模式，这通常是小型厨房电器，如搅拌器和面包机的特征，产品导入期的销售额增长迅速，然后落入"僵化"水平并持续下去，这是由于后期采用者出现首次购买以及早期采用者更换产品的缘故。

图8-2（b）所示是周期一次周期模式经常用来描述新药的销售额走势，制药公司积极推广它的新药，这就导致了第一个周期，随后销售额开始下降，公司又发起另一轮推广活动，促成第二个周期（通常强度和持续性都比第一个弱）。

图8-2（c）所示是扇形生命周期，在这种模式下，销售额经历了一连串基于新产品特征、新用途或新用户的发现的生命周期，如尼龙的销售额就因为越来越多的新用途——降落伞、袜子、衬衫、地毯、船帆和汽车轮胎——随时间流逝而接连地被发现，其生命周期呈现扇形。

2.1.2 特殊产品生命周期

我们有必要区分三种特殊的产品生命周期类型，即风格、流行和时尚（见

图8-3），风格是在人类各项活动领域中出现的基本而独特的表达方式。风格可以出现在住宅（殖民地式、大牧场式、哥特式）、衣着（正式、商务休闲、运动），或者艺术（现实主义、超现实主义、抽象主义）中，一种风格能够持续数代，时而风行，时而落伍，流行则是当前在某个特定领域中受到认可或欢迎的风格，流行一般会经历四个阶段：区别、效仿、大众流行和衰退。

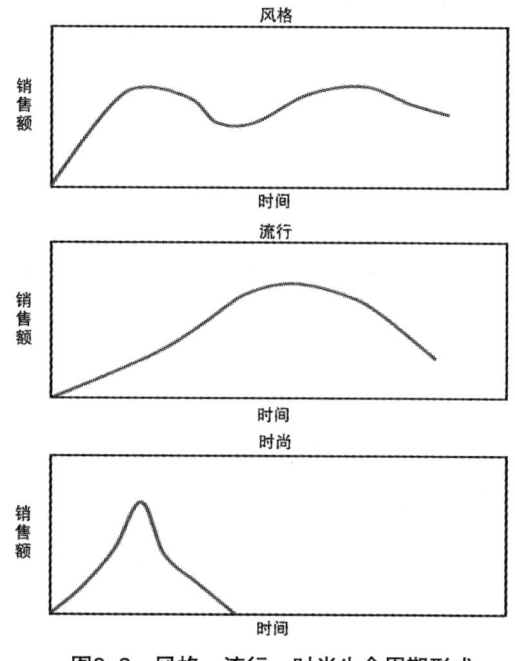

图8-3　风格、流行、时尚生命周期形式

流行的生命周期长度难以预测，一种观点认为，流行的结束是因为它们意味着购买时的妥协，消费者不久就开始希望获得缺失的属性。例如，小型汽车可能流行，但当汽车变得越小，它们就让人越不舒服，这时候越来越多的消费者开始离开。还有一种解释是，一种特定流行的周期长度取决于该流行满足消费真正需求的程度，与社会中其他趋势相一致的程度，符合社会规范和价值的程度，以及其发展受到技术限制程度。

时尚是迅速进入公众视线并被热情接受，高峰来得早，同时衰退得也快，它们的接受周期是非常短的。倾向于吸引少数的一群寻求刺激或想要突显自己与众不同的追随着。时尚是无法长久的，因为它们通常不能满足强大的需求。

市场营销的赢家是那些早早地嗅到时尚并将它们融入具有持久力的产品中,进而发挥杠杆优势的公司。

2.2 营销战略

2.2.1 导入期营销战略

由于推出一种新产品、解决技术问题、建设分销渠道以及赢得消费者认可是需要花费时间的,因此导入期销售额往往增长缓慢,利润为负甚至更低,促销费用占销售额的比例则处于最高水平,这是因为需要:一是告知潜在顾客;二是引导产品试用;三是确保零售通路的分销。

公司计划推出一种新产品时必须决定何时进入市场。最先进入市场当然有回报,但是也有高昂的风险和花费。如果公司有优良的技术、质量或品牌优势来创造市场优势,稍晚些进入是明智的。

作为导入期的开拓者应该设想各种可以进入的产品市场,并要知道一下子全部进入是不可能的。假设市场细分分析揭示的产品市场细分如图8-4所示。开拓者应该分析各个产品市场单独的和叠加的潜在利润,并决定市场扩张的路径。图8-4中的开拓者,计划首先进入产品市场P_1M_1,然后把产品带到第二个市场P_1M_2,然后把第二种产品带回第一个市场P_2M_1,再为第一个市场引入第三个产品P_3M_1。如果这个计划成功,那么这个开拓者将占有前两个细分市场的大部分,并为之提供两到三种产品。

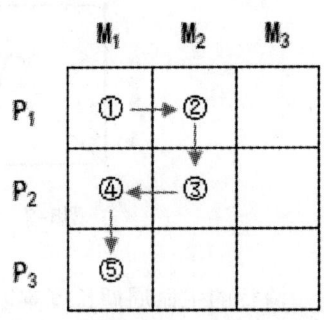

图8-4 产品市场扩张的长期战略

2.2.2 成长期营销战略

成长期的特征就是销售额迅速攀升。早期采用者喜欢这个产品,其他消费者则开始购买它。受这种良机所吸引,新的竞争者将进入。它们推出新的产品特色,并扩展分销渠道。

在成长阶段,为使市场份额保持快速增长,公司应使用如下几种策略。

A. 改进产品质量,增加新的产品特色,改进样式。

B. 增加新的型号和侧翼产品(即不同大小、风味等的产品)以保护主产品。

C. 进入新的细分市场。

D. 增加分销覆盖面积，进入新的分销渠道。

E. 广告诉求从让消费者认识并试用产品转变到鼓励他们对产品保持偏好与忠诚。

F. 以更低的价格吸引具有价格敏感性的下一层级客户。

通过投资于产品改进、促销和分销，公司能够占据优势地位。它在当前利润最大化与高的市场份额之间权衡，并寄希望于在下一阶段获得更大的利润。

2.2.3 成熟期营销战略

在某个时点，销售额增长率会减缓，产品则进入一个相对成熟的阶段。大部分产品正处于其生命周期中的成熟阶段，这一阶段通常也比前一阶段持续的时间长。

成熟期可以分为三个阶段：成长、稳定和衰退的成熟。在第一个阶段，销售额增长率开始下降，没有新的分销渠道可以进入，而新的竞争性力量出现。在第二个阶段，由于市场饱和，人均销售额没有太大变化。大部分潜在消费者已经试过该产品，未来销售量受制于人口增长和替代需求。在第三个阶段，也就是衰退的成熟期，绝对销售额水平开始下降，同时顾客开始转向其他产品。其中，成熟期的第三个阶段面临的挑战最大。销售额下降带来行业产能过剩，这导致更加激烈的竞争。市场开始"洗牌"，实力薄弱的竞争者退出行业。少数几个行业巨头主宰市场——它们可能是质量领导者、服务领导者或者成本领导者，主要通过大规模与低成本获利。所以此时的问题的是：公司应该努力成为行业三大之一，通过高质量和低成本来赚取利润，还是应该追求利基战略，通过小规模和高边际利润来盈利。

一些公司摒弃衰弱的产品，专注于新产品和盈利性更好的产品。然而它们可能忽视了成熟市场的老产品仍然具有的高潜力。那些被广泛认为已经成熟的行业——汽车、摩托车、电视、手表、相机，被日本人又在其中找到了为顾客提供新价值的方式。改变品牌进程的三种方法分别是市场、产品和营销方案的调整。

（1）市场调整

企业可以在构成销售量的两大因素上分别下功夫，从而扩展成熟品牌的市场：销售量=品牌用户数量×每个用户的使用率，如表8-1所示，但竞争者也能使用相同的方法。

表8-1 提高销售量的可选方式

扩展品牌用户的数量	提高用户的使用率
➢争取非用户，例如航空运输服务的增长要诀在于不断地搜寻那些新客户，并向他们证明使用航空运输的好处要比地面运输的多	➢促使消费者在更多场合使用产品。例如，把金宝汤产品当作小吃；用亨氏的醋擦洗窗户
➢进入新的细分市场，例如当地固特异决定通过沃尔玛、西尔斯和折扣轮胎公司为销售它的轮胎时，其销售份额立即猛增	➢促使消费者每次使用更多的产品，例如饮用更大杯的橙汁
➢吸引竞争者的顾客，例如帕芙（Puffs）面纸的营销者总是在争取舒洁纸巾的顾客	➢促使消费者用新的方式使用产品，例如把抗胃酸剂（Tums）用作钙补充剂

（2）产品调整

管理者也可以尝试着改善产品质量，改进产品特征或风格来刺激销售。改善产品质量指售出"新的改进的"产品来增加功能性表现。改进产品特征指添加新的尺码、重量、材质、添加物和配件以扩展产品的性能、多功能性、安全性或便利性。

（3）营销方案调整

最后，作为营销部门负责人可以通过调整非产品因素来刺激销售，包括价格、分销渠道以及广告传播等。这些变化是否取得成功，应该以它们在新老客户身上所起到的作用为标准。

2.2.4 衰退期营销战略

销售额下降有多种原因，包括技术进步、消费者口味转变以及国内外竞争的加剧。所有这些都能导致产能过剩、价格持续下跌以及利润萎缩。这种衰退可能比较缓慢，如缝纫机和报纸的情况；也可以很快，就像5.25英寸软盘和八轨墨盒的情况。随着销售额和利润的长时间下降，一些公司退出市场，留下来的公司则减少产品数量，所以营销部门的负责人的首要任务就是要识别衰弱产品。有许多公司任命一个产品检查委员会，从营销、研发、制造和财务部门选出代表，根据所有可得信息，对每种产品提出建议——要么维持现状，要么调整其营销战略,或者放弃产品。

2.2.5 营销战略总结

表8-2总结了产品生命周期四个阶段的特征、营销目标和营销战略。产品生命周期的概率帮助营销者解释产品与市场动态、实施计划和控制,以及进行预测。近期一项对30个产品品类的研究发现了许多与产品生命周期相关的有趣结果。

(1) 新的耐用消费品在每年销售额提升大概45%后,有一个明显的起飞期,但当销售额每年下降大概15%时,它们也展现出明显的减弱期。

(2) 在平均渗透率达到34%时产品销售额开始减退,刚好是在大多数家庭拥有一个新产品之前。

(3) 成长阶段持续8年多一点,而且看起来并没有随时间发展而缩短。

(4) 信息串联(informational cascades)的存在,意味着随时间发展,人们采用产品更可能是因为别人已经拥有该产品而跟风,而非自己仔细评估产品后做出购买决策。一个启示是:在起飞期有大规模销售额提升的品类,其销售额在减弱期趋向于有更大幅度的下降。

表8-2 产品生命周期特征、营销目标和营销战略的概括

	导入期	成长期	成熟期	衰退期
特征				
销售量	低	迅速增长	达到顶峰	下降
成本	高成本/顾客	一般成本/顾客	低成本/顾客	低成本/顾客
利润	负利润	增长的利润	高利润	下降的利润
顾客	创新者	早期采用者	中间大多数	落后者
竞争者	几乎没有	数量增加	数量稳定,开始下降	下降的数量
营销目标	创新产品认知,鼓励顾客试用	市场份额最大化	利润最大化同时保持市场份额	减少支出并榨取品牌收益
营销战略				
产品	提供基本产品	提供产品延伸、服务和保证	品牌和产品样式的多样化	逐步淘汰衰弱的产品
定价	成本加成定价	渗透市场定价	匹配或优于竞争者定价	降价
分销	建立选择性分销	建立更加密集性分销	逐步淘汰不盈利的分销网站	
广告	在早期采用者和经销商中建立产品认知与鼓励试用	在大众市场中建立认知与兴趣	强调品牌差异和利益并鼓励品牌转换	减少到维持中坚跨度顾客的必要水平

第九章　升华篇总结

本章要点

- ◆ 升华阶段在职业提升趋势图中的位置
- ◆ 成就营销梦想系列营销人员升华之魂
- ◆ 本篇知识点总结
- ◆ 寄语升华阶段的小伙伴

① 升华阶段在职业提升趋势图中的位置

升华阶段是职业提升趋势图中的最上层位置，如图9-1所示。处于升华阶段的我们春风得意，有着梦寐以求的独立大办公室，但是却被一种无形的气氛萦绕着，那就是高处不胜"寒"，这种"寒"来自于公司的厚望、来自于整个团队的责任、来自于所有团队成员的命运，自己稍有不慎，都可能影响着大家。但同时也正因为这种"寒"让我们更加有动力、有激情去工作，只要掌握

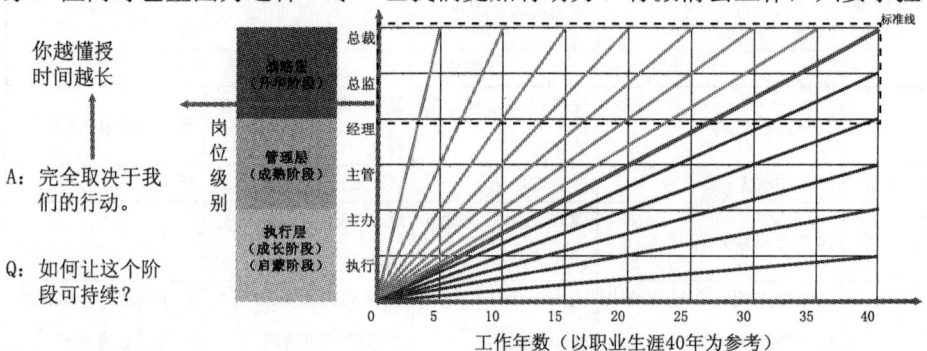

图9-1　升华阶段在职业提升趋势图中的位置

第四部分　升华篇

正确的方法，我们就能豁然开朗、游刃有余。怎样使这个阶段一直保鲜，一直可持续发展下去，主要体现在一个字："授"，"授"命于公司、"授"权给下属、教"授"下属成长、传"授"员工经验，如此，用"授"字贯穿于一体，上下齐心，共创价值。所以，在此，我将"授"字定义为营销升华之魂。

② 成就营销梦想系列营销人员升华之魂

营销人员升华之魂为"授"，我们从"授"字出发，为了便于大家记忆，提炼出"授"字两个要点：一手、"四授"（详见图9-2），并将本章所学知识合理地安入其中（详见图9-3）。

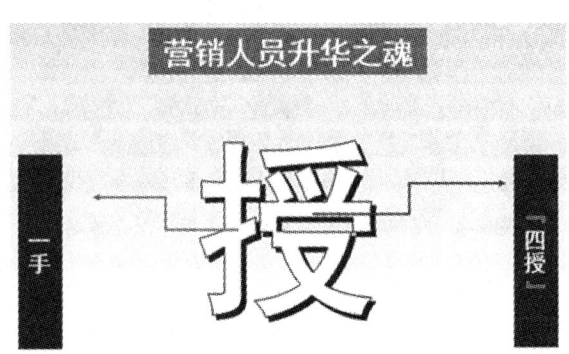

图9-2　营销人员升华之魂总结构图

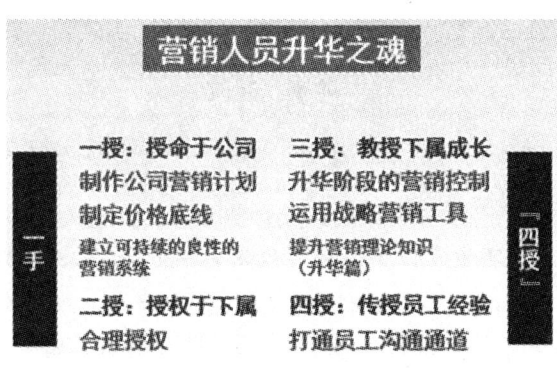

图9-3　营销人员升华之魂内容

③ 本篇知识点总结

升华篇共九章，包括制作公司营销计划、制定价格底线、合理授权、打通员工沟通通道、升华阶段的营销控制、建立可持续的良性的营销系统、运营战略营销工具、提升营销理论知识、升华篇总结。九章中包含的知识点非常丰富，其中我们必须掌握的知识点整理如下（图9-4）：

1	营销计划制作的九大步骤	13	可持续的良性的营销系统七个要素、两个原则、一个指导思想
2	价格底线的制定方法（四步）	14	丹尼森组织文化模型
3	授权环（六步）	15	文化建设流程、推行4R
4	有效沟通的四大原则	16	制度的反思
5	打通员工沟通通道的六大途径	17	学习型组织模型
6	年度营销计划的控制过程	18	波士顿矩阵
7	销售差异分析	19	SWOT分析法
8	市场占有率分析	20	PEST分析法
9	营销费用率分析	21	STP分析法
10	顾客态度追踪	22	降价策略、提价方法、如何应对竞争对手价格方法
11	营销盈利能力控制三大步骤	23	产品生命周期
12	营销效率控制	24	不同产品生命周期的营销战略

图9-4 成就营销梦想系列升华篇知识点总结图

④ 寄语升华阶段的小伙伴

舵手，起航

企业经营得成功与否，取决于资源的好坏。众所周知，资源包括人、财、物，其中人是最关键资源。

"现在的员工太不负责任了，动不动就推卸责任、动不动就离职……""我们企业工资福利都不错，怎么员工就是不满足呢？""我们企业员工也不少，怎么工作效率还是上不去呢？"很多企业主都会有这样抱怨。

是的，这些都客观存在，因为人是一项特殊的资源，不是说你有了就行了，他们有思想、有性格、有追求，如何任用他们非常关键。

我们常说的"众人划桨开大船"其实是不完全正确的，因为众人划桨未必能开大船，假设有部分人不划、有部分人乱划、有部分人逆向划，还如何开大船？如果给一个更贴切的比喻，个人觉得企业经营更像划龙舟，看过龙舟赛的人都知道，划龙舟获得胜利的诀窍在于统一的节奏（高度的凝聚力）。

从划龙舟运动员的职能来划分，可分为舵手、锣手、鼓手、划手。舵手是龙船前进、调度的指挥中心，舵手的素质好坏影响全队的比赛情绪。他必须头脑清醒，注意力集中，有临危不惧的性格；锣手在整个比赛中，起着传递鼓手与舵手之间的信息以及平衡船的作用；鼓手通常站在船头，是全队运动员的指挥中心，鼓手指挥的好坏直接影响比赛成绩；划手是指除舵手、锣手、鼓手以外的其他运动员，整艘龙舟的前进就靠划手的划桨。

如果把划龙舟的各项职能对应到企业管理中，舵手即是企业主、锣手是高层管理者、鼓手是中、低层管理者、划手是执行层员工。作为企业主（舵手）如何把高层管理者（锣手）、中低层管理者（鼓手）、执行层员工（划手）这一群人凝聚在一起，保持统一步调向前进是每时每刻都在思考的问题。我们该如何做呢？

首先，企业主自身要目光长远、立场坚定、胆识超凡、行动果断，积极制定战略方向，确定企业目标，主动授权，切忌目标混乱、朝令夕改，不放权，甚至越级指挥。

其次，企业主需要任命合适的锣手（高层管理者）。锣手（高层管理者）一定要有超凡的领导力，上能领悟舵主（企业主）的意图，下能指导鼓手（中低层管理者）的行动，并且能协调其间的冲突。对这样的将才不但要给予丰厚的待遇，而且要给予其价值实现的平台。

再次，企业主需要把关任命合适的鼓手（中低层管理者）。鼓手（中低层管理者）一定要有超凡的组织力，要正确理解并确认从上至下下达的指令，再根据实际情况将指令细化、拆分并下达到各个具体负责人。对于这样的人才要给予有竞争力的薪酬及广阔的提升空间。

最后，企业主协同管理团队要制定合适的人员招聘制度，里面要融合企业文化、岗位要求等等，这样才能招到合适的划手（执行层员工）。划手（执行层员工）一定要有超凡的执行力，能承担责任、立即行动，在组织要求的计划内完成甚至超额完成任务。对于这样的人员要给予稳定的薪水、锻炼的机会、提升的空间。

根据以上步骤，企业主（舵手）、高层管理者（锣手）、中低层管理者（鼓手）、执行层员工（划手）都已到位，这是完整的人力资源，但是光完整是不够的，还必须要完美。完美是指目标自上而下制定、自下而上实现，不偏不倚、不快不慢。如何达到完美，唯有培训和沟通，定期培训和沟通能最大限度避免目标偏移、提升团队技能和增强团队凝聚力，才能真正做到步调一致（个人目标与企业目标相融合）、勇往直前。

舵手，准备船和桨，选对人（锣手、鼓手、划手），起航吧！我们都是龙的传人，祝愿我们大家的龙舟都赛出龙的精神，加油！

第五部分
展望篇 Part 5

从事营销的人员,特别是从事高层营销的人员逐渐意识到营销比过去需要承担更多的责任。"营销的主要弱点"总结了公司在营销方面的主要不足之处,以及如何去发现并加以纠正。

① 营销的主要弱点[①]

很多"致命过失"标志着营销活动陷入困境。下面是十个致命过失及其征兆和一些解决方法。

1.1 致命过失一:公司没有充分关注市场,没有以消费者为导向

征兆:较差的市场细分识别能力,较差的市场细分优化能力,没有设立市场细分经理,员工认为服务消费者是营销部门和销售部门的工作,没有开创创造消费者文化的培训项目,没有建立激励机制来激励员工善待消费者。

解决方法:使用更先进的市场细分技术,优化市场细分次序,培育专业化销售队伍,建立明确的企业价值层级,在员工和公司部门内培养更多的"消费者意识",使消费者更容易与公司接触,并快速响应任何传播行为。

[①] 本部分资料来源:Philip Kotler, The Ten Deadly Marketing Sins: Signs and Solutions. Hoboken, NJ: Wiley, 2004.

1.2 致命过失二：公司没有充分了解其目标消费者

征兆：消费者已经不像以前那样购买你的产品了，竞争对手的产品销售得更好，高层次的消费者退货或抱怨。

解决方法：进行更多更缜密的消费者研究，使用更多的分析技术，建立消费者和经销商的数据，使用消费者关系软件，并进行数据挖掘。

1.3 致命过失三：公司需要更好地识别并监控其竞争对手

征兆：公司只关注邻近的竞争对手而忽略了远程竞争对手和破坏性技术，没有收集和分发竞争情报的系统。

解决方法：建立竞争情报办公室，雇用竞争对手的员工，关注可能影响公司的技术，准备和竞争对手类似的产品。

1.4 致命过失四：公司没有处理好与利益相关者的关系

征兆：员工、经销商和投资者并不心，好的供应商不与公司合作。

解决方法：从零和思维转向双赢思维，更好地管理员工、供应商关系、分销商、经销商和投资者。

1.5 致命过失五：公司不擅长发掘新的机遇

征兆：公司已经多年无法抓住令人兴奋的新机遇，而且公司发起的新计划完全失败了。

解决方法：建立刺激新思潮的系统。

1.6 致命过失六：公司的营销计划流程有缺陷

征兆：营销计划格式缺乏正确的组成部分，无法估计不同战略的财务经费，且没有应急预案。

解决方法：建立包括环境分析、SWOT分析、主要议题、目标、战略、途径、预算和控制在内的营销计划标准格式。询问营销者如果多给或少给20%的预算，他们会如何应变，进行年度营销奖励活动，为最佳计划和最佳表现颁奖。

1.7 致命过失七：产品和服务政策需要收紧

征兆：产品过多，且许多产品正在亏损。公司正在放弃过多的服务，公司不擅长产品和服务的交叉销售。

解决方法：建立一个系统来跟踪表现较差的产品，要么修缮它们，要么放弃它们，提供不同水平的服务，并采取差异化定价，改善交叉销售和向上销售的流程。

1.8 致命过失八：公司的品牌建立能力和传播技巧薄弱

征兆：目标市场对于公司并不了解，品牌无特色，公司每年对同样的营销工具进行同比例的预算分配，很少对投资回报率、对促销的影响进行评估。

解决方法：改善品牌建立战略和绩效测量体系，将资金转移到有效营销工具上去，要求营销者在申请资金前评估投资回报率。

1.9 致命过失九：公司的组织建构不利于进行有效和高效的营销活动

征兆：员工缺乏21世纪营销的技能，营销/销售部门和其他部门之间很难产生共鸣。

解决方法：任命一位强势的领导者，在营销部门开展能力建设，改善营销部门和其他部门的关系。

1.10 致命过失十：公司没有最大限度地利用科技

征兆：较少使用互联网，过时的销售自动化系统，没有市场自动化，没有决策支持模型，没有营销控制面板。

解决方法：更多地使用网络，改善销售自动化系统，将市场自动化系统运用到日常决策中去，建立正式营销决策模型和营销控制面板。

② 营销的趋势[①]

为了在未来获得成功,营销必须更加全面化,较少部门化。营销者必须在公司中获得更大的影响力,不断创造新的想法,通过适当的差异化方式对待消费者以洞察消费者。我们必须更多地通过绩效来建立自己的品牌,而不是仅仅通过促销。我们必须通过建立高级信息和传播系统来迈向电子化,并获得市场胜利。

未来几年里我们将看到。
(1) 营销部门的消失,全方位营销的兴起。
(2) 挥金如土的营销的消失,投资回报率营销的兴起。
(3) 营销直觉的消失,营销科学的兴起。
(4) 人工营销的消失,自动化且创造性的营销的兴起。
(5) 大众营销的消失,精准营销的兴起。

为了完成这些改变,实现真正的全方位营销,营销者需要具备一系列新领域中的新技能和竞争力,这些领域包括。
(1) 客户关系管理（CRM）。
(2) 合伙人关系管理（PRM）。
(3) 数控库营销和数据挖掘。
(4) 联络中心管理和电话营销。
(5) 公共关系营销（包括事件营销和赞助营销）。
(6) 品牌建立和品牌资产管理。
(7) 体验营销。
(8) 整合营销传播。
(9) 根据市场细分、消费者和渠道进行盈利能力分析。

---
① 本章内容摘录于《营销管理》(第14版,全球版),菲利普·科特勒、凯文·莱恩·凯勒著,王永贵等译,中国人民大学出版社,2012.4。

③ 营销的启示

成功的21世纪营销带来的收益是非常多的，但是只有通过努力工作、洞察力和灵感才能得到。新规则和实践正在逐渐形成，这是一个令人兴奋的营销时代。19世纪的美国作家拉尔夫·瓦尔多·爱默生（Lalph Waldo Emerson）说得再正确不过了："如果我们知道该怎么做，那么这个时代和所有时代一样美好。"

那么我们究竟该怎么做呢？我们可以从以下几个方面来进行。

（1）调整营销思维。从"卖东西给客户"转变成"帮客户买东西"。真正做到以客户需求为中心。

（2）提升个人品牌。让"修养"和"专业"伴随着自己，让客户能从认识你、喜欢你、认可你、信任你到依赖你。

（3）重视团队力量。没有完美的个人，只有完美的团队，一定要集众人之力加强合作、善于授权、共同努力去开展营销，才能产生"1+1＞2"的效果。

（4）开拓营销渠道。E时代已经到来，我们不光要注重实体营销，还要开拓E化营销，如微信营销、网络营销等互联网+营销。

（5）提倡全员营销。整合营销、社会化营销已经成为趋势，每一个组织或团队都要提倡全员营销，这关系着组织的形象，不是指让每一个人都去做营销，而是指让每一个人都有营销思维，特别是作为企业的领导者更加要具有营销思维，这样才能确保营销的顺利开展，以利于企业的良性发展。

（6）加强营销控制。营销控制的方法体现了营销的科学性，它能使我们的营销工作更加行之有效，在前面的章节中我们逐一对相关的营销控制工具做了介绍，这是我们在实际工作中必须加强的。

（7）建立学习型组织。无论是组织还是个人，学习力是其最大的核心竞争力。当我们还不够优秀时，可以通过学习来让自己变得优秀，个人如此，团队如此，公司也如此。所以推行学习型组织是每个组织应该重视的，特别是营销团队，由于其稳定性相对较弱，更应该推行学习型组织，这样才能保证有足够的生命力。

致 谢

此书是我工作闲暇之余，用一年半的时间将十余年来从事营销的实战笔记进行整理、分析、总结而来。最初的想法是以此作为公司内部营销人员培训的培训资料，后来，因受到很多同业朋友的关注，为帮助更多人实现自己的营销梦想成了我最终的想法，所以有了今天跟大家见面的《成就营销梦想》。在此，特别感谢朋友们一直以来对我的关注与支持，一路上有你们真好。

此书的撰写，从营销实战上来说，是想告诉大家从事营销行业是一个循序渐进的过程，不同营销阶段的工作重心不一样，比如启蒙阶段的工作重心是"做"事，成长阶段的工作重心是用"心"，成熟阶段的工作重心是"合"作，升华阶段的工作重心是"授"权，展望阶段的工作重心是创"新"。

从营销理论上来说，不同营销阶段所应掌握的理论知识也不一样，所以我在此书中每个阶段都替大家总结了此阶段应该掌握的营销理论知识，此理论知识大部分都摘录于《营销管理》（第14版）（菲利普·科特勒、凯文·莱恩·凯勒著，王永贵等译，中国人民大学出版社，2012.4）及百度百科等网站，在此特别感谢相关作者们。

由于我自身理论及认识的局限，书籍中存在很多不足之处，恳请各位读者多多见谅。再次感谢我亲爱的朋友们以及读者朋友们，感谢你们对我的关注与信任。不足而知学，学而知不足，我一定会格外珍惜，执着前行。

龙凤铭

2015年11月